中国经济热点观察丛书

中国城市化与金融支持

赵 峥 著

商务印书馆
The Commercial Press
创于1897

2011年·北京

图书在版编目(CIP)数据

中国城市化与金融支持/赵峥著.—北京:商务印书馆,2011
(中国经济热点观察丛书)
ISBN 978-7-100-08470-3

Ⅰ.①中… Ⅱ.①赵… Ⅲ.①金融事业—影响—城市化—研究—中国 Ⅳ.①F832②F299.21

中国版本图书馆 CIP 数据核字(2011)第 138229 号

所有权利保留。
未经许可,不得以任何方式使用。

中国经济热点观察丛书
中国城市化与金融支持
赵 峥 著

商 务 印 书 馆 出 版
(北京王府井大街36号 邮政编码100710)
商 务 印 书 馆 发 行
北京市白帆印务有限公司印刷
ISBN 978-7-100-08470-3

2011年11月第1版	开本 880×1230 1/32
2011年11月北京第1次印刷	印张 11¼

定价:28.00元

总　序

中国经济持续30多年的高速增长被国外一些人称为神话,赞叹羡慕者有之,冷静观察者有之,怀疑和"唱衰"者有之,恶意攻击者甚至也不乏其人。国内民众和研究界,在切身感受祖国日新月异变化的同时,越来越多地议论和分析我们在经济发展过程中所遇到的问题和挑战。其中大多数问题和挑战,在过去我们发展水平很低的时候,一般不会出现,或没有像今天这样严重。经过一段时期的发展,新的问题和挑战还会不断涌现出来。正像邓小平曾经预言的那样,中国发展起来以后,可能比不发展时遇到的问题还要多。

中国经济发展和转型,是在全球化、市场化、工业化、城市化、信息化的背景下展开的。今天,这五大趋势不断深化,对中国经济的影响比改革开放初期要明显得多,深刻得多。我国和平发展的外部环境复杂多变,不确定因素增加;中国经济社会转型所涉及的人口规模和地区范围之巨大、时间之紧迫,在世界历史上绝无仅有;中国经济发展的后发优势(例如可借鉴外国先进经验和技术)和后发劣势(例如受制于历史包袱和外部挤压)紧密交织在一起;资源环境人口压力明显加大;中国社会转型蕴含的多元利益矛盾空前复杂,公正和谐的诉求和呼声空前高涨,如此等等。这些问题和挑战是中国成长过程中不得不面对的,可以说是成长的烦恼,前进的困惑。

"多歧路,今安在?"中国人不相信什么神话和奇迹,我们更愿意运用自己的头脑和双手,经过一代又一代承前启后、披荆斩棘的努力,扫清前进道路上的障碍,化解面临的各种风险和挑战。我们不仅需要直挂云帆、长风破浪的豪情壮志,更需要慎思、明辨、笃行的严谨务实。对经济研究者来说,我们尤为需要对当前面临的热点问题进行客观冷静的观察,进行视野广阔的对比,进行有前瞻性的研究,最终都是为了增强我们经济社会肌体的免疫力,扩大中国经济和社会应对各种冲击的回旋余地。

丛书共四册,四位青年经济学者分别对中美产业互补性和贸易、城市化与金融发展、资产价格与通货膨胀、城市品牌与政府信息化等热点问题进行了比较深入的思考和有益的理论探索,为从事经济学研究的同行提供了有价值的研究成果和文献资料。四位作者注重利用现实经济素材,特别重视理论与实践相统一,发现问题与解决问题相结合,为解决中国经济发展中存在的现实问题提出了一些有创见的政策思路,让我们感受到青年经济学者对中国经济的敏锐洞见,他们对国家命运的责任感、使命感和与时俱进的实践价值取向,也是令人印象深刻的。

张丽平博士的《中美产业互补性研究》,客观分析了中美产业互补关系和贸易对两国带来的积极影响,并尖锐指出这种互补关系客观上也造成"顺差在中国、利益在美国"的双边贸易不平衡,实质上反映了利益分配的不平衡。中国的对外贸易仍以劳动密集型为主,资源环境对出口和经济发展的约束越来越突出,传统的低成本优势正在弱化。作者提出,我们应当抓住全球化、低碳经济、金融危机以及美国国内政策调整等机遇,利用自身的劳动力成本相对低廉、国内市场规模大、制造业能力强等优势,重新塑造中美之间的经济互补关系,化解风险和应对挑战。中国首先应加快外贸转型升级,力争掌握全球价值链未来发展的主动权,摆脱受制于人的局面;其次要保持与美国经贸关系的稳定,尽量避免敌对状态的出现,努力争取更加平等互利的中美产业互补关系。作者多年在国务院发展研究中心对外经济研究部从事政策研究,这本书具有开阔的国际视野,实践依据比较扎实,政策建议思路也有较强的针对性。

赵峥博士的《中国城市化与金融支持》,综合运用宏观经济学、发展经济学、空间经济学、产业经济学和城市经济学等学科的相关理论,对中国城市化进程中的金融支持问题进行了深入探讨。作者结合中国城市化的发展特点,围绕人口、产业和空间布局三大主线,研究了金融支持城市化的内在机理,提出了推动中国城市化进程的金融支持路径,为深化相关研究提供了新的思路。特别值得提到的是,作者设计了城市化指数和金融支持度指数,并构建了相应的评价指标体系。根据作者的测度,金融支持对中国城市化的推动作用非常显著,金融支持水平每提高 1 个百分点,能促进城市化水平提高 0.855 个百分点。这在金融支持与城市化的量化研究中具有一定的创新性。作者在北师大学习期间,参与了中国市场化进程的多年连续研究,把相关的数量测度方法运用到金融支持与城市化的研究中,使实证分析有更加鲜明的说服力。这种善于运用多学科方法拓宽研究视野从而深化研究内容的做法,是值得称道的。

唐斯斯博士在《资产价格与通货膨胀》一书中,分析了资产价格波动影响通货膨胀的传导机制、影响效果、政策应当如何调控等问题。作者阐明资产替代行为是资产价格波动进而影响通货膨胀的微观基础；引入资产价格因素，构建了广义的价格水平指标 API，并且证明其能很好反映居民消费价格 CPI 的未来走势，也阐明了资产价格的波动对通货膨胀的作用路径。作者计算出能更为合理调控我国经济波动的规则利率值，认为规则利率应该等于均衡实际利率加上通货膨胀变动率、产出缺口率以及房价变动率的加权值，这样更能及时调控经济的冷热，也更能反映物价的变动情况。大家知道，近些年来人们对物价总水平涨幅的实际感受与 CPI 统计数字有较大出入，非议较多，一个重要原因在于 CPI 不包括房价。根据国际通行统计方法，房价和股价属于资产价格，不宜包括在 CPI 中。随着我国楼市和股市等资产市场的发展，资产价格与物价总水平、与宏观经济稳定的关系越来越密切，我们需要不断完善和补充更为符合经济运行复杂状况的观察方法和宏观调控依据，作者的研究成果对深化学术探讨和提供政策参考，都是有益的。

钱明辉博士的《城市品牌与政府信息化》一书，通过对中国主要城市政府网站开展实证研究，专门探讨了基于城市品牌的政府网站建设模式和建设策略，把城市品牌的研究与政府信息化建设的研究结合起来，具有一定的前瞻性。这个选题反映了我国城市化进程和政府公共管理方面的某些新动向、新趋势，在可资借鉴的研究成果不多的情况下，作者努力进行实证分析和案例研究，能够取得目前的成果，也是难能可贵的。

总体上看，丛书选题角度新颖，视野开阔，论证条理清晰，资料详实，注重专业性，同时注意运用交叉学科的研究方法；既展现了青年经济学者严谨的治学作风、良好的学术背景和研究能力，也反映了年轻人敏捷活跃的思维和积极探索的精神。当然,中国经济发展中的热点问题相当复杂,一些短期热点问题可能会很快变化,而一些中长期热点问题则可能具有相对稳定性,需要不断跟踪、积累资料和完善研究方法。丛书的选题需要反映这些进程,现有的研究需要深化,观察问题的角度需要深入挖掘,有些观点也还需仔细斟酌。青年学者最令人羡慕的是拥有活力和未来,最值得期许的是立足现实,心怀天下,砥砺学养,提炼真知。

卢中原

2011 年 6 月 3 日

序

  城市化是人类文明发展的自然历史过程，是推动世界经济发展和社会进步的主要动力，是国家和地区走向繁荣发展的必经之路。改革开放三十多年来，我国经济社会发展取得了令世界瞩目的成就，但同时也存在着一些深层次的结构性矛盾。在新的历史时期，立足国情，积极稳妥地推进城市化进程，推动城市化的健康发展，不仅是实现我国经济发展方式转变的客观要求，也是促进我国经济社会长期、平稳和持续发展的重要举措，更深刻地影响着世界经济社会的发展进程。

  本书立足城市化的视角研究金融支持问题，认为城市化是人口、产业和空间结构整体演进的过程，而金融支持则是金融体系在城市化进程中发挥金融功能的过程。全书探讨了金融支持城市化发展的理论逻辑和内在机理，构建一个相对完整的系统分析框架，从人口城市化、产业城市化、空间城市化三个方面研究了金融对城市化的支持问题，设计构建了金融支持城市化的指数测度评价体系，测度了1978—2008年中国城市化和金融支持水平，并对金融支持中国城市化进程中的制度问题进行了分析，对我国城市化进程中的金融支持问题进行了较为深入的思考和有益的探索，具有较高的学术价值。

城市化与金融支持问题不单纯是一个理论问题,还具有丰富的实践内容和很强的现实性。全书始终重视理论与实践相统一,发现问题与解决问题相结合,在充分利用现实经济素材的基础上,注重结合我国经济社会发展实际,综合理论研究和实证结果,研究了推动中国城市化进程的金融支持路径,分析了金融支持中国城市化的重点领域和典型方式,形成金融支持中国城市化发展的战略和政策建议体系,为解决金融支持中国城市化发展中存在的现实问题提出了许多有创见的政策思路,为政府部门、金融机构制定相关规划和战略提供了决策参考,不仅有助于丰富和完善中国城市化的理论体系,更有助于不断发挥金融对城市化发展的支持作用,促进中国城市化实践的纵深发展。

总的来看,本书整体上立意新颖,视野开阔,资料详实,注重学科交叉又不失专业性,是作者踏实研究工作积累的学术成果,体现了青年学者认真的治学作风和积极的探索精神,也让我们随处可感受到作者对中国经济的敏锐观察和对国家命运的深切关怀。当然,中国城市化进程中的金融支持问题是一个复杂的理论和实践课题,全书的研究还只能说是初步的,在理论基础、结构体系等方面还需深入挖掘与完善,有些观点也还需仔细斟酌。但我相信,对于从事相关经济工作的研究者、政策制定者和关心经济时政的广大读者来说,这本书对于大家的工作与学习还是十分有益的。

为学立说需磨砺,雏凤清音自有成。通览全书,不仅给我们带来思想的碰撞和智慧的收获,更为我们留下了希望与期许。作为导师,我为本书的出版感到喜悦,更希望赵峥博士再接再厉,持续关注现实问题，不断加强理论研究，大胆创新，多出成果，为中国经济发展做出自己的贡献。

李恒光

前　言

　　城市化是人类文明发展和世界经济增长的助推器。波澜壮阔的城市化发展历史，蕴含着人类对美好生活的憧憬与希望，凝聚着人类社会不断繁荣进步的澎湃动力。在过去的一段时间里，中国城市化保持了平稳较快发展的良好态势，有力地支撑了中国经济增长的奇迹，已经成为了国家发展和社会进步的主要动力。面向未来，积极稳妥地推进中国城市化进程仍将是中国发展的重要主题。实现中国城市化的健康发展，将对国家的持续繁荣和中华民族的伟大复兴具有深远的影响和重要的战略意义。金融是现代经济的核心，在城市化进程中同样扮演着十分重要的角色。传承历史，立足实际，开拓创新，系统研究中国城市化进程中的金融支持问题，将不仅有助于丰富和完善中国城市化的理论体系，更有助于不断发挥金融对城市化发展的支持作用，促进中国城市化实践的纵深发展。

　　本书立足于城市化发展的角度研究金融支持问题。在对城市化和金融发展相关研究成果回顾和梳理的基础上，对城市化和金融支持的内涵进行了界定，探讨了金融支持城市化发展的理论逻辑和内在机理，阐述了金融支持城市化发展的演进阶段和主要模式，形成了一个金融支持城市化的系统分析框架，分别围绕人口城市化、产业城市化、空间城市化三个方面研究了金融支持问题，构建了金融支持城市化的评价指标体系,并对金融支持中国城市化进程中的制度问题进行了分析,最后综合理论研究和实证结果,提出了一系列政策建议,以求为金融支持中国城市化发展提供理论支持和决策参考。

全书主要分为三部分,共九章。第一部分包括第一章和第二章,主要对中国城市化发展的意义进行全景性描述,并对国内外相关理论和代表性观点进行梳理,分析现有金融支持城市化理论的思想脉络,发现有待进一步开展研究的理论空间,为后文的研究提供现实依据和理论基础。第二部分包括第三章至第七章,主要在理论研究的基础上,按照"总—分—总"的思路,首先构建了一个金融支持城市化的系统分析框架。然后,分别从理论上界定人口城市化、产业城市化和空间城市化的概念与内涵,从人力资本形成、产业结构优化升级和空间聚集的角度研究了金融支持人口城市化、产业城市化和空间城市化的内在机理,并结合中国发展实际,梳理了中国人口城市化、产业城市化和空间城市化的历史进程,分析了推动中国人口城市化、产业城市化和空间城市化进程的金融支持路径。同时,构建了金融支持城市化的指数测度评价体系,从时间和区域层面,测算了城市化指数和金融支持度指数,对中国城市化进程中的金融支持作用进行评价分析。第三部分为第八章和第九章,主要对金融支持中国城市化进程中的制度问题进行了分析,并结合理论研究和实证分析结果,展望了中国城市化发展的趋势,提出金融支持中国城市化发展的主要战略和相关政策建议。

本书综合运用宏观经济学、发展经济学、空间经济学、产业经济学和城市经济学等学科的相关理论,结合中国城市化的发展特点,对中国城市化进程中的金融支持问题进行了探索性的理论研究与实证分析,具有一定的创新意义。

1.本书紧密结合我国城市化发展的宏观背景,构建一个相对完整的金融支持城市化的系统分析框架,对金融支持城市化的内涵、机制、阶段、模式等核心问题进行了全面研究,为分析城市化进程中的金融支持问题提供了一个独特的研究视角。

2.本书立足于统一的分析框架,围绕人口城市化、产业城市化和空间城市化三大主线,研究了金融支持城市化的内在机理,并结合中国城市化的发展历程,提出了推动中国城市化进程的金融支持路径,在理论上为相关问题研究提供了新的思路。

3.本书依据理论分析框架,设计了城市化指数和金融支持度指数并构建了相应的评价指标体系,运用改革开放30年来的统计数据对城市化与金融支持的相关关系进行了实证研究,测度了中国城市化和金融支持水平,并发现金融支持和城市化具有高度相关性。金融支持对中国城市化的推动作用非常显著,金融支持水平每提高1个百分点,能促进城市化水平提高0.855个百分点,在量化研究中国城市化进程中金融支持问题方面具有一定的创新性。

4.本书对金融支持城市化进程中的制度问题进行了分析,结合中国城市化的发展历程,从中国城市化和金融发展的总体战略偏差与关键领域制度约束的角度,探讨了金融支持中国城市化进程中存在的制度问题,从制度层面对研究中国城市化与金融支持问题进行了探索与尝试。

目 录

第一章 中国城市化的国家意义与全球价值 ………………………… 1
  第一节 中国城市化的国家意义 …………………………………… 2
  第二节 中国城市化的全球价值 …………………………………… 12

第二章 城市化与金融支持相关理论综述 …………………………… 18
  第一节 城市化相关理论研究 ……………………………………… 18
  第二节 金融发展相关理论研究 …………………………………… 29
  第三节 金融支持城市化相关理论研究 …………………………… 35

第三章 城市化与金融支持：一个系统分析框架 …………………… 43
  第一节 城市化与金融支持：概念与内涵 ………………………… 43
  第二节 金融支持城市化的阶段分析 ……………………………… 58
  第三节 金融支持城市化的模式分析 ……………………………… 71
  第四节 金融支持城市化的系统分析框架 ………………………… 82

第四章 人口城市化与金融支持 ……………………………………… 85
  第一节 人口城市化的概念与内涵 ………………………………… 85
  第二节 金融支持人口城市化的内在机理 ………………………… 92
  第三节 中国人口城市化进程及主要问题 ………………………… 102
  第四节 中国人口城市化进程的金融支持路径 …………………… 114

第五章 产业城市化与金融支持 ……………………………………… 121
  第一节 产业城市化的概念与内涵 ………………………………… 122

第二节　金融支持产业城市化的内在机理 …………………… 131
　　第三节　中国产业城市化进程及主要问题 …………………… 140
　　第四节　中国产业城市化进程的金融支持路径 ……………… 154
第六章　空间城市化与金融支持 ………………………………………… 160
　　第一节　空间城市化的概念和内涵 …………………………… 160
　　第二节　金融支持空间城市化的内在机理 …………………… 164
　　第三节　中国空间城市化进程及模式选择 …………………… 180
　　第四节　中国空间城市化进程的金融支持路径 ……………… 198
第七章　金融支持中国城市化的测度与分析 …………………………… 205
　　第一节　金融支持与城市化指标体系的研究回顾 …………… 205
　　第二节　金融支持城市化的指标体系构建 …………………… 211
　　第三节　金融支持城市化指数测度与分析 …………………… 221
　　第四节　金融支持城市化的计量分析 ………………………… 258
　　第五节　金融支持区域城市化的实证分析 …………………… 260
　　第六节　金融支持城市化实证研究的基本结论 ……………… 269
第八章　金融支持中国城市化的制度分析 ……………………………… 271
　　第一节　制度分析的理论基础 ………………………………… 272
　　第二节　影响金融支持中国城市化的制度分析 ……………… 277
第九章　中国城市化发展与金融支持战略 ……………………………… 301
　　第一节　中国城市化发展的基本趋势与主要特征 …………… 301
　　第二节　中国城市化发展的金融支持战略 …………………… 308

参考文献 …………………………………………………………………… 328
后记 ………………………………………………………………………… 340

第一章　中国城市化的
　　　　国家意义与全球价值

城市化是人类文明发展和世界经济增长的助推器。波澜壮阔的城市化发展历史，蕴含着人类对美好生活的憧憬与希望，凝聚着人类社会不断繁荣进步的澎湃动力。自从城市产生以来，特别是18世纪60年代英国产业革命以后，世界各国都先后开始了从传统乡村社会转向现代城市社会的历史进程。今天，全球各地城市蓬勃发展，世界上绝大多数人都已经生活在城市中或享受着城市文明带来的丰厚成果。根据联合国的统计，目前世界城市人口已经超过全球总人口的一半，达到了35亿[①]。人类社会已经进入了一个以城市为主体的发展阶段，城市在经济社会发展中的地位越来越重要。同时，"一个兴盛的经济体的城市化程度会提高，而农村地区会逐渐减小"[②]。对于一个国家而言，其城市化水平往往与国家的发展水平息息相关，城市化水平的高低已经成为一个国家综合国力和国际竞争力的集中体现，成为了衡量国家经济社会进步状况的重要标志。

新中国成立以来，特别是改革开放30年来，中国经济社会持

[①] United Nations, "World Urbanization Prospects"(The 2009 Revision), http://esa.un.org/unpd/wup/index.htm.
[②] 简·雅各布斯著、金洁译：《城市与国家财富》，中信出版社2008版，第154页。

续繁荣稳定,对世界经济增长的贡献率逐渐上升,以和平、积极、健康的方式成为了全球支配力量的重要组成部分并深刻影响着世界经济。与此同时,中国城市化步伐不断加快,保持了平稳较快发展的良好态势,取得了令世人瞩目的巨大成绩,有力地支撑了中国经济增长的奇迹。现在,从世界范围看,中国虽然不是城市化水平最高的国家,但却是世界上城市人口总量最多的国家。截至2008年末,中国已拥有6.07亿城市人口,设市城市655个,初步形成了以大城市为中心、中小城市为骨干和小城镇为基础的多层次的城市体系。从长远来看,中国的城市化进程将继续持续并将在未来相当长的时间里不会停止,而不断推动中国城市化进程不仅是中国经济走向现代化过程中的内生性要求,更是中国未来经济社会持续发展的必要条件,具有重要的国家意义并将产生深远的世界影响。

第一节 中国城市化的国家意义

城市化与国家经济社会发展密不可分,既是国家经济社会发展的重要表现形式,更是国家经济社会发展的核心内容,已经成为决定国家经济增长、政治稳定、民生进步和环境可持续发展的关键所在。立足国情,面向未来,从国家发展的高度看,积极稳妥地推进中国的城市化进程,促进中国城市化的健康发展,是中国崛起的必由之路,是转变经济发展方式的核心动力,是破解"三农"问题的根本途径,是构建和谐社会的重要保障,对国家的繁荣进步和中华民族的伟大复兴都具有深远的影响和重要的战略意义。

一、城市化是中国崛起的战略选择

竞争是历史永恒的主题。随着全球化进程的不断加快,世界各国之间的联系日益密切,相互之间的竞争也日趋激烈。从当前全球各国竞争力格局来看,传统发达国家的竞争优势依然比较明显,但近年来主要新兴国家发展速度也在不断加快,后发优势日益显现。2000~2009年,新兴经济体和其他发展中国家占全球生产总值的比重从24%上升到33%,对世界经济增长的贡献率达到46%。① 这其中,中国的国家竞争力更是与日俱增,与发达国家的差距也在不断缩小,日益成为全球重要的政治经济决策中心,实现了前所未有的跨越式提升。长期来看,伴随着全球政治、经济、科技和文化格局的深刻调整,国家之间的竞争仍将继续并会日益加剧,强国不一定能够永葆强国之势,而弱国也未必永远居人之后。在全球化浪潮中,在当今国家竞争日益激烈的环境下,中国要想实现百年来的强国之梦,真正实现国家和平崛起,就必须选择符合自身国情的发展道路,不断激发国家和民族的活力和潜能,努力成为全球竞争中的赶超者和领跑者,做最具竞争力的强大国家。

城市化是中国提升国家竞争力的必然选择,会为中国的崛起提供全方位的保障与支持。中国的城市化实现了人类历史上最大规模的人口聚集,为国家发展提供了充足的劳动力资源,使得中国不仅在过去相当长的一段时间内保持着相对较低的劳动力成本优势,也为国民经济的长期持续发展提供了坚实的国内需求支撑和

---

① 卢中原:《"十二五"期间我国经济社会发展的国际环境》,《求是》2010年第23期。

广阔的发展空间,凝聚着支持大国经济发展的强劲驱动力。同时,中国的城市化推动着国家产业结构的升级与优化,促进着中国以农业为基础、高新技术产业为先导、基础产业和制造业为支撑、服务业全面发展的一、二、三产业协调发展格局的形成与完善,使得国家经济社会发展始终建立在稳固的产业基础之上,蕴含着蓬勃的生机与旺盛的生命力。中国城市化的发展也同样有利于国土空间布局的优化,在城市化进程中所产生的巨大空间集聚、辐射和带动效应,能够引导生产要素在广袤的国土空间上合理流动,实现国家空间功能和资源利用效率的有机统一,形成大量国家经济增长极,为提升中国国家竞争力提供强大的空间载体。总的来看,中国城市化是一项综合、系统的战略工程,是提升中国国家竞争力、推动中国参与全球竞争的关键所在,关系着未来中国的发展前途和命运。在未来的一段时间里,充分挖掘城市化发展的潜力,稳步推进中国城市化进程,会为中国发展提供有力且全面的支持,将是中国崛起的战略选择。

二、城市化是经济发展方式转变的核心动力

从历史发展的轨迹看,改革开放以前,中国经济在经历了十年文革动荡之后已经几乎接近崩溃的边缘,改革开放后,中国则仅用了30多年的时间就走完了西方发达国家需要上百年才完成的经济发展道路。蓬勃的发展热情、稳定的发展环境、相对温和的体制转轨催生了强大的生产力,迅速改变了中国贫穷落后的经济面貌,但也在一定程度上决定并强化了外向型、粗放式经济发展方式的选择倾向。现在,经过30多年的改革开放和高速发展,中国已经基本步入小康社会并进入了一个新的历史发展阶段。从目前的情

况看,传统经济发展方式所带来的经济结构、资源环境问题日益严重,中国正处于经济与社会结构转型、发展方式转变的关键时期,面临着外需和传统工业化"双难依赖"的新形势,内需不旺、流动性过剩、产业结构失衡正在困扰着我国经济的发展,迫切需要将经济发展从盲目地单纯追求GDP规模的扩张转变到更加注重提高经济增长质量、优化经济结构、增加经济效益上来,实现经济发展方式从单纯注重"量"的增长向更加注重"质"的提升的实质性转变。中国城市化发展并不孤立于中国经济发展方式转变而存在,其不仅是这一经济发展方式转变过程的一部分,更是转变经济发展观念、创新经济发展模式、提高经济发展质量的客观要求,是应对经济发展方式转变过程中诸多挑战的核心与关键。

以转变经济发展方式为主题的中国经济,需要构建扩大内需的长效机制,建立以内需拉动为主的经济增长方式。在中国经济发展方式转型的重要历史阶段,加快城市化进程是不断释放国内需求,推进国民经济持续健康发展的必然选择。正像外部需求为沿海地区发展提供巨大市场一样,城市化进程所带来的国内巨大需求为中国的发展提供了更加广阔的空间,具有巨大的潜在市场容量。一方面,中国城乡居民的消费水平、消费结构都有很大差异。城市化在有效扩大城市消费群体,优化城市居民消费结构,增加城市居民消费的同时,由于城市化进程使得大量农村居民成为城市居民,相应地,其消费水平、消费结构随之变化,不仅扩大了消费需求规模,也提升了消费需求质量。另一方面,城市化带来城市人口、产业的聚集与发展,也会带来城市基础设施、公共服务设施建设和房地产开发等多方面的投资需求。而无论是城市化所带来的消费需求还是投资需求,都将为中国经济发展提供强大而持久的动力,对推动中国经济持续健康发展发挥巨大作用。

同时,单纯依靠生产要素数量扩张,高能耗、高投入、高污染但低水平、低效益的粗放型传统经济发展方式已经难以为继,绿色发展正在日益成为经济发展的主流和趋势。"绿色发展是世界潮流,是保护环境与经济增长相协调的可持续发展战略,是保障中国人民乃至世界人民世代幸福的发展方式"①。从根本上讲,绿色发展与城市化具有内在的一致性。城市化经济本质上表现为空间上的集聚经济,强调空间上投入产出的合意比例,城市化进程本身具有降低资源消耗、发展环保产业、保障代际公平、实现绿色发展的内在要求。从这个角度看,充分认识和理解城市化进程所蕴含的生态文明理念,实现人口、资源、环境可持续发展的城市化不仅可以有力地释放被结构扭曲压抑的潜在生产力和市场需求,有效地提高国民经济的整体效益,更是未来资源节约型、环境友好型社会建设的带动力量,是绿色发展的内在要求和必然趋势,对实现经济发展方式的实质性转变具有重要的战略意义。

三、城市化是破解"三农"问题的根本途径

农业、农村、农民问题是影响中国经济长期发展的关键性问题。建国以来,特别是改革开放以来,我国的经济社会发展取得了辉煌的成就,但"三农"问题却始终没有获得根本上的解决。诚然,加大投入对于缓解"三农"问题具有一定的积极作用,但从现实的情况来看,尽管多年来中国为促进农业、农村、农民发展作出了巨大

---

① 北京师范大学科学发展观与可持续发展研究基地、西南财经大学绿色经济与可持续发展研究基地、国家统计局中国经济景气监测中心:《2010 中国绿色发展指数年度报告——省际比较》,北京师范大学出版社 2010 年版,第 2 页。

的努力,投入了大量的人力、财力和物力,但"三农"问题却依然存在,甚至在个别地区、个别领域还相当严重。如何认识"三农"问题?怎样寻求破解之道?我们需要摆脱"就农民抓农民、就农业抓农业、就农村抓农村"的传统发展思维定势,寻求新的思路和办法。从发展的角度看,"三农"问题的存在是历史的、动态的,今天的农民不见得就是明天的农民,今天的农业也不见得就是明天的农业,今天的农村更不见得是明天的农村,我们必须跳出二元经济结构的思路考察和分析"三农"问题,不单纯把"三农"当做弱势产业和弱势群体来对待,不仅仅强调在传统农业和农村领域追加投入,而是要立足根本,面向长远,从城市化的角度来解决"三农"问题。

20世纪中期以来,伴随着城市化水平的大幅提高,许多主要发达国家都体现出了明显的城乡一体化趋势,"农业已不再同于乡村价值观和乡村生活,农业劳动开始成为一种职业,农村正在成为一种企业,农场与其他企业部门之间的区别正在消失"[①]。目前,发达国家城市化水平都普遍较高,城乡在政治、经济、制度方面的差别已经不复存在,城市经济已经成为了国家发展的主要经济形态。而从历史上看,近代以来,城市化也是主要发达国家发展的必经之路,全球范围内也几乎没有哪一个国家是纯粹依靠农业、农村和农民成为世界强国的。一个拥有大量落后农村地区的中国不可能复兴,不可能崛起,实现国家富强首先要实现农村中国向城市中国的转型与飞跃。从本质上讲,"三农"问题其实主要是三个城市化问题。解决"三农"问题的根本途径在于城市化,在于促进农业

---

① 埃弗里特·M.罗吉斯、拉伯尔·J.伯德格著,王晓毅、王地宁译:《乡村社会变迁》,浙江人民出版社1988年版,第29页。

产业化、农村城市化、农民市民化,实现传统农业向现代工业和服务业转变,传统农村向现代城市转变和传统农民向现代市民转变这"三个转变"。只有实现传统农业向现代工业和服务业的转变,才能从根本上提高农业生产的规模化和市场化水平,促进现代农业的发展;只有实现传统农村向现代城市转变,才能从根本上发挥以城带乡的作用,改善传统农村面貌,带动农村经济社会发展;只有实现传统农民向现代市民转变,才能从根本上富裕农民,让城乡居民共同分享改革和发展的成果。在中国发展实践中,尽管城乡之间的差距仍然存在,城市化的质量也有待提高,但大量农村人口已经并正在享受着现代城市的发展成果,许多"田园城市"或"城市田园"也在不断涌现,城市化已经深刻影响和改变着乡村文明,城乡之间的界限已经逐渐模糊,城市化对农业、农村、农民的积极影响正在得到体现。从长远来看,随着经济社会的发展,城市化在解决"三农"问题中的作用必将会更加突出,而明确解决"三农"问题的城市化战略导向,进一步推动中国城市化的持续健康发展,将是解决"三农"问题的根本途径。

四、城市化是构建和谐社会的必由之路

"当经济进步成为(发展)的一个必不可少的组成部分时,它不是唯一的部分,发展不是一个纯粹的经济现象。从根本上讲,它包含了一个比人们生活的物质和金钱更丰富的内容。所以,发展应视为整个经济和社会体系的重组和重新定位的多方面的进程。"[①]

[①] 迈克尔·P.托达罗著,黄卫平、彭刚等译:《经济发展》,中国经济出版社1999年版,第61~62页。

经济增长是一个国家发展的物质基础,社会和谐则是一个国家持续发展的重要保障,二者密不可分,是一个有机、互动的整体。从历史经验和现实条件来看,中国要建设成为物质文明高度发达的经济强国,在经济规模指标上步入发达国家之列并非难事。目前,中国的经济总量已经超过了日本,紧随美国之后,位居世界第二位,成为了名符其实的经济大国。但是,单纯的经济总量的提升并不一定完全代表国家的竞争力,其象征意义往往大于实际意义,而只有经济增长与社会进步协调时,庞大的经济规模才能够真正转化为国家的竞争力,中国才可以称得上是真正的世界强国。在新的历史时期,中国面临着各种社会问题以及深层社会矛盾,将"物质化"的发展转变为"人本化"的发展,在继续保持经济平稳较快发展的同时,以保障和改善民生为重点,加快推进社会建设,促进社会系统内部互相融洽、彼此协调,形成社会发展与经济发展互动互利的共生关系,促进经济社会持续、稳定、协调发展,实现发展成果让广大人民群众共享,促进社会公平正义,将是中国未来发展急需面对的重大历史性课题。

城市化不仅是一种经济现象,也是一种社会现象,其具有丰富的社会内涵,是促进社会繁荣稳定的必由之路。从社会结构的角度看,中国城市化的发展不仅是大量农村人口进入城市的城市人口规模变化过程,更是一个影响深远的社会重构过程。在城市化进程中,大量的中等收入者产生并壮大,形成庞大的中产阶层,这将为构建一个成熟且稳定的社会结构奠定坚实的基础。同时,中国城市化集中体现为人的城市化,既表现为城市人口数量的急剧增加,也承载了人们在城市生存、成长、不断追求城市生活品质、谋求更高更好的发展的梦想与追求。虽然现实中许多的农村转移人口并没有得到与城市居民同等的待遇,广大的城市居民也并没有完全享受到高质量的城市生活,但这些问题的存在并不是城市化发展的必然结果,而恰恰是城市化发展水平较低、城市化发展质量不高的表现。更需要我们充分意识到城市化对促进社会发展的作用,积极解决城市化发展中所面临的教育、就业、医疗、养老、住房等民生问题,完善社会公平保障体系和机制,通过推动以人为本的高水平、高质量城市化进程带动人的全面发展和社会全面进步。

与此同时,城市化的发展也为调动和发挥中国社会转型期人民群众主体参与性提供了包容、和谐的社会环境。从现实情况看,地方政府与房地产企业的双赢发展是本世纪以来中国城市化发展过程中的显著特征之一,这一特征凸显了权力和资本的力量,推动了城市化快速发展,同时也弱化了城市化发展的公共价值导向,带来了一次漫长而艰难的利益格局调整过程。在一些地方,依赖政府与开发商形成明确或默许的利益捆绑所推动的城市化往往违背公众意愿,侵害公众利益,甚至引发一系列涉及拆迁、征地领域的群体性事件,极大影响了社会的和谐稳定。但从发展的角度来看,城市化发展的过程不仅是一个痛苦的利益博弈过程,更是一个现代公民社会建设的过程。在城市化改革与试错的"阵痛"中,利益主体和利益诉求日益多元化,中国社会公众的民主意识在不断释放和提升,社会不同阶层和利益群体享有表达意愿和参与公共事务的平等机会也在不断增多,其参与权利在一次次的调整和变革中得到体现和保障,包容、公正、民主的社会体系也在不断完善。改革在推动改革,发展在促进发展。从这个意义上讲,中国城市化本身蕴含着改革和发展的巨大潜能,反映着社会和谐的强烈诉求,是中国推动社会的进步与繁荣、构建和谐社会的重要推动力量。

五、城市化是促进区域均衡发展的重要保障

一直以来,如何缩小区域发展差异,实现区域均衡发展都是关系中国经济社会长期发展的重大问题。近年来,在各类区域政策的影响下,中国地区结构进一步优化,西部和中部地区发展迅速,区域发展的整体协调性不断增强。但是,现实中,由于在市场机制的作用下,生产要素大量地向东部地区流动,东部地区已形成自我积累,自我发展能力,外来资本和民间资本充分,产业结构升级迅速,整体经济社会发展水平遥遥领先,加入 GDP 万亿俱乐部的省份不断增多,如排在中国 GDP 总量第一位的广东经济总量已经高于比利时、挪威、奥地利、波兰等国家,达到了名副其实的"富可敌国"。而西部地区经济增长主要靠基础建设投资拉动,国有资本仍占主要地位,外资、民间资本不足,制造业、服务业发展不快,投资效益不高,在经济总量、人均收入水平发展水平方面仍然远低于东部地区。总的来看,中国区域发展的差距仍然存在,东、中、西三大地带经济发展差距还有不断扩大趋势。

在缩小地区发展差距、实现区域均衡发展的过程中,城市化的作用不可低估。改革开放以来东部发达地区的发展实践表明,大量人口和产业在该地区合理聚集和优化配置,形成了众多富有强大竞争力的城市,推动了珠三角、长三角等城市群的成长与壮大,是带动东部发达地区迅速发展的重要原因之一。而中西部地区发展相对滞后,也集中表现为中西部地区城市化水平相对滞后。从促进国家区域均衡发展的角度来看,在进一步推动东部发达地区城市化发展的同时,从国民经济发展的整体性出发,有序推进中西部欠发达地区的城市化进程,通过合理集聚人口、加快产业结构调

整与转移、完善公共服务体系建设,在中西部欠发达地区培育和发展一批具有显著竞争力和带动作用的大城市和城市群,促进经济增长和市场需求空间由东向西、由南向北梯次拓展,将有助于带动广大落后地区经济社会发展,逐渐缩小地区间发展差异,对于实现国家区域协调发展具有重要意义。

第二节　中国城市化的全球价值

改革开放以来,对内改革与对外开放的相互促进,国内与国际两个市场、两种资源相互补充,共同推动了中国经济的高速增长。目前,中国已经初步建立了开放型的经济体系,与世界经济的相互联系日益密切,并在国际舞台上扮演着越来越重要的角色。在波澜壮阔的全球化浪潮中,中国与世界的关系也愈加密不可分。中国的发展离不开世界,世界的发展也离不开中国。中国在融入世界经济体系中,世界经济社会发展也越来越需要来自中国的声音与力量。中国的城市化是占世界五分之一人口的城市化,同样影响着全球城市化的进程,推动着世界经济社会的发展,中国城市化不仅为世界经济注入了持久的动力,也为广大发展中国家城市化发展提供了可供参考与借鉴的示范,极大地推动了全球文明的进步与繁荣,具有积极而重大的全球价值。

一、中国城市化的全球经济价值

中国经济是世界经济体系的重要组成部分并日益深刻地影响着世界经济格局。中国在开放和融入世界市场的过程中,不仅以自己的市场和要素为世界提供了机遇与财富,也为世界经济的振兴提供了信心和支持。在国际金融危机当中,中国经济保持平稳较快增长,已经用实际行动和具体表现为推动亚洲地区和世界经济复苏作出了积极贡献。从目前的全球经济形势来看,国际金融危机的阴影仍然没有完全散去,对世界经济的破坏性影响依旧存在,其对全球市场需求造成了剧烈冲击,使得全球经济总供求失衡的局面在短时期内难以得到改变。尽管许多国家采取了积极的经济振兴政策,而在没有新的重大技术突破条件下,世界各国所采取的超常规的经济刺激计划和措施在缓解短期危机的同时,在长期内还有可能会产生一定的"副作用",可能会加剧全球性产能过剩,并引发全球性的通货膨胀。在这一背景下,市场需求显得尤为重要。可以说,如果没有足够强大的市场需求,所有的短期经济干预措施都将仅仅是临时性的治标之计,难以为经济复苏提供持久的动力,达到固本培元的效果。对世界经济而言,谁能够提供广阔的市场和强大的需求,谁就是最具有全球经济价值的经济体。

中国城市化不仅对于中国发展具有重要意义,也会为世界创造市场和需求,会令全球从中受益。作为世界上人口最多的发展中国家,过去的一段时间,中国经历了人类历史上最大规模的城市化加速过程。目前,中国已经将推动城市化发展作为新时期促进经济和社会发展的重要战略。可以判断,未来的几十年,在明确的城市化战略导向下,中国的城市化进程将继续深入推进,使更多的中国人从相对落后的农村走向荟萃现代文明的都市。预计到2030年,中国的城市人口会达到10亿左右,城市数量达到1000个左右,将形成在世界顶级城市带领下的,以国际城市、国家中心城市、区域中心城市为核心,大规模集群化发展的世界城市体系①。未来,中国城市化的规模扩张与结构调整都将史无前例,也将会形成庞大的财富积累与市场空间,孕育蓬勃的生机和巨大的发展潜力。而中国城市化发展始终坚持互利共赢的开放理念,是"引进来"与"走出去"相结合的城市化,中国城市化的持续发展不仅会为世界提供一个不断扩大的中国市场,有效地弥补全球市场需求的萎缩,还会为世界各国提供更多的发展机会,优化世界的分工体系、价格体系和供求体系,为全球经济持续增长提供动力,对全球经济的增长和可持续发展产生持久影响,具有巨大的全球经济价值。

二、中国城市化的全球示范价值

在过去几十年中,世界经济格局发生了翻天覆地的变化,广大发展中国家,特别是新兴市场经济国家不断成长壮大,极大地促进了世界政治经济体系的调整与演变。今天,许多发展中国家仍然在不断探索,希望寻找到一条既切合自身实际国情,又顺应世界历史发展潮流的现代化发展道路。作为一个拥有灿烂文明又深受磨难的东方大国,中国立足自身实际,面向世界,锐意改革,勇于开发,不断增强国民经济的综合国力和参与世界经济竞争的能力,创造性地克服了种种挫折、失误,成功地跨越了当今许多发展中国家普遍面临的发展困境,在较短的历史时期和平地实现了国家独立与经济发展,在与各国互利共赢的基础上,走上了富裕文明的复兴之路,不仅用行动证明了自己对世界的贡献,也为世界各国,尤其

---

① 倪鹏飞主编:《中国城市竞争力报告 No.7(城市:中国跨向全球中)》,社会科学文献出版社 2009 版,第 632 页。

是广大发展中国家提供了可资借鉴的经验,产生了深远而广泛的影响。

中国城市化发展是中国经济社会发展的历史缩影,也是中国未来的集中体现。中国城市化对全世界的城市化,尤其是发展中国家的城市化进程同样影响深远。与中国的经济社会发展背景相类似,城市化是许多发展中国家经济社会持续发展的动力源泉,广大发展中国家也都面临着通过城市化谋求本国经济与社会迅速发展的艰巨任务。但是,广大发展中国家虽然在不懈地进行着艰辛而富有成就的探索,但在发展实践中却面临着诸多困难,特别缺乏可供参考和借鉴的模式。中国是最大的发展中国家,中国城市化发展的一举一动都会对广大发展中国家产生很大影响。经过了30年的改革开放,中国在发展实践中积极探索,不断吸取教训、总结经验,走出了一条富有中国特色的城市化发展道路,形成了一系列具有丰富理论内涵和实践意义的经验和做法。尽管不同的国家都有自己的地域、民族、历史和经济文化等方面的特征,在选择和确定本国城市化道路时不可能全盘吸收、盲目照搬别国的发展模式和经验。但中国的城市化是发展中国家的城市化,中国的城市化和中国市场化改革一样,都强调独立自主、渐进变革、以人为本,向世界传递了一种具有普适性的发展价值理念,为广大发展中国家提供了一个不同于西方国家城市化发展模式的新的思路和视野。回顾历史,展望未来,中国城市化的发展无疑具有显著的标杆意义,中国的城市化实践会使其他发展中国家在城市化进程中减少失误,从中受益,中国城市化的持续推进和健康发展更会为广大发展中国家乃至全世界提供宝贵的发展案例与素材,具有很强的示范性,具有巨大的示范价值。

三、中国城市化的全球文明价值

文明是人类改造自然与社会过程中所创造的物质和精神成果的总和,是人类社会进步的标志和体现。作为最富盛名的世界文明古国之一,中国五千年中华文明辉煌灿烂、源远流长,书写着人类文明史册最华美的篇章,促进了人类社会的进步,更影响着人类文明的进程。美国著名历史学家保罗·肯尼迪曾在其名著《大国的兴衰》中这样评价:"在近代以前的所有文明中,没有一个国家的文明比中国文明更发达、更先进。它有众多的人口(在15世纪有1~1.3亿人口,而欧洲当时只有5000~5500万人),有灿烂的文化,有特别肥沃的土壤以及从11世纪起就由一个杰出的运河系统连结起来的、有灌溉之利的平原,并且有受到儒家良好教育的官吏治理的、统一的、等级制的行政机构,这些使中国社会富于经验,具有一种凝聚力,使外国来访者羡慕不已。"[①]新中国成立以来,特别是改革开放以来,面对着复杂多变的世界,中国始终注重传承文明,开拓创新,坚持和平与发展的时代主题观,尊重人类文明多样性,尊重各国的权利,尊重各国独立自主选择发展道路,提倡包容,注重和谐,积极主动开展文明对话,推动世界各种文明、社会制度和发展模式相互交流和相互借鉴,与世界分享中国发展的物质和精神文明成果,更使世界各国感受到了中国现代文明进步的积极意义。

作为世界上最大的发展中国家,中国城市化对世界文明发展

---

① 保罗·肯尼迪著,陈景彪、王保存、王章辉、余昌楷译:《大国的兴衰》,国际文化出版公司2006年版,第4~6页。

的贡献仍然不可估量。伴随着中国城市化的不断发展，中国逐渐由乡土社会进入城市社会，意味着世界上大部分居民开始享受到现代城市文明，也意味着在古老的东方世界将有更多现代城市和城市群的涌现，更意味着广泛而深刻的文化、思想、制度变迁，这不仅是人类文明进步的象征，更会丰富人类文明体系，对人类文明产生更加深远的影响。更重要的是，在世界范围各种文明、思想、文化的相互激荡中，中国城市化发展有其自身的发展延续性，中国城市化不是在封闭的系统中自我发展，其注重传承与创新结合，不孤立于历史和外界而存在，倡导的是和谐包容的价值观，强调的是和平、发展、合作的发展理念，展示和传播的是中国城市化发展的智慧、思想和善意。这意味着中国城市化的发展将与西方发达国家城市化发展所不同，对世界文明的影响将是创造性的，而不是破坏性的，不会将城市化的发展建立在剥削和掠夺的基础上，也不会依靠武力和对抗实现城市化的发展和文明的扩张。从这个角度看，中国的城市化发展不仅创造着人类文明的成果，还将影响人类文明的核心价值，向整个世界传递着现代中华文明的信号，其所体现和弘扬的民主、和睦、协作、共赢的精神，所倡导和推崇的在尊重、平等、合作、信任、互助基础上的包容性发展，都将为建设持久和平、共同繁荣的和谐世界、实现世界文明的持续繁荣进步作出贡献，体现着广泛而巨大的全球文明价值。

第二章　城市化与金融
支持相关理论综述

　　尊重、学习与理解前人的智慧与思想，是我们思考与研究的前提和基础。分析中国城市化进程中的金融支持问题，首先要对城市化和金融支持的相关理论有所认识。城市化作为一种重要的经济社会现象，一直是理论界所关注的焦点。同样，金融对于现代经济发展的重要性不言而喻，长期以来，关于金融发展理论的研究也一直是中西方学术界关注的热点。目前，国内外学者在相关领域的研究已经积累了大量的文献，无论在理论研究还是实践推广方面都取得了突出成果。在这里，本书主要选取代表性观点，从城市化理论、金融发展理论和金融支持城市化相关理论三个方面对现有研究进行梳理和评析，为进一步研究中国城市化与金融支持问题提供一个相对完整的理论背景支持。

第一节　城市化相关理论研究

　　城市化是人类历史发展的必然结果，是衡量一个国家或地区经济社会发展水平的重要标志。城市化一词的出现至今已有百余年历史，然而由于城市化研究的多学科性和城市化过程本身的复杂性,不同学科对城市化的理解各有不同①。在经济学领域,发展经济学、产业经济学、空间经济学等经济分支学科也对城市化有大量的研究,从不同的角度形成了具有特色的理论体系。本书结合现有文献资料,主要立足经济学研究视角,从人口城市化、产业城市化、空间城市化三个方面对有关城市化理论进行简要回顾和综述。

一、人口城市化相关理论

人口城市化理论是城市化理论研究的核心问题。早期的人口城市化研究主要侧重人口数量变化现象的描述,统计意义往往大于经济意义。随着社会经济的发展,在传统农业社会向现代工业社会转变过程中,城市人口大量聚集和增长,农村劳动力向城市大规模转移成为世界各国的普遍现象,越来越多的学者开始关注城乡人口流动问题。从目前的情况看,人口城市化理论主要基于二元经济结构及其转换的视角,关注乡村与城市之间的人口流动问题,分析人口流动的主要原因,解释人口流动的内在机制,研究人口流动的发展规律。

阿瑟·刘易斯(Lewis)开拓性地构建了二元经济体系下的人口流动模型,认为处于经济发展初期的国家普遍存在着传统农业部门和现代工业部门并存的二元经济结构现象。在具有二元经济

---

① 不同的学科领域对城市化的研究对象与研究内容的具体理解有所不同,例如,地理学重点研究城市的形成、发展、空间结构和分布规律,主要强调城市是地区经济活动的中心;人口学主要研究城市人口的规模与结构的变化和分布规律,更多地强调城市化是城市人口数量在总人口中的比例提升过程;社会学主要研究城乡社会文化和生活形态的演变规律,侧重关注社会生活方式主体从乡村向城市转化所产生的社会结构变迁问题。

结构特征的社会里,传统农业部门的边际劳动生产率为零或接近于零,导致传统农业部门劳动力供给具有完全的弹性,存在着大量低收入的剩余劳动力。而工业部门的劳动生产率却由于工业化与技术进步而得到提升,工业部门的边际劳动生产率远远高于农业剩余劳动力的工资,所以工业部门的发展就可以从农业部门中获得无限廉价的劳动力供给。而农业部门与工业部门之间的劳动生产率边际差异导致农业人口持续不断地从农村流向城市,结果农业劳动力的边际生产率提高,工业劳动力的边际生产率下降,并最终实现工农劳动力边际生产率相等的均衡状态,城乡差别逐步消失,城市化进程也逐步得到实现[1]。

拉尼斯(Ranis)和费景汉(John C. H. Fei)对刘易斯的模型进行了补充与修正,研究了农业部门的生产特点并充分考虑了农业部门在经济发展中的贡献,强调传统农业部门在提供劳动剩余方面为现代工业部门的扩张发挥了重要作用,提出了部门之间均衡发展的思想,并把农业剩余劳动力转移过程的实现由一种无阻碍过程变为一种有可能受阻的三阶段发展过程,认为在发展中国家,农村劳动力在城市寻找工作并非十分顺利,往往存在着转移的阻力,现实中常常会出现大量的无业游民[2]。费景汉和拉尼斯的研究使得二元经济结构下人口城乡转移理论更加具有现实性,进一步丰富了农业剩余劳动力转移理论的内容。

乔根森(Jorgenson)认为人口流动的根本原因在于消费结构

---

[1] W. A. Lewis, "Economic Development with Unlimited Supplies of Labor", *The Manchester School of Economic and Social Studies*, 1954, 22, 1: 139 - 191.

[2] Gustav Ranis and John C. H. Fei, "A Theory of Economic Development", *The American Economic Review*, 1961, 51, 4: 533 - 558.

的变化,人口的转移是消费需求拉动的结果,农业剩余产品的存在是人口转移的物质基础和前提条件。当农业剩余产品为零时,是不存在农村剩余劳动力转移的。而只有当农业剩余产品大于零时,才有可能形成农村剩余劳动力转移。由于人们对农产品的需求有限而对工业品的需求无限,所以当农产品的供应已能满足需求时,农业的发展动力就逐渐消退,农业部门人口就开始向工业部门转移,而在这一过程中,农业剩余生产品愈多,劳动力转移到工业部门的规模也就愈大。同时,由于人口对工业品的持续需求,工业部门也会不断发展壮大,会进一步刺激劳动力向工业部门转移,人口向城市流动的进程也会不断加快[1]。

托罗达(Todaro)认为人口流动基本上是一种经济人的理性选择的结果,并从城市失业存在而农村劳动力仍源源不断涌入城市的现实情况出发,构建了城乡人口流动模型。该模型认为对迁移成本的计算与预期是影响农村劳动力作出迁移决策的重要因素之一,强调收入差距对于人口流动的影响,并将预期引入劳动力流动机的分析,认为农村人口向城市转移不仅取决于城乡之间实际收入差距,而且还取决于在城市里获得较高收入的机会,反映了人口在比较经济利益的驱动下向较高收入的地区或部门流动的理性经济行为[2]。按照这一思路,城市存在相对来说收入较高的就业岗位和就业机会,只要城市的预期收入高于农村的预期收入,城市就会对收入较低、就业不足的农村劳动力产生持续吸引力,农村

---

[1] Dale W. Jorgenson,"The Development of a Dual Economy", *The Economic Journal*,1961,71,282:309-334.

[2] M. A. Todaro,"Model of Labor Migration and Urban Unemployment in Less Developing Countries". *American Economic Review*,1969,59,1:138-148.

地区人口就会源源不断地涌入城市地区,农村劳动力向城市的转移就会持续下去,一个国家或地区的城市化水平就会不断提高。

二、产业城市化相关理论

产业城市化理论的核心在于对产业结构问题的认识和思考。关于产业结构理论的思想渊源可以追溯到 17 世纪,英国经济学家威廉·配第(William Petty)在《政治算术》一书中描述了不同产业之间存在的收入差异,并将这种差异与劳动力就业结构联系起来,他发现"工业的收益比农业多得多,而商业的收益又比工业多得多"[①]。认为产业之间的收益差异会推动劳动力由低收入产业向能获得高收入的产业流动。产业发展的重心也将逐渐由有形财物的生产转向无形的服务生产,农业人口会逐渐转向工商业,而且随着经济的发展和产业收入差距的扩大,这种人口在不同产业间的流动还会更加频繁。

20 世纪 40 年代,克拉克(Clark)在其《经济进步的条件》一书中对配第的观点进行了实证并形成了"配第—克拉克定律"。他把整个国民经济划分为第一产业(农业)、第二产业(制造业)和第三产业(服务业)三个主要部门,通过对 40 多个国家的横截面和时间序列数据进行统计分析,研究了经济发展与产业结构变化之间的关系。他发现在实践中,人均国民收入水平越高的国家,农业劳动力在全部劳动力中所占的比重相对来说就越小,而第二、三产业中劳动力所占的比重相对来说就越大;反之,人均国民收入水平越低的国家,农业劳动力所占比重相对越大,而第二、三产业劳动力所

---

① 威廉·配第著、陈冬野译:《政治算术》,商务印书馆 1978 年版,第 19 页。

占的比重相对越小。在此基础上,他得出了产业结构演进的规律性结论,认为不同产业间相对收入的差异,会促使劳动力向能够获得更高收入的部门移动。随着人均国民收入水平的提高,劳动力首先由第一产业向第二产业转移,当人均国民收入水平进一步提高后,劳动力又会由第二产业向第三产业转移[①]。最终来看,从事农业的人数相对于从事制造业的人数趋于下降,而从事制造业的人数相对于从事服务业的人数趋于下降,劳动力在产业间的分布会呈现出第一产业人数减少、第二产业和第三产业人数增加的格局。

在"配第—克拉克定律"的基础上,库兹涅兹(kuznets)进一步从国民收入方面对经济结构变革与经济发展的关系对欧美主要国家长期统计数据进行了分析,考察了总产值变动和就业人口结构变动的规律,揭示了产业结构演进方向。他运用统计分析方法,把国民收入和劳动力在各产业之间的分布结合起来,从国民收入和劳动力在产业间的分布这两个方面,对伴随经济发展的产业结构变化进行了研究,分析了各产业相对生产率的变动趋势,认为产业结构的变动会受国民生产总值和人均国民收入变动的影响。在国民生产总值不断增长和按人口平均国民收入不断提高的情况下,各产业不论是产值结构,还是劳动力结构都会发生变化。即农业部门产值份额和劳动力份额趋于下降,工业部门和服务业部门产值份额和劳动力份额趋于上升[②]。

---

① Colin Clark, *The Conditions of Economic Progress*. London: Macmillan, 1940, pp. 37.
② 西蒙·库兹涅茨著、常勋等译:《现代经济的增长:发现与反映》,商务印书馆1985年版,第106—206页。

20世纪60年代以来,经济学家对经济增长与产业结构演变进行了更加深入而广泛的研究,取得了丰硕的成果。其中,钱纳里(Chenery)利用投入产出分析方法和一般均衡分析方法,对101个国家1950~1970年间的统计数据进行归纳分析,形成了一系列经济发展不同阶段所具有的经济结构的标准数值,即经济发展的"标准结构",为分析和评价不同国家或地区在经济发展过程中产业结构组合是否"正常"提供了参照规范。他将"增长与结构转变之间的关系分成两部分:人均收入增长对结构的影响(需求方面);结构变化和生产率提高对增长的影响(供给方面)"[①]。并认为一国经济发展关键取决于全面的结构转变,结构转变最值得注意的特征是国民生产总值中制造业所占份额的上升,农业所占份额相应下降,生产结构的这种基本变化引起资本和劳动力从农村向城市转移。按照钱纳里的分析思路,城市化与经济发展密切相关,但最终取决于一个国家或地区的工业化水平和经济结构。工业化的结果是产业结构的演变,表现为产业结构的多元化和高度化,而产业结构的演变必然导致就业结构的演变,表现为人口的聚集和消费市场的形成。在这一思路下,人口向城市聚集就是一个经济发展的内在机制,城市化就是经济发展的一个必然现象。

三、空间城市化相关理论

空间城市化理论主要是基于空间的视角来研究城市化问题。空间城市化理论一般认为城市化是一种空间现象,是一定地域内

---

① H.钱纳里、S.鲁宾逊、M.赛尔奎因著,吴奇、王松宝等译:《工业化和经济增长的比较研究》,上海三联书店1995年版,第480页。

的人口规模、产业结构、资源条件等要素由分散到集中的动态过程,是经济发展所引起的资源空间配置过程。自然区位是城市存在的客观基础,人口、产业、科技等要素在自然区位上的聚集构成了城市活动独有的特性。关于区位的研究也是空间城市化关注的重点之一。一些学者分析了影响城市化的空间区位因素,并认为城市化的主要特征就是各种物质要素和物质生产过程在空间上的集聚。古典经济学家杜能(Thunen)首次提出农业区位论,采用"孤立化的方法",不考虑自然条件的差异,考察了在一个均质的假想空间内农业生产方式的配置与距离城市的关系,并认为空间经济发展会以城市为核心,以圈层分布为特点逐步向外发展[①]。韦伯进一步研究了经济主体的区位选择规律,将影响工业区位的因素分为影响工业分布于各个区域的"区域性因素"和把工业集中于某地的"集聚因素"两类,分析了运输成本、劳动力成本与空间集聚的关系,认为企业空间布局和经济活动的目标函数是一定约束条件下生产成本极小化,一个企业选择在一个地方,而不在另外一个地方,主要是要获取运输费用、工资、土地费用、原材料及燃料费用、建筑物及机器设备、利率等成本优势,获得规模经济、范围经济、分工协作等给企业带来的收益[②]。他们系统地建立了一套理论体系,从内容和方法都是开拓性的,为丰富和论证区位对城市化影响的奠定了理论基础。

佩鲁(Perrour)和布代维尔(Boudeville)相继提出的"增长极

---

① 约翰·冯·杜能著、吴衡康译:《孤立国同农业和国民经济的关系》,商务印书馆 2004 年版,第 26~78 页。
② 阿尔弗雷德·韦伯著,李刚剑、陈志人、张英保译:《工业区位论》,商务印书馆 1997 年版,第 31~144 页。

理论",增长极理论认为经济增长并非同时出现在所有地方,而是以不同的强度首先出现在一些增长极(growth pole)上[1]。在经济空间上,增长极是具有支配性地位和推进性的区域单元,它会产生类似磁极作用的磁力,具有较强的资源吸引力,并能够通过发挥吸引功能促进资源在空间上集中,使得资金、技术、人才等生产要素向极点聚集,在极点地区产生规模经济效益,增强极点地区的自我发展能力和竞争能力,促进自身迅速成长。同时增长极还具有一定的扩散效应,极点地区的生产要素会向外围转移,对周围地区产生辐射作用,带动腹地经济的发展。按照增长极理论,空间发展具有顺序性,空间经济的发展主要依靠条件较好的少数地区,投资应集中于投入—产出效益较好的地区,将该地区培育成为经济增长极,通过促进增长极的超前发展影响和带动周边地区经济全面增长。

缪尔达尔(Mydral)和赫希曼(Hirschman)都研究了空间之间发展不平衡问题。缪尔达尔提出了累积因果循环理论,认为在一个动态的经济发展过程中,经济各因素之间存在着循环累积的因果关系。某一经济因素的变化,会引起另一经济因素的变化,而后一因素的变化会反过来又强化前一个因素变化的效果,导致经济发展常常沿着初始因素变化的方向发展,从而形成累积因果循环发展趋势。同样的,空间之间经济发展的不平衡具有自我强化作用,市场力的作用倾向于扩大而不是缩小地区内的差别[2]。在市场机制作用下,空间的不平衡一般趋向于强化而不是弱化,如果某

---

[1] F. Perroux,"Economic Space: Theory and Application." *Quarterly Journal of Economics*,1950,64,1:89-104.

[2] G. Myrdal, *Economic theory and underdeveloped regions*. London: Duckworthl Press,1957,pp. 10-16.

一地区由于初始的优势而比别的地区发展得快一些,那么该地区也常常会因为具有初始优势而在今后的一段时间里继续保持发展优势。累积因果效应主要表现为空间上的扩散效应与回流效应。扩散效应主要是各种生产要素由发达地区向区域外围的欠发达地区的流动,发达地区通过发挥扩散效应,将带动区域外围欠发达地区的发展。回流效应则指各种生产要素由区域外围向区域中心流动,由于存在回流效应,欠发达地区的资金、劳动力向发达地区流动,往往使得欠发达地区要素供给不足而进一步走向衰落。空间经济能否得到协调发展,关键取决于两种效应的强弱关系,而在发展中国家和欠发达地区经济发展的起步阶段,回流效应往往都要大于扩散效应,这就为政府干预空间经济发展提供了可能性。

赫希曼也认为空间经济增长过程是不平衡的,他认为不同地区发展条件方面存在差距,物质资源稀缺、企业家缺乏等都使得平衡增长很难实现,解释了经济发达地区与欠发达地区之间的经济相互作用及影响。[①] 他指出发达地区和不发达地区之间存在着极化效应和涓滴效应。两种效应会产生不同的空间效果,影响空间经济的增长。其中,极化效应会加剧不同空间之间的差异,涓滴效应将缩小不同空间之间的差异。对于发展中国家和欠发达地区而言,要实现空间经济均衡发展,应集中有限的资源和资本,优先发展少数关联度高的地区,通过该地区的扩张和优先增长,带动相关区域经济的发展,从而在总体上实现空间经济的均衡增长。

弗里德曼(Friedman)提出"中心—边缘"扩散理论,认为整个

[①] 艾伯特·赫希曼著,曹征海、潘照东译:《经济发展战略》,经济科学出版社1991年版,第122~148页。

空间经济结构都是由中心和边缘两个空间子系统所组成,其结构模式可分为核心增长区、向上转移地带、向下转移地带和资源边际区四个部分,劳动力、资源、市场、技术和环境等各类要素的不同空间分布差异也具有客观性[①]。按照弗里德曼的观点,城市和农村可以分别被看做是中心和边缘地区,二者之间存在着不平等的发展关系。总体上,城市是处于统治地位的中心地区,集聚人口、资本、知识和信息资源等各种要素,逐渐走向繁荣,而农村地区则是边缘地带,处于依附地位而缺乏经济自主性,由于不断地输出各种资源,逐渐走向衰退。但是,随着市场的扩大、交通条件的改善和城市发展速度的加快,加之政府作用的发挥,中心地区和边缘地区之间的关系也会发生变化,处于中心地位的城市会不断向边缘地带扩散,区域的空间关系会不断调整,经济的区域空间结构不断变化,中心与外围的界限会逐步消失,从而逐步达到城市与农村平衡发展,实现区域空间一体化。

以克鲁格曼(Krugman)为代表的一些经济学者从不完全竞争经济学、递增收益、路径依赖和累积因果关系等方面解释经济活动的空间集聚现象,进一步丰富和发展了传统空间经济学理论,形成了新经济地理学。新经济地理学构建了收益递增模型并强调影响聚集的因素的持续和积累。按照新经济地理学的研究思路,空间聚集与分散主要取决于资本外部性、劳动力的可移动性和运输成本在空间上的整合程度,当这种整合能够增加空间效应时,聚集将会形成并将不断扩大聚集规模,而运输成本的降低和由于聚集引

---

① J. Friedmann, *Regional Policy: A Case Study of Venezuela*. Cambridge: MIT Press, 1966, pp. 112 - 136.

起的土地、劳动力资源紧张等,则会引起经济活动逐步扩散或区域聚集效应减弱,会带来原有空间聚集形式的调整或产生新的空间聚集形式①。总的来看,新经济地理学的收益递增一般可以理解为经济上相互联系的经济主体或经济活动由于在空间上的相互接近性而带来的成本的节约和规模经济。而空间聚集是收益递增的外在表现形式,是实现空间经济效应和促进要素集中的根本路径,也是导致城市形成和不断扩大以及区域发展的基本动力。

第二节 金融发展相关理论研究

传统上,人们认为经济增长主要由经济中的实体性因素如资本、土地、劳动力等所决定的,往往忽视了金融因素对实际经济的影响。金融要素通常被视为是既定的,其对经济发展的贡献被看做一个常量,对经济增长的作用经常被归结到投资或资本积累对经济增长的长期作用上。金融发展理论对传统经济理论进行了创新,认为经济的不断发展对专业化、多样化和高品质的金融服务存在着巨大的需求,而金融部门会提供相应的产品与服务,通过自我评估和自我创新对这些需求自动做出反应,利用动员储蓄、分散风险、资本流动、降低监督和信息收集成本、提高选择项目的质量等方式推动经济的平稳运行与持续增长。可以说,金融发展理论弥补了传统经济发展理论侧重资本、劳动、土地、技术和资源等因素的作用而忽视货币金融对经济发展作用的缺陷,克服了传统经济

---

① Paul Krugman, "Increasing Returns and Economic Geography", *The Journal of Political Economy*, 1991, 99, 3: 483–499;保罗·克鲁格曼著,蔡荣译:《发展、地理学与经济理论》,北京大学出版社、中国人民大学出版社 2000 年版,第 95~114 页。

理论对金融部门的忽视,为我们客观认识金融在经济发展中的地位,研究金融对经济发展的作用提供了全新的视野和思路。

一、金融结构理论

戈德史密斯(Goldsmith)在《金融结构与金融发展》一书中最早提出金融发展的概念,系统地提出了金融结构论,对金融发展理论进行了开创性研究。他采用比较经济学的研究方法,将国际横向比较和历史纵向比较相结合,从比较不同国家的金融结构入手,通过对1860~1963年间35个国家的统计数据进行分析,认为"金融发展就是金融结构的变化,金融结构是一国金融工具与金融机构共同决定的",并试图"找出决定一国金融结构、金融工具存量和金融交易流量的主要经济因素,并阐明这些因素怎样通过相互作用而促成金融发展"[①]。戈德史密斯研究发现,尽管各个国家的金融发展过程有着起始点的不同及发展速度的不同,但它们的发展趋势或发展道路却是相同的,金融发展存在着一般规律性。从长期来看,经济增长和金融发展之间存在着大致的平行关系。特别是在数据比较充分的国家,甚至出现经济高速增长时期同时伴随着金融发展的平均速度的快速增加的现象。金融结构论认为各种金融机构和金融工具的形式、性质和相对规模共同构成了一个国家或地区的金融结构体系,而一个国家或地区金融结构体系的变化就是金融发展,金融结构的变化引致金融发展,而金融发展必然意味着金融结构的升级,两者存在一种互动关系。金融结构理论

---

① 雷蒙德·戈德史密斯著,周朔、郝金城、肖远企等译:《金融结构与金融发展》,上海人民出版社1994年版,第41~44页。

阐述了金融结构变化对经济增长的影响,并指出金融结构变化的根本动因在于金融运行及其效率表现,这一研究成果为以后的研究者奠定了方法论基础。

二、金融深化理论

金融深化理论是相对于金融抑制理论提出的。罗纳德·麦金农(Ronald Mckinnon)和爱德华·肖(Edward S. Shaw)从一国金融体制与该国的经济发展之间的关系出发,认为金融抑制是中央银行或货币管理当局按照法律和货币政策,对各种金融机构的市场准入、市场经营流程和市场退出等行为实施严格管理,严格控制各类金融机构设置和其资金运营的方向与结构的情况。"金融抑制战略——一种产生过度需求和实行干预主义的战略——是在同财富观和凯恩斯式财富观的模式大不相同的经济中强制推行的战略。它会使落后经济更落后,并使其偏离稳定和理想的增长轨道。"①在金融抑制的状态下,政府通过对金融活动和金融体系的过多干预抑制了金融体系的发展,经济货币化程度较低,金融产业不发达,金融机构缺少竞争机制,金融产品和服务缺少吸引力,银行体系的扩展受到了限制,更无法引导私人储蓄向高收益的领域进行投资,金融部门的市场效率很低,金融在经济发展中的作用往往难以得到充分体现,而金融体系的发展滞后又阻碍了经济的发展,从而造成了金融抑制和经济落后的恶性循环。

针对金融抑制问题,金融深化理论应运而生。金融深化理论

---

① 爱德华·肖著,邵伏军、许晓明、宋先平译:《经济发展中的金融深化》,上海三联书店1988年版,第49页。

认为经济的发展是金融发展的前提和基础,而金融的发展是经济发展的动力和手段,肯定了金融在经济发展中的重要作用并突出强调了金融体制和金融政策在经济发展中的核心地位。金融深化理论认为,"金融机制会促使被抑制经济摆脱徘徊不前的局面,加速经济的增长;但是,如果金融领域本身被抑制或扭曲的话,那么,它就会阻碍和破坏经济的发展。"[①]一般来看,金融变量的使用减少了生产和交易的成本,改善了收益投资结构,并通过多样化和专业化分工降低了风险和总成本,从而提高了生产效率。金融深化可产生持续的收入效应、储蓄效应、投资效应和就业效应,推动了经济的增长。发展中国家经济落后的根本症结就在于金融抑制现象严重,经济货币化程度低,缺乏完善的金融市场,存在与二元经济结构相联系的"金融二元性"。面对金融抑制所造成的金融效率低下问题,麦金农认为,"通过放松资本形成方面的金融管制,可以坚信货币改革对经济发展将有积极的影响,这一点也很清楚。"[②]广大发展中国家必须放弃所奉行的金融抑制政策,推进金融自由化改革,打破金融市场的垄断格局,放宽对金融体系和市场的管制和束缚,发展现代金融部门和现代金融市场,使储蓄顺利转化为投资,使金融制度和经济发展之间形成一种良性的互动关系。同时,金融深化理论认为金融发展是金融市场的形式和金融行为的完全市场化,并主张用 M2/GNP 指标来衡量金融发展水平,即广义货币(M2)与国内生产总值(GDP)的比值。M2/GDP

---

① 爱德华·肖著,邵伏军、许晓明、宋先平译:《经济发展中的金融深化》,上海三联书店1988年版,第1页。
② 罗纳德·麦金农著、卢骢译:《经济发展中的货币和资本》,上海三联书店1988年版,第75页。

实际衡量的是在全部经济交易中,以货币为媒介进行交易所占的比重。通常来说,该比值越大,说明经济货币化的程度越高,金融深化水平越高。

三、金融约束理论

金融约束理论是介于金融抑制与金融自由化之间的一种理论,是金融深化理论的丰富与发展。早期的金融抑制论认为,政府对金融市场的价格和数量管制等金融抑制行为,扭曲了资源配置,阻碍了发展中国家经济的增长。但这一结论却并没有得到新兴市场经济国家和地区的实践支持,中国等东亚许多国家和地区都存在着不同程度的金融抑制,但这些国家和地区都取得了令人瞩目的经济增长成就。在这一背景下,20世纪90年代以来,赫尔曼(Hellmann)、穆尔多克(Murdock)、斯蒂格利茨(Stiglitz)和莱文(Levine)等对金融发展理论作出了进一步的发展,在金融深化理论基础上,用信息经济学理论对发展中国家的金融市场和金融体系进行了研究,根据发展中国家金融自由化的经验和教训,对政府的金融管理政策在金融业和经济发展中所起的作用进行了分析,认为单纯的金融自由化和金融抑制理论都是片面的,并在此基础上提出了金融约束论。金融约束论认为金融抑制模型存在效用函数缺失等诸多缺陷,根据这种模型提出的金融政策主张过于激进,对于发展中经济或转型经济体而言,由于信息不完备、金融监管缺失等原因,金融抑制理论在实践中的应用往往会导致金融完全自由化并产生巨大的金融风险,而微观经济主体并不可能在政府放弃管制后立即按理想的市场机制来运行,因此政府的干预是有必要的,政府能够发挥积极作用,通过实施一系列金融约束政策来解决市场失灵问题[1]。金融约束论在假设条件上更加接近现实情况,在实践中,金融约束可以被理解为是发展中国家从金融压制状态走向金融自由化过程中的一个过渡性政策,一国政府特别是广大发展中国家政府,应发挥政府在市场机制失灵下的积极作用,有选择地进行干预金融发展,通过制定存、贷款利率限制、市场准入限制和资本市场运作机制等一系列的金融政策为私人金融部门创造租金机会和获利可能,使私人金融部门获得超过竞争性市场所能产生的收益,为私人金融部门提供一个未来稳定的预期,促使私人金融部门更加稳健地经营,防范金融风险,丰富市场中介职能,更好地促进经济社会发展。

四、金融功能理论

关于金融功能的理解主要有"七功能说"和"六功能说"两种。彼得·罗斯(Peter Rose)认为金融体系是各种市场、机构、法律、法规与技术的集合,通过它交易债券、股票与其他证券、决定利率、创造金融服务并在全世界流通。它的基本任务是把短缺的可贷资金从储蓄者转移到借款者手中,以购买商品、服务,投资于新的设备与设施,并认为金融体系主要有七个基本功能。包括为公众的储蓄提供潜在的、有利可图的、低风险的出路的储蓄功能,通过将证券与其他金融资产转化为现金余额,提供筹资手段的流动性功

---

[1] 赫尔曼、穆尔多克、斯蒂格利茨:《金融约束:一个新的分析框架》,载青木昌彦、金滢基、奥野—藤原正宽主编,张春霖、银温泉、刘东译:《政府在东亚经济发展中的作用:比较制度分析》,中国经济出版社1998年版,第182~235页。Ross Levine, "Financial Development and Economic Growth: Views and Agenda." *Journal of Economic Literature*, 1997, 6, 35:688-726.

能,提供购买商品与服务的支付机制的支付功能,为政府政策实现高就业、低通货膨胀与经济持续增长的社会目标提供渠道的政策功能,为未来的商品与服务支出需求提供储备购买力的手段的财富功能,提供信贷以支持经济中的消费与投资支出的信贷功能,提供手段以保护企业、消费者与政府以防范人员、财产与收入的风险的风险功能①。兹维·博迪(Zvi Bedie)和罗伯特·C. 莫顿(Robert C. Merton)认为金融体系由金融市场(股票、债券和其他金融工具的市场),金融中介体(银行和保险公司),金融服务公司以及监控管理所有这些单位的管理机构组成,是金融机构、金融市场和支付清算体系的总和。他们将金融系统划分为六类核心功能:一是能够在不同的时间、地区和行业之间提供经济资源转移的途径;二是提供管理风险的方法;三是为完成交易提供清算和结算支付的途径;四是为储备资源和在不同的企业中分割所有权提供有关机制;五是提供价格信息,帮助协调不同经济部门的决策;六是当交易中的一方没有另一方的信息时,或者一方为另一方代理时,提供解决激励问题的方法②。

第三节 金融支持城市化相关理论研究

尽管国内外学者围绕金融发展对经济增长的促进作用进行了大量有价值的研究,也有许多学者在城市化发展领域取得了丰硕

---

① 彼得·罗斯著、肖慧娟等译:《货币与资本市场》,机械工业出版社1999年版,第6页。
② 兹维·博迪、罗伯特·C.莫顿著,伊志宏、欧阳颖、贺书捷等译:《金融学》,中国人民大学出版社2000年版,第23~30页。

的研究成果,但有关金融支持城市化问题的学术成果却相对较少。从现有文献来看,由于西方发达国家城市化水平普遍较高,城市化大都已经进入稳步发展时期,所以金融支持城市化问题很少被单独拿出来进行系统全面的研究,而更多关注于金融发展对城市化进程中的基础设施、土地开发等具体领域的推动作用,认为金融对城市化的支持作用也主要是通过促进这些领域或行业的发展来体现的。与西方发达国家不同,中国在短时期内经历了历史上前所未有的城市化加速期,而且这一城市化进程还远未结束。中国城市化实践需要理论的指引和支持,更推动着理论的创新与发展。在中国城市化步伐不断加快的背景下,国内学者及有关机构逐渐开始关注金融发展对城市化的重要作用并进行了有益的探索,通过理论分析与田野调查,从金融发展对城市化的作用机制、城市化与金融发展的关系等方面,围绕城市化进程中的金融支持问题开展了有价值的研究,提出了很多具有理论价值和实际意义的观点与建议,为我们提供了可供借鉴的思路与研究素材。

一、关于金融发展对中国城市化的作用机制研究

汪小亚区分了财政和金融对城市化的支持作用,认为金融对城市化的支持作用主要集中在城市化的基础条件、城市化的经济条件和城市化的基本条件三个方面,具体体现为金融可以支持基础设施和公共服务设施建设、支持中小企业发展和支持人口规模扩张与素质提高[①]。郭新明认为城市化是一个系统工程,作为现

---

① 汪小亚:《中国城镇城市化与金融支持》,《财贸经济》2002年第8期。

代经济核心的金融在各种城市化机制转换和实现过程中起着基础性作用,城市化建设所依赖的土地需要金融机构提供大量的信贷资金来征用、贮存、拍卖、流动;劳动力的非农化转移、实现城市的充分就业以及劳动者生活质量的改善与金融机构提供的支持与服务密不可分;城市基础设施建设和重要商品的流转,离不开金融机构的支持;产业结构调整和高新技术发展,没有信贷资金支撑也是难以为继[①]。郑长德研究了金融中介影响城市化进程的机制,认为金融中介的发展可以通过促进储蓄向投资转化、提高资本配置效率、促进经济增长、优化金融市场结构、降低交易成本、分散风险等方面促进生产要素向城镇的聚集,促进城市化的发展[②]。王少波、陶玲琴、魏修建认为就地城市化是适合国情的合理选择,而发挥金融对就地城市化的支持作用则需要通过以政策性金融机构长期信贷支持为主体、农村信用合作社以及其他金融机构长期性资金投入为辅助的机制,建立政府政策扶植、市场资金支持的政府主导型的混合型金融支持体系[③]。陈爱莉特别强调商业银行在金融支持城市化发展中的作用,认为商业银行可以通过发挥各种传统信贷融资方式的作用、提高新型信贷品种的融资比例、利用BOT等项目融资和发展中间业务等方式,支持城市化的发展[④]。陆岷峰、马艳分析了国外城镇化进程中加强金融支持作用的经验及特点,认为在世界各国的城市化进程当中,无论属于何种发展模

---

① 郭新明:《金融支持我国城市化战略的政策思考》,《西安金融》2004年第9期。
② 郑长德:《中国的金融中介发展与城市化关系的实证研究》,《广东社会科学》2007年第3期。
③ 王少波、陶玲琴、魏修建:《关于我国农村城市化路径的选择与金融支持》,《中国人口·资源与环境》2007年第4期。
④ 陈爱莉:《论城市化建设与商业银行发展》,《金融理论与实践》2004年第7期。

式,各国的金融体系都发挥了不可替代的支持作用,而金融支持城市化作用的发挥关键在于优化金融市场,推行融资证券化,发展中小金融机构,完善金融组织系统,鼓励多种形式的城市建设融资方式,把握金融需求变化趋势,提高综合化和个性化服务能力[1]。陈元则重点阐述了开发性金融对城市化的作用,认为开发性金融是国家或国家联合体通过建立具有国家信用的金融机构,为特定需求者提供中长期融资,同时以建设市场和健全制度的方式,推动市场主体的发展和自身业务的发展,从而实现政府目标的一种金融形式。他认为开发性金融在目标、功能、效率、手段等方面与中国城市化发展具有相适性,会通过为城市基础设施的建设、产业转化与非农就业提供融资支持来促进城市化的发展[2]。

二、关于中国城市化与金融发展关系的实证研究

蒙荫莉使用金融相关率指标,运用 OLS 回归分析和格兰杰因果关系检验对 1952~2001 年的时间序列数据进行分析,得出金融深化与城市化存在双向因果关系的结论,认为金融深化是城市快速成长的动因之一,城市化又进一步促进金融深化,发展金融业已经成为促进城市快速发展的重要手段之一[3]。伍艳认为金融发展

---

[1] 陆岷峰、马艳:《以金融支持推进中国城市化进程的新思考》,《苏州教育学院学报》2009 年第 1 期。
[2] 陈元:《开发性金融与中国城市化发展》,《经济研究》2010 年第 7 期。
[3] 蒙荫莉:《金融深化、经济增长与城市化的效应分析》,《数量经济技术经济研究》2003 年第 4 期。

与城市化发展存在互动机制,金融发展可以通过储蓄向投资转化、提高资本配置效率、优化金融市场结构等促进城市化的发展,而城市化水平的提高又通过生产要素集聚和市场规模的扩大,促使市场主导型资本形成机制的建立,从而提高金融发展水平[①]。张宗益、许丽英用带有控制变量的 VAR 模型对 1952~2003 年的时间序列数据进行分析,探讨了我国金融发展的规模扩张、结构调整及效率变化三个方面与城市化水平的关系,证明了金融发展有力地支持了我国的城市化进程[②]。黄勇、谢朝华采用非结构化的向量自回归模型,通过约翰森协整检验和格兰杰因果检验,发现我国银行贷款和城市化建设之间存在直接的因果关系,银行贷款对城市化建设具有重要的支持效应[③]。邓德胜、刘京锋、花琪从金融对城市化发展具有支持作用的角度出发,建立城市化与金融发展关系的理论模型,并利用中国 1978~2005 年经验数据对两者进行实证检验,结果显示金融总量与城市化水平存在着显著的对数线关系,金融结构效益对城市化发展的支持不足,而储蓄转化为投资的比例逐渐下降是制约中国城市化快速发展的一个重要障碍[④]。梁彭勇、梁平、任思慧则从区域的角度研究了金融发展与城市化的关系问题,他运用面板单位根检验、协整检验以及误差修正模型等计量方法,对中国 1986~2005 年东、中、西部地区的金融发展与城市化的关系进行了实证研究,结果表明中国金融发展与城市化二者之

---

① 伍艳:《中国城市化进程中的金融抑制问题研究》,《经济论坛》2005 年第 2 期。
② 张宗益、许丽英:《金融发展与城市化进程》,《中国软科学》2006 年第 10 期。
③ 黄勇、谢朝华:《城市化建设中的金融支持效应分析》,《理论探索》2008 年第 3 期。
④ 邓德胜、刘京锋、花琪:《中国城市化与金融发展关系研究》,《江西社会科学》2008 年第 9 期。

间的关系呈现出明显的区域差异①。孙浦阳、武力超从供给和需求两个层面探讨金融发展对城市化进程的影响,并强调金融支持城市化作用的发挥与政府治理水平密切相关,他们利用1995～2008年的120个国家的全球数据,使用有效克服金融内生性因素的面板2SLS方法进行了实证检验,证明了金融发展对城市化的影响的显著性,也强调了政府在金融支持城市化发展中的作用②。

三、关于金融支持中国城市化问题的案例研究

方少勇以温州为例,分析了温州城市化发展过程中金融支持现状,认为正规金融机构因为垄断和官僚化而提供的金融支持不足,导致了"温州模式"的衰败危险,而民间金融的替代加剧了危险发生可能,提出政府干预城市化发达区域金融发展应主要集中在消除民间金融对正规金融的过度替代上,运用金融中介作用,解决投机部分过大、抽逃投资的损害问题,同时在公共品的供给上,更多地提供金融支持以满足城市化进程需要③。中国人民银行石家庄中心支行课题组以河北省为例,对农村城镇化的发展状况以及金融在农村城镇化建设中的支持作用进行探讨,发现河北省在城市化发展过程中存在信贷资金投入不足、金融服务弱化、金融合力不强等问题,并提出了深化融资体制改革,积极探索多元化的城镇

---

① 梁彭勇、梁平、任思慧:《中国金融发展与城市化关系的区域差异》,《上海金融》2008年第2期。

② 孙浦阳、武力超:《金融发展与城市化:基于政府治理差异的视角》,《当代经济科学》2011年第2期。

③ 方少勇:《小城镇城市化金融支持与政府干预》,《金融理论与实践》2005年第4期。

建设资金筹集方式;金融部门引导中小企业向城镇集中;加大对重点镇的支持力度,发挥以点带面的示范作用;创新金融产品,大力开办消费信贷业务;加强组织协调,整合金融资源,形成合力等金融支持农村城市化建设的政策建议[1]。中国人民银行南宁中心支行课题组通过对我国广西地区城市化及其金融支持的现状进行分析,认为我国农村城市化进程中面临着金融供给总量不足、金融支持结构单一、金融支持效率低下三个方面的金融约束,并对导致这些金融约束的经济、体制、政策以及金融生态环境等因素进行了深入的探讨,从需求角度、供给角度、政策角度及金融生态环境角度提出了相应的政策建议[2]。鲍雯、田国良、陆雪莲、王增威总结了金融支持宁波城市化发展的做法,认为完善金融支持城市化发展的政策扶持体系、构建多层次金融服务体系、重点支持县域非农产业发展、拓宽城镇建设资金来源渠道、加强金融基础设施和信用体系建设是促进宁波城市化发展的重要经验[3]。王曼怡、李勇分析了北京远郊区县城市化发展问题,认为金融支持与城市化发展存在关联效应,并针对北京远郊区县城市化发展中存在的金融供给不足、金融市场结构不合理等问题,提出了构建北京良好的金融支持的基础性环境、加强农村信用体系建设、积极发展债券市场、创新金融服务方式等政策建议[4]。

---

[1] 中国人民银行石家庄中心支行课题组:《金融支持农村城市化建设的探讨》,《华北金融》2006年第10期。

[2] 中国人民银行南宁中心支行课题组:《城市化与三农问题研究——基于金融支持农村城市化视角》,《广西金融研究》2007年第7~8期。

[3] 鲍雯、田国良、陆雪莲、王增威:《城镇化发展与金融支持研究:宁波案例》,《浙江金融》2010年第7期。

[4] 王曼怡、李勇:《城镇化发展与金融支持研究——以北京远郊区县城镇化为例》,《人民论坛》2010年第10期。

综上所述,从国内外的研究进展看,城市化问题与金融发展问题的基础理论研究已经比较成熟,形成了相对完善的理论体系。但同各自领域的独立研究相比,关于金融支持城市化的研究仍然相对较少。总的看来,国内外关于金融支持城市化的研究还相对分散,现有研究大多停留在各个不同领域的专题化研究阶段,总体上缺乏一个系统性的宏观视角,在研究深度上有待进一步加强,还有较大的创新空间。特别是在中国城市化的持续发展时期,中国城市化有了新的更为深刻的内涵,也对金融支持提出了更高的要求,更需要对城市化进程中的金融支持问题进行透彻的理论分析和充分的实证研究。同时,今天的欧美并非就是明天的中国,中国城市化的发展必须站在复兴华夏文明的战略高度思考,在借鉴和吸收人类智慧精华的基础上,走符合自身特点的城市化发展道路。中国正在经历一场伟大的城市化实践,金融如何支持城市化、金融支持城市化的重点是什么,这一系列问题都迫切需要有系统的理论给予解答。从这个角度讲,立足学科发展前沿,深入发掘金融支持城市化的理论内涵,构建金融支持城市化的系统分析框架,对城市化进程中的金融支持问题进行理论探索和实证分析,不但是一个学术性问题,更是一个实践性较强的研究课题,对于推动城市化与金融发展的理论研究和发展实践都具有重要的战略意义。

第三章 城市化与金融支持：一个系统分析框架

从理论上看，城市化与金融各成体系，相对独立。而在经济社会发展实践中，城市化与金融又存在着紧密的联系。可以说，城市化与金融是相对独立又紧密关联的两个系统。研究城市化进程中的金融支持问题，需要立足整体，从城市化与金融发展相对独立的理论体系中寻找结合点，理解其发展表象中所蕴含的理论内涵和内在机理。本章主要遵循系统分析思路，不局限于单一变量或局部现象相互之间的关系研究，而是把研究对象看做一个完整的系统，结合相关理论研究成果，对城市化和金融支持的本质进行解释，探讨金融支持城市化发展的理论逻辑和作用机制，分析金融支持城市化发展的演进阶段和主要模式，从整体上构建一个金融支持城市化的系统分析框架。

第一节 城市化与金融支持：概念与内涵

研究城市化进程中的金融支持问题，首先需要结合现有的城市化与金融发展理论，对城市化和金融支持各自的含义和特征有一个清晰的理解和认识，然后在此基础上，界定金融支持城市化的概念和内涵。

一、城市化

城市化是当今世界发展的普遍趋势和潮流,是目前公认的最显著的社会经济现象。而城市的发展则是城市化最突出的表现。城市化的核心在于城市。研究城市化问题首先要了解城市的概念与内涵。

城市是现代经济社会发展的必然产物,其发展特征与表现形式与乡村具有显著的区别。马克思曾对这一区别进行过精辟的论述,他认为:"城市本身表明了人口、生产、工具、资本、享乐和需求的集中;而在乡村所看到的却是完全相反的情况,孤立和分散。"[①]总的来看,城市是人口集中、工商业发达以及以非农业人口为主的地区,通常是周围地区的政治、经济、文化中心。城市经济发展水平高于农村,人口规模大,非农产业发达,人口和产业高度集中且紧密联系,社会文化更加多元和开放。

具体来看,城市在人口、产业、空间乃至社会文化方面都与乡村具有明显的不同。在人口方面,城市人口的规模以及集中程度远高于乡村,城市人口主要在非农产业就业,并由于职业不同而分化出不同的社会群体和利益阶层,各群体和阶层具有差异性的价值取向和心理素质,呈现显著的多元化特征。在产业方面,城市经济部门规模庞大、门类齐全、功能完备,能更大程度满足经济发展的要求,经济结构上以第二、第三产业为主,生产投入以高级要素资源为主,产品附加值高,制造业和服务业较为发达。在空间方面,城市空间规模大,人口、产业等高度聚集,相互之间联系密切,

---

① 《马克思恩格斯选集》第3卷,人民出版社1972年版,第56页。

易于形成一些跨区域的经济联合体,体现出资源的高组织化和集聚化特征。在社会文化方面,传统乡村社会往往是以个人为中心、以血缘为基础,按人际交往的远近亲疏向外延伸的熟人社会,乡村文化也更多具有自给自足、封闭保守的色彩。城市社会文化带有明显区别于乡村文化的多元性、开放性特点,城市是政治、经济、科技、文化的聚集地,在城市里,不同文化交汇融合,每天都进行着大量的内部交流和外部交流,人们的思想意识更为多元而开放。

通过城市与农村的比较,我们可以认为,城市化是一个在经济规律作用下,以城市为主体的经济社会动态演化过程。在这个意义上,城市化既包括乡村向城市转化的过程,也包括城市本身发展和完善的过程,二者通常在时间上是连续的,在空间上是并存的,具有紧密的内在联系性。同时,理解城市化进程,还必须认识到城市化的核心在于"市"而非"城"①,在于城市而非城镇。即现代城市化的主要推动力量是"市",在于经济发展的需要,强调市场经济的作用,而城市化的主体是城市而非城镇,城市化包括城镇化并高于城镇化。城镇只是城市体系中的一个组成部分,其乡村特征高于城市特征,城镇的发展只是城市发展的初级阶段,其最终会被城市化。

总的来看,城市化是一个复杂的动态系统,城市化涵盖经济、社会、文化发展等多方面的内容,是人口城市化、产业城市化、空间城市化综合转化过程,不仅包括人口的迁移转换,产业结构的变迁升级,还包括空间上的扩张与承载,是人口、产业和空间资源重新

---

① 历史上,"城"和"市"概念最初就有所不同,"城"是指在一定地域上用作防卫而围起来的墙垣,是古代的军事设施和统治中心。"市"则是指进行市场交易的场所,是商品生产、流通、交换的中心。"城"侧重强调政治性,而"市"则更强调经济性。

配置的过程,也是资源配置效率不断得到改善和提高的过程,是人口、产业和空间结构的整体演进与全面协调发展的过程。

第一,城市化是人口迁移和转换的过程。城市化表现为人口大规模迁移,是农业人口转化为非农业人口、并从平面无限分散向有限空间集聚的过程。同时,城市化更是人口身份转换的过程,是转移人口融入城市社会,分享城市文明成果的过程。

第二,城市化是产业结构演变的过程。城市化表现为生产要素从农业向非农产业转换、第二和第三产业快速发展、国家或地区的经济活动从以农业生产为主转向以工业和服务业为主,是以第一产业为基础,二、三产业为动力,三次产业互为补充、互相促进,产业结构不断演化升级的过程。

第三,城市化是生产要素和经济活动在空间集聚的过程。城市化表现为劳动力、资本、技术等生产要素和生产、交换、分配等经济活动在城市空间的聚集,是以地理空间聚集为核心,城市在空间数量上的增多、规模上的扩大、功能和设施上逐步完善的过程。

此外,从社会发展的角度看,城市孕育和引导了人类文明,是经济、社会、文化交流的频繁之地,也是先进思想和社会生活方式的传播之地,是自然和人文关系相互交织,物质要素和精神要素有机结合的空间综合体。城市化是一个涉及人们"城市"行为的过程,在城市化进程中,人的思想方法和行为模式会逐渐贴近城市的规范,城市化更多的体现为一种人们的生活方式[①]。伴随着人口、产业和空间的演进,农村居民的生产、生活方式以及价值理念也将

---

① L. Wirth, "Urbanism as a Way of Life", *The American Journal of Sociology*, 1938, 44, 1:1-24.

会向城市生产、生活方式及城市价值理念深度转变。

城市化具有丰富的理论与实践内涵,是一个国家和地区经济社会发展的必然趋势。在科学的城市化战略指引下,城市化进程的加快有助于增强国家和地区的供需能力,优化国家和地区的供需结构,完善国家和地区的公共制度体系,改善国家和地区的人文环境,对于国家和区域的经济社会发展具有重要的推动作用。

(一)城市化有助于增强国家和地区的供需能力

按照现代经济学的观点,国家和地区经济发展的供给能力主要取决于该国所拥有的各种生产要素的数量和质量。而城市化对国家和地区生产要素的形成与配置都具有重要影响,能够加速资本积累、推动技术进步、完善基础设施,改变生产要素数量和质量,从而增强国家和地区的供给能力。例如,由于城市经济具有正外部性和收益递增特点,资本向城市集中更有助于提高其盈利能力,因此分散的资本趋向于向城市不断聚集,使资本积累的速度大大加快,资本规模可以在短期内迅速扩大,显著增强资本供给能力。而城市化发展也将带动交通、邮电、供水供电等各种基础设施的建设与完善,从而更好地为企业生产和居民生活提供便利的服务环境,将会极大地鼓励与促进经济主体的生产行为与创新活动,提升专业化分工的广度与深度,形成规模经济效应,进而提升国家和区域的综合供给能力。

城市化增强国家和地区需求能力的作用主要体现在消费和投资两个方面。一方面,城市化会引发庞大的消费需求。这是因为城市人口收入要高于农村,有能力消费更多的商品,而且现代大工业所生产的消费品,都是以城市基础设施配套为使用条件的。相比之下,农村(即使是现代农村)由于自然经济成分较多,大多数消费品也是自给自足的,对消费需求的贡献不大。所以城市人口比重的提升无疑会带来消费总量的扩张,从而扩大需求规模。另一方面,城市化会刺激和带动生产性投资需求、城市基础设施建设需求和房地产投资需求,会为转入城市的劳动力提供更多的就业机会和发展空间,以满足不断扩大的城市人口的居住需求和工商企业的生产发展需求。

(二)城市化有助于优化国家和地区的供需结构

城市化发展能够优化国家和地区的供给结构。一国的供给结构主要通过产业结构来体现,而制造业与服务业的产业特点,决定了它们在城市选择生产和经营活动地点更有效率。因为,城市人口密度高、产业集中,可以有效节约制造业的运输成本和服务业的交易成本。所以,在正常情况下,随着城市化水平提高,一国的产业结构必然优化升级,即由农业经济转向制造业和服务业,由低端产业向高端产业升级。其中,服务产业的发展与服务商品的供给尤其与城市化存在密切关系,生产性服务业的成长与壮大要依托于城市的大工业体系的发展,生活类服务品消费更是需要以城市居民较高的收入水平与消费能力作支撑。可以说,城市化是工业化的助推器,同时也是服务业发展的驱动力。

城市发展还能够优化国家和地区的需求结构。城市化使得人们对农产品的需求相对降低,而对工业品和劳务的需求则显著增加,这反过来又推动了制造业和服务业的发展。此外,随着城市化水平的提高,居民的生活方式逐步实现从生存型向发展型过渡,逐渐由追求数量转变为追求质量。与之相适应的,居民消费需求也逐渐由生活必需品需求向耐用消费品需求升级、由"吃穿用"需求向"住行游"需求升级、由私人产品需求向公共产品需求升级、由物质产品需求向精神产品需求升级。在这一过程中,城市化的推进将会催生众多新的消费与投资需求热点,为经济发展提供源源不竭的动力,在需求结构优化升级的同时,使得居民的生活水平和质量也日益跨上新台阶。同时,当城市发展进入成熟阶段后,城市基础设施与住房建设投资会逐渐趋于稳定,投资需求的比重会相对下降,而消费需求的比重则会相对提高,消费—投资关系将会趋于稳定与合理,消费增长将越来越成为推动城市经济发展的主要动力,需求结构将会得到显著优化。

(三)城市化有助于完善国家和地区制度体系

良好的制度体系是国家和地区经济社会长期可持续发展的基本保证。按照制度经济学的观点,制度体系的形成与发展取决于制度需求与制度供给的相互作用,是一个制度变迁的过程。而城市化水平的提升不仅会刺激国家和地区的制度需求,也会在很大程度上改善国家和地区的制度供给,显著推动国家和地区的制度建设步伐。

城市化通过提高制度需求水平为国家和地区制度体系的完善提供了原动力。例如,产权明晰是降低交易成本的有效途径,随着城市化水平的提高,在统一开放的市场条件下,城市区域居民和企业的经济交易越来越频繁、交易的复杂性程度也越来越高,会对产权保护制度的需求与日俱增。同时,城市是经济、政治、社会、文化交往活动的集中地,个人和企业各项活动的顺利开展都需要有一定的规则进行规范与约束。为了有效防止机会主义与败德行为,市场准入制度、政府监督制度、信息公开制度等制度需求也会不断增强。与之对应的是,城市化也会通过增强制度供给来推动国家和地区制度体系的完善,以满足不断提升的制度需求。此外,从供给的角度看,制度本质上属于一种无形的公共产品,政府是制度的主要供给主体。城市经济的发展将会促进中央和地方政府财力的增加,城市人才的聚集也为公共决策的制定与出台提供了强大的智力支持,城市科学技术的进步则为优化组织管理、为信息化公共服务提供有效的工具,这些因素都能够增强政府的制度供给能力,满足日益增长的制度需求,进而推动国家和地区制度体系不断趋于完善。

除正式制度外,城市化发展也有助于国家和地区非正式制度体系的发展与完善。在城市化进程中,人口的流动性不断加剧,不同地域、背景和偏好的人群之间的相互交流与融合会不断增加,文化的开放性、多元性、包容性特征也会逐渐明显,创新、进取、分享的价值观念更容易得到传播与认同,加之城市的教育条件相对优越,发展环境相对宽松,非常有利于提高社会整体的文化、道德素养,也更有助于公序良俗的维护,这都为培育公民社会提供了良好的土壤,为国家和地区的长期繁荣提供了相对完善的制度保障。

二、金融支持

纵观经济理论的发展历程,经济学家对金融与经济发展关系问题的探讨最早可以追溯到 16 世纪的货币数量论。但是,金融问题一直未受到传统经济学的重视,"经济分析中时常把金融部分地或全部地归并掉了或者抵消掉了,所以,经济学家可能无意间就忽视了金融在经济活动中的地位"[1]。而自"凯恩斯革命"以来,货币

---

[1] 约翰·G.格利、爱德华·S.肖著,贝多广译:《金融理论中的货币》,上海三联书店 1994 年版,第 18 页。

对经济发展的影响作用得到突出,对实物经济的货币分析也逐渐成为理论研究的重点,经济体系中的收入、支出、储蓄、投资和消费等环节的运动,无一不渗透着货币的运动①。随着市场经济的不断发展、经济货币化程度的不断提升和信用环境的不断变化,金融因素在经济发展中的作用已经得到了广泛的认可。目前,大多数经济学家都认同,现代市场经济是高度发达的金融经济,金融是现代经济发展的中枢,在经济社会各个领域,金融都发挥着不可替代的作用。

金融支持是一个动态的过程。主要强调在金融发展的条件下,金融体系通过发挥金融功能对经济社会发展的影响作用。金融支持的前提条件与存在基础在于金融发展。金融发展主要体现为金融总量的增长与金融结构的改善和优化。与实体经济发展相对应,金融发展是市场经济中信用制度不断演进和货币资本化的产物。随着市场经济的不断发展,社会分工和专业化程度不断加强,经济的货币化程度不断加深,金融发展水平也呈不断上升趋势。从世界各国的经验来看,金融发展程度直接影响着各个国家经济社会发展的总体水平,金融规模合理、金融结构完善、金融效率较高的国家往往经济社会发展水平也相对较高,而金融规模不合理、金融结构失衡、金融效率低下的国家经济社会发展水平也相对较低。

金融对经济社会发展的支持作用主要是通过金融体系发挥金融功能来实现。金融体系有广义和狭义之分。一般来讲,狭义上

---

① 王广谦:《中国经济增长新阶段与金融发展》,中国发展出版社2004年版,第50页。

的金融体系可以简化为金融机构和金融市场综合体。而广义上，"金融工具、金融市场、金融机构和有关规则四个方面构成了金融体系"①。金融体系不仅包括金融市场和金融机构，还包括金融工具和金融制度。无论从哪种角度看，金融机构（银行、保险公司等）和金融市场（货币市场、证券市场等）是金融体系的基本组成部分。其中，金融机构是专门从事货币信用活动的中介组织，是金融产品和金融服务的生产者，是金融工具的创造者和应用者，是资本配置的主体。金融机构的存在与发展是金融体系形成和发展的前提与条件，健全且高效的金融机构可以减少交易活动的成本，加速资本的周转，促进资本供需均衡。同时，金融机构创造和提供金融工具，并借以在金融市场上从事交易活动。金融市场是资本供应者和资本需求者双方通过信用工具进行交易而融通资本的市场，是金融机构活动的平台和载体。在市场经济条件下，资本需要通过金融市场在不同的市场主体之间配置，而健全且高效的金融市场可以为资本供求双方提供充分的信息，减少人们在金融交易过程中为收集准确信息所支付的成本，并使资金流向最有效率的领域。同时，金融市场也是金融机构活动的载体，决定着金融机构活动的领域、空间与范围。

除金融机构与金融市场外，金融制度也是金融体系的重要组成部分。金融制度是金融机构和金融市场赖以存在和活动的社会形式，作为金融交易的规则、惯例和约束等，对金融体系各组成部分间的地位、职能、关系、活动原则和行为方式进行规定。金融机

---

① 乔治·考夫曼著、陈平等译：《现代金融体系——货币、市场和金融机构》，经济科学出版社2001年版，第3页。

构和金融市场上的交易都必须在一定的制度框架下进行,遵守相应的行为规则和运行机制,从而保障金融交易活动的秩序和效率,而金融机构和金融市场的发展也会不断刺激金融制度的改进与创新,促进金融制度的完善与发展。总的来看,金融机构、金融市场和金融制度三者之间存在着相互依存、互相影响的关系,共同决定着金融体系的运行质量与发展方向(图3-1)。

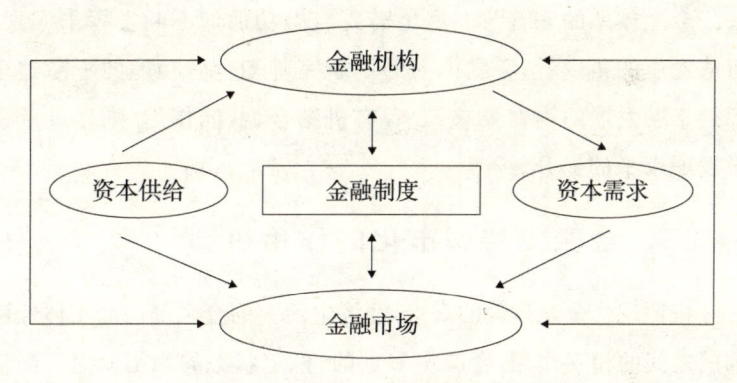

图3-1 金融体系组织运行图

金融功能主要是金融体系的功能,强调金融体系对经济发展的作用。金融功能主要包括储蓄动员、资本配置、风险管理、信息及交易中介等各个方面,其核心在于资本的供给和配置。金融支持作用的发挥依赖于金融体系所产生的金融功能,金融体系的规模与结构直接影响着金融产品和金融服务供给规模、结构和质量,决定着金融功能的实现程度,进而决定了金融对经济社会发展支持作用的大小。一般来看,成熟而发达的金融体系通常能够有效发挥金融功能,实现资本的最优配置,为金融支持经济社会发展提供保障。反之,落后的金融体系的金融功能往往较弱,资本供给能力和资本配置效率也相对较低,金融对经济社会发展的支持效果也不明显。

总的来看,金融支持就是金融发展条件下金融体系发挥金融功能的过程。金融支持作用的发挥以一定的金融发展水平为依托,需要在金融资源数量的扩张和金融效率的提高的基础上,通过金融体系的金融功能来实现。这其中,金融体系是金融功能得以实现的基础,金融功能是金融体系在实践上的表现形式。金融功能的有效发挥需要具有一定金融规模和良好金融结构的金融体系。金融体系的完善与发展也需要金融功能的不断发挥来实现。而从发展的角度看,金融体系的不断完善和金融功能的不断健全都是金融发展的内在要求,二者有机结合、共同作用,则促进了金融发展水平的提升。

三、金融支持城市化的作用机制

按照现代金融理论的观点,经济生活中的金融部门和实体经济部门之间的相互作用,会产生多重的、稳定状态的均衡。而不断消除实体经济发展的金融抑制因素,推动适应实体经济需要的金融发展,会大幅提高资源的利用效率,促进整个国民经济的持续、稳定发展。城市化是一个动态的系统演进过程,其本质上也要求各类经济要素不断优化配置,实现全面均衡发展。从这个角度看,没有现代金融体系自身金融功能的发挥,城市化发展所需的经济要素就难以达到合理配置,人口的迁移转换、产业结构的升级优化和空间的集中发展更难以实现。城市化进程中的金融支持就是金融体系发挥金融功能影响城市化系统发展的过程。城市化进程中的金融支持强调金融体系动员、利用和优化配置资本的能力,核心是实现金融对城市化进程的推动作用。可以说,金融支持城市化进程的过程就是金融体系在推进城市化系统发展中的金融功能实现过程(图3-2)。

```
         ┌─────────────┐
         │  金融体系    │
         └──────┬──────┘
                │
         ┌──────┴──────┐
         │  金融功能    │
         └──────┬──────┘
        ┌───────┴───────┐
   ┌────┴────┐     ┌────┴────┐
   │ 资本供给 │     │ 资本配置 │
   └────┬────┘     └────┬────┘
        └───────┬───────┘
    ┌───────┬──┴────┬────────┐
┌───┴───┐┌──┴───┐┌──┴───┐
│人口城市化││产业城市化││空间城市化│
└──────┘└──────┘└──────┘
```

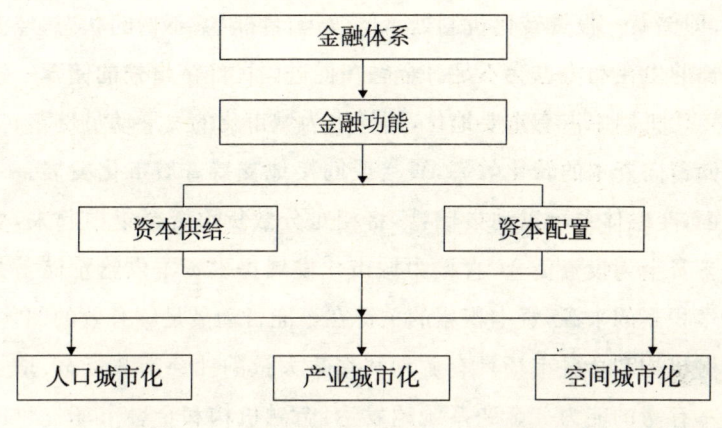

图 3-2　金融支持城市化的作用机制图

从实际的资本运动过程来看,金融对城市化系统的推动作用主要通过资本供给和资本配置两个渠道来实现。前者主要是通过储蓄—投资转化机制,直接或间接地为人口城市化、产业城市化、空间城市化发展提供资本。后者主要是通过资本在不同领域的流动和选择性配置,从而提高资本效率,促进人口城市化、产业城市化、空间城市化发展中各类资源的优化组合和有效利用。

(一)资本供给机制

为城市化提供资本供给是金融支持作用的重要表现。资本供给主要通过储蓄—投资转化机制来实现。按照宏观经济分析框架,以二部门经济模型为例,从总需求的角度来描述国民收入可以表现为 $Y=C+I$,从总供给角度界定国民收入可以表现为 $Y=C+S$。根据总需求和总供给恒等条件可以得到 $I\equiv S$。这一恒等式告诉我们,储蓄是总投资的资金供给方,储蓄顺利转化为投资可以促进总供需的平衡,实现经济均衡发展。而如果 $I>S$ 或 $I<S$,则将存在"投资缺口",意味着大量的储蓄不能及时、有效地转化为投

资,即储蓄—投资转化机制处于低效运行或阻塞不畅的状态,经济增长的内在动力也会不足。金融在促进国民经济增长的储蓄—投资转化机制中占有重要地位,同样也为城市化的发展动员储蓄,提高储蓄向资本的转化效率,直接或间接地支持着城市化发展。一方面,金融体系可以动员储蓄,将相对分散货币资金集中起来,变储蓄资金为投资资金,直接为城市化发展提供资本供给。储蓄是资本积累的来源,资本积累的关键在于能否动员足够有效的储蓄。金融机构和金融市场具有调动和聚集大量的社会闲散资金、增加资本存量的能力。金融系统越发达,金融机构和金融市场提供的选择机会越多,金融服务越便利周到,那些非生产性的或暂时闲置的资金就越容易被吸引到促进城市化的用途上来,从而社会资金积累的速度就越快,城市化发展的资本供给就越充足。另一方面,金融可以提高储蓄向资本的转化效率,间接为城市化发展提供资本供给。金融体系的发展能够有效降低信息获取成本与交易费用,从而影响市场主体的储蓄水平、储蓄结构、投资决策与投资行为,进而提高储蓄向投资的转化率。同时,在风险管理水平提高的前提下,金融体系的发展可以降低流动性资产持有量,增加生产性投资的比例,也会将储蓄更为有效转化为投资,为城市化发展提供大量持续的资本供给。

(二)资本配置机制

资本的配置机制源于资本作为一种资源本身所具有的双重属性。即资本既是被配置的资源又是配置其他资源的资源。一方面,作为一种战略性资源,资本是创造社会财富的基本要素,资本本身具备自身配置的功能,资本的开发、利用都具有相对的独立性,是推动经济增长的根本条件,更是促进城市化发展的基本要素。资本的优化配置在本质上等同于增加了资本的供给。对于城市化发展而言，除了要注重增加资本的供给总量外，减少低效率的投资，保证资本的优化配置，强化投资质量对于保证城市化持续、健康、稳定发展更为重要。一般而言，在城市化进程中，市场导向下的金融体系会利用自身信息优势及监督优势，通过价格机制和信息渠道，对投资机会和项目收益进行鉴别和筛选，引导资本向那些投资风险小、盈利水平高或预期收益好、发展潜力大的群体、行业和区域集中，使得那些更具投资潜力和投资价值的个体、部门及地区都能够得到足够的资本，并使资本在不同群体、产业和区域中进行重组和分配，从而带来投资整体效率的提升。另一方面，资本又是一种支配性资源，它可以购买、调配其他经济资源，并通过不同形式的组合与流动，渗透和扩散到不同的经济领域，从根本上改变经济资源的配置方式，按照市场经济的原则，促进各类经济资源在时间、部门和空间上进行再配置，从而影响整个经济体各类经济资源的配置水平和利用效率，进而实现城市化进程中各类资源的调整优化和有效利用。

总的来看，城市化是一个复杂的动态系统。金融支持是金融体系发挥金融功能，影响经济社会发展的过程。城市化进程中的金融支持主要是指在城市化的进程中，在金融发展的前提下，金融体系发挥金融功能，推动人口迁移转换、产业结构升级、空间资源集中，实现人口城市化、产业城市化、空间城市化综合发展的过程。一般来看，良好的金融发展水平，一个健全而高效的金融体系能够通过资本供给和资本配置，更大限度地动员社会储蓄资金并转化到高效益的投资领域中去，实现储蓄向投资有效转化，促进资源的优化配置，推动城市化持续健康发展。

第二节　金融支持城市化的阶段分析

城市化是人类文明发展的自然历史过程。金融支持城市化发展同样不是静止的、割裂的,而是动态的、连续的。帕特里克(Patrick)研究了金融发展与经济增长之间的相互作用,提出了"供给领先"和"需求跟随"的金融发展理论,论证了金融体系在提高存量资本和新增资本配置效率、加速资本积累中的作用。他认为供给领先式的金融发展在经济增长的初期处于主导地位,一旦经济发展进入成熟期,将主要是需求跟随式的金融发展[1]。这一理论为我们进行金融支持城市化的阶段分析提供了一个可借鉴的思路。从"需求追随"的角度看,城市化的金融需求会通过金融市场表现出来,金融机构会做出及时且适当的反应,提供更多更新的金融产品来满足城市化的金融需求。在这个过程中,城市化的规模和质量得以提升,支持城市化发展的金融体系也得到了发展。发展了的金融体系可以为城市化提供更多更好的金融支持,通过扩大资本投入规模、提高资本配置效率促进城市化的持续发展。从"供给领先"的角度看,在一定的金融发展水平下,金融机构及相关金融服务的供给往往先于城市化的需求,并对城市化的需求有引导作用。在"供给领先"的情形中,金融机构则会按照市场的原则,以城市化的发展为导向,将金融资源最大限度地配置到城市化发展的方方面面。政府也会通过支持或创办多种形式的金

---

[1] H. Patrick, "Financial Development and Economic Growth in Underdeveloped Countries." *Economic Development and Cultural Change*, 1966, 14, 2:174-189.

融机构、创建完善的法律法规制度、创新金融政策支持等方式来构建完善发达的金融体系,从而为城市化发展提供全面深入的金融产品和服务。

总的来看,金融发展与城市化之间存在一种相互促进的关系。"需求追随"实质是由城市化发展的内生性决定的,是对城市化发展过程中金融需求的被动反应。人口的迁移转换、产业结构的优化升级和空间集聚产生什么样的金融需求,金融体系就会发挥什么样的金融功能,提供什么样的金融服务。"供给领先"则是由金融发展的外生性决定的,金融机构的健全程度、金融市场的完善程度、金融工具的发达程度都决定了金融体系的供给模式,直接影响着城市化的发展。而无论是"需求追随"还是"供给领先",金融支持城市化发展的作用都是存在的。只是从金融支持城市化发展的动态进程看,这两种模式往往与城市化发展的不同阶段相适应。在城市化发展的早期阶段,需求追随模式居于主导地位,而随着城市化的发展,供给领先模式会逐渐取代需求追随模式而居于主导地位。这两种模式之间存在最优顺序问题,也反映了金融部门在城市化发展中地位逐渐提升的过程。

一、城市化与金融发展的历史解释

城市化是历史发展的产物并仍然存在于历史发展的过程中,是一个动态的、连续的演进过程。关于城市化的发展阶段,美国经济地理学家诺瑟姆(Northman)曾经通过对不同国家城市发展变化的研究发现,城市化进程一般会呈现阶段性发展规律,大体可分为城市化水平较低、发展缓慢的初期阶段;人口向城市迅速集聚的中期加速阶段和城市人口比重增长趋缓甚至停滞的后期阶段。具体来看，一国城市化率在30%以下的初期阶段，这一阶段城市化的物质基础薄弱、规模较小，城市人口增长缓慢，城市发展缓慢，区域处于传统农业社会状态；当城市人口超过10%，达到总人口的30%~70%时，城市化进入第二阶段，这一阶段城市规模快速扩张，二、三产业发展迅速，人口急剧增加，城市化进程加快。当城市人口超过70%时，城市化进入第三阶段。这一阶段，城市规模扩张速度减缓，城市人口增长处于稳定的发展时期，城市产业平稳发展，城市化进程停滞或略有下降趋势[①]。

诺瑟姆对于城市化发展阶段的研究为我们理解和认识城市化发展历史及其演进规律提供了一个相对清晰的研究思路。分析城市化进程中的金融支持问题，也非常有必要从城市发展的角度，对世界城市化进程的脉络有充分的了解，并在此基础上，将金融支持城市化问题置于动态的、历史的分析之中，从城市化与金融发展的历史过程中揭示其规律性，对城市化与金融发展的关系形成一个总体的判断和认识。通过历史分析，我们可以发现城市化和金融发展过程的一般规律和主要特征，更加准确地把握城市化和金融发展的未来走向，并根据城市化和金融发展的总体趋势和阶段性特征来选择金融支持城市化发展的具体路径。

城市是人类文明的一部分，城市起源是人类文明起源标志之一，城市文明的发展折射着人类文明演进的历史轨迹。作为一种经济社会现象，城市化因城市而产生，可以说，自人类城市文明产生之日起，人类社会就开始了城市化进程。按照目前的史料记载，

---

① Ray M. Northman, *Urban Geography*. New York: John Wiley & Sons, Inc, 1975, pp. 66.

最初的城市产生于亚洲、非洲和拉美地区,底比斯、玛雅、克里特、罗马等早期人类城市均主要分布在人类文明发源地,那时的城市主要以人居、军事功能为主。优越的自然区位条件、军事安全需要、商业文化传播是城市形成和发展的决定因素。例如,从巴勒斯坦的西海岸延伸至埃及的尼罗河谷地、再到底格里斯河及幼发拉底河流域的这一地区,被称为"新月沃地",河流冲积平原,食物和淡水充足,非常适宜人类居住,就形成了底比斯等城市。而中国早期城市大都是能扼守交通要冲的军事据点和军事要塞。总的来看,这一时期的人类发展尚处于原始的农耕社会,城市发展处于萌芽状态,城市在经济社会中并不具有主导地位,人口和经济活动因自然区位、政治、军事需要而聚集,城市化还远非现代意义上的城市化,受生产力发展水平限制,与城市化发展相适应,全世界还不存在真正意义上的金融发展。

随着经济社会的发展,世界进入了城市化的兴起阶段。亚洲城市如大马士革、巴格达及中国和印度的城市成为了古代城市文明的代表。中世纪以后,西方城市开始复兴,意大利的威尼斯、热那亚、佛罗伦萨等城市繁荣起来。随后,西班牙马德里、葡萄牙里斯本、法国巴黎、荷兰阿姆斯特丹等城市等也相继崛起并逐渐成为国家财富和实力的集中地,"葡萄牙的财富集中到里斯本,荷兰的精华全在阿姆斯特丹,而英国的霸权就是伦敦的霸权。"①这一时期,城市发展呈现出了鲜明的分化特征,东方城市发展迅速,如中国就形成了长安、汴梁、北京等国际大都市,但总体上城市功能仍

---

① 费尔南·布罗代尔著,施康强、顾良译:《15至18世纪的物质文明、经济和资本主义(一)》,生活·读书·新知三联书店1992年版,第610页。

以政治功能为主。而西方城市发展则更多的具有了商业色彩,如意大利威尼斯、荷兰阿姆斯特丹都是纯粹的商业城市,市民多数以开展国际贸易为生,商业文化也成为城市文化的主流。而从发展的角度看,尽管这一时期世界各国的城市经济都有了较快的发展,但世界城市化发展仍处于幼稚阶段,手工业、商业虽然开始成为城市经济的重要组成部分,但农业依然占据着经济结构的主体地位。同时,金融在一定程度上满足了商业发展的需要,"银行家们向从事远距离贸易的商人发放信贷凭证,减少了他们携带现金或金条、银锭带来的风险和不便。到达目的地之后,商人们将信用凭证换成商品或当地的货币。没有信贷和银行业务,商人们就没有可能进行大规模的贸易"①。然而,尽管金融在促进区域贸易中的作用日益重要,但由于整个社会经济发展水平和城市化的限制,这一时期的金融体系发展也仍处于萌芽状态,其功能也远未得到发挥。

近代以来,世界范围的城市化浪潮逐渐开始出现。随着工业革命的到来,全球城市发展的重心也由东方转到了西方,西方国家的城市化迅速发展,特别是欧洲地区城市迅速崛起,伦敦、巴黎等都发展成为了国际大都市,而亚、非、拉地区城市则逐渐走向衰落。这一时期,资本对城市发展的作用非常突出,如英、法等国在海外推行殖民主义,国内开展圈地运动,进行原始积累,为城市经济发展提供了源源不断的资本支持,而雄厚的资本更促进了其城市的快速发展,非农产业的产生、发展和大规模聚集,不仅既有的城市

---

① 杰里·本特利、赫伯特·齐格勒著,魏凤莲、张颖、白玉广译:《新全球史:文明的传承与交流》,北京大学出版社 2007 年版,第 548~549 页。

获得了空前的发展,新兴城市也在广阔农村大规模地崛起。在这一阶段,英、法等国的主要城市都是全球的制造业中心或商业中心,吸引了来自世界各地大量人、财、物涌入,把大量的资源集中到城市空间,经过加工处理,形成工业产品,源源不断地销售到城市以外的地区。与这种经济结构的变化相适应,农业劳动生产率提高,农村剩余劳动力大量释放,城市就业机会增加,农村人口大量涌入城市,城市人口也在快速增加。例如,英国在工业革命完成后的 1851 年,城市人口已超过农村人口,到 1861 年,城市与农村的人口之比达到了 5∶4,到了 1881 年,城市人口已是农村人口的两倍①。由于城市在经济和社会发展中逐渐居于主导地位,城市的生活方式、市民的价值观也逐渐向整个社会扩散并成为主流,乡土文明也逐渐演变为城市文明。这一时期,城市化的快速发展带来了强劲的金融需求,金融机构和金融市场则适应这一需求快速发展,通过不断完善金融功能,带动了人口、产业在空间上的聚集。同时,一批欧洲城市成为了区域金融中心,而伦敦则成为世界金融中心,这些金融中心的形成不仅强化了自身区域的资本积累水平,提升了区域金融支持能力,还通过多样化且跨区域的金融活动对更加广泛的区域产生影响,对世界城市化发展产生了积极的促进作用。

进入 20 世纪以来,世界范围的城市化全面展开。这一时期,世界城市发展的重心逐渐从欧洲转移至了北美。在美国,"1800 年只有大约 6% 的人口居住在城市,至 1850 年,城市人口增加至

---

① 拉瓦蒂:《城市革命》,载陈一筠主编:《城市化与城市社会学》,光明日报出版社 1986 年版,第 87~88 页。

15%,1900年增加到40%,1950年达到64%,1990年达到75%"①,大批美国城市,如纽约、芝加哥、底特律、费城、波士顿等都实现了跨越式发展。除了科技革命的影响外,雄厚的资本实力也是美国城市快速发展的直接动因。美国城市发展早期就获得了大量的欧洲投资,后来通过产业发展和贸易积累了大量的资本,加之美国城市在两次世界大战均未受到本土打击,处于相对和平稳定的环境中,也吸引了大量的资本聚集,这些都有力地推动了美国城市化的发展。这一阶段,在全球范围内,城市化也成为一种普遍现象,世界乡村人口比重逐渐降低,城镇人口比重稳步上升,地域空间上城镇数量大幅增加,城镇规模不断扩大,城市经济已经在国民经济中占居了主导地位。这一阶段,金融对城市化的带动作用显著增强,金融体系不断完善,金融功能不断健全,日益成熟的金融机构和金融市场降低了经济活动的交易成本,促进了社会分工,对于企业的生产服务与人口的生活服务能力加强,推动了人口的迁移转换、产业结构优化升级和空间集中,有力地支持了城市化的全面发展。同时,在这一时期,全球城市体系与金融体系更加密不可分,区域性的金融中心在全球范围内不断发展和形成,继伦敦之后,纽约也成为世界金融中心,金融活动已经渗透和深入到世界城市发展的各个领域,且不同等级的金融中心代表着不同的城市化发展水平,金融发展已经成为了城市化发展不可缺少的重要组成部分和支持力量。

20世纪中期以后,世界城市化发展出现了多元化格局,进入

---

① 阿瑟·奥沙利文著,苏晓燕、常荆莎、朱雅丽主译:《城市经济学》第四版,中信出版社2003年版,第87~88页。

了世界城市化的高度发展和完善阶段。发达国家和地区的传统城市和发展中国家和地区的新兴城市都在发展。不同的是,发达国家和地区的城市化发展已经进入了相对成熟阶段,出现了"逆城市化"、"郊区化"①等区域城市化现象。城市化发展速度逐渐放慢,城市发展以内生性增长为主,大多数人口集中在城市,大城市、城市群成为空间经济的主要形态,城市在区域经济和社会生活中居绝对主体地位成为了发达国家和地区城市化发展的主要特征。而广大发展中国家则大多依靠开放战略,广泛吸引投资,增加自身资本积累,实现了城市的复兴与城市化的长足发展。但与发达国家和地区相比,大多数发展中国家的城市化水平和质量总体还不够高,往往还未实现人口、产业、空间的均衡发展,还没有进入城市化发展的高级阶段。这一时期,金融服务业呈现出明显的全球化扩张趋势,无论是发达国家还是发展中国家,金融发展水平都有了显著的提升。从世界范围看,各国的金融机构和金融市场愈加健全,金融产品和金融服务不断完善,金融已经渗透至经济社会生活的各个领域,大规模的资金国际融通频繁,地区和国家金融发展水平的高低已经成为影响城市化发展水平的决定力量之一。

通过对城市化和金融发展的历史分析,我们可以看出,金融发展与城市化存在着紧密的联系性。金融发展能够通过将储蓄转换为投资、提高资本配置效率等方面加快城市化进程,反之,

---

① 逆城市化和郊区化是西方国家城市化,尤其是美国城市化发展到成熟阶段的一种现象。逆城市化和郊区化发展并不是对城市化本身的否定,更不是乡村化。其实质仍然是城市化,是城市发展到一定规模后,城市系统延伸到乡村和郊区系统之中,形成了更加广泛的城市区域的过程,通常表现为多个新兴城市的崛起或形成城乡一体化发展的大规模城市化区域。

城市化进程的不断推进也会促进金融发展。城市化离不开金融支持,金融发展也需要城市化引领。城市化是一个动态的发展过程,经历了从初级阶段向高级阶段转变的历史演变过程,城市化的发展为金融发展提供成长的土壤,金融发展水平在城市化进程中不断提高。同时,金融发展对城市化的影响不是消极的、被动的,而是积极的、主动的,金融在城市化发展中的重要作用和地位不仅可以从理论上有所证明,而且被城市化发展的历史实践所验证。伴随着金融体系的不断完善和金融功能不断健全,和城市化发展一样,金融发展也经历了从传统金融模式向现代金融模式的转变历程,并在城市化进程中发挥着日益重要的支持作用。

二、金融支持城市化的阶段性特征

城市化是一个历史的、动态的经济系统。和其他经济社会现象一样,城市化发展也会经历产生、发展、成熟的过程,也有其自身的演变规律和"生命周期"。金融发展与城市化之间联系紧密,金融发展水平也会随着城市化系统的演进而变化。同时,金融发展水平的不断提升,又会对城市化系统的发展产生影响作用,二者在发展过程中相互影响,相互作用,共同促进。结合城市化与金融发展的历史分析,综合考虑城市化和金融发展的阶段性特点,我们可以将城市化发展划分为初期阶段、成长阶段、成熟阶段和升级阶段,并通过梳理金融和城市化协同发展的演变规律,认为城市化和金融发展具有内在统一性和动态关联性,二者在发展态势上都具有显著的周期性特征,都经历了从幼稚到成熟,从简单到复杂的发展过程,总体上呈螺旋式演进趋势(图3-3)。

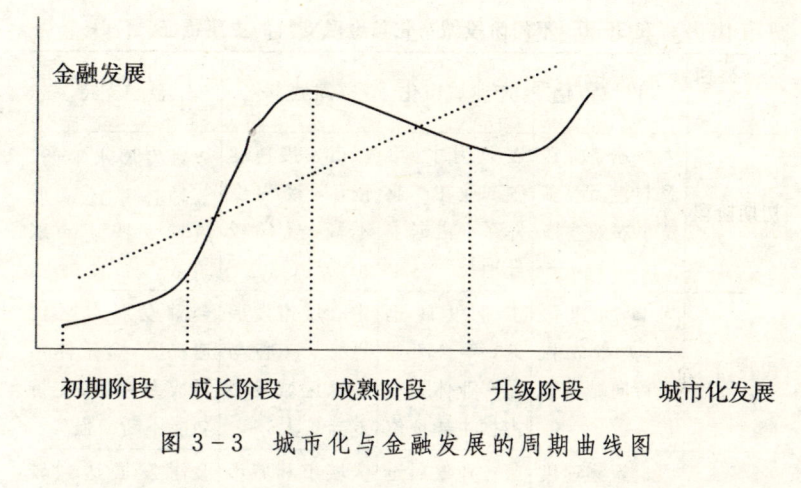

图 3-3 城市化与金融发展的周期曲线图

城市化和金融发展具有显著的周期性特征。在初期阶段、成长阶段、成熟阶段和升级阶段,作为城市化系统的三个子系统,人口城市化、产业城市化、空间城市化均具有不同的发展表现。同样,不同阶段的金融发展水平也有所不同,金融支持也会呈现出不同的特点(表3-1)。

(一)初期阶段

在城市化的初期阶段,城市的出现具有一定的随意性和偶然性,城市的形成可能是借助某特殊的历史环境、区位条件、资源条件、地方需求或者偶然的机遇事件。这一时期,人口分散居住,大多数在乡村生活,主要从事农业生产,第一产业在产业体系中占据主导地位,城市发展速度慢,集聚程度不高,规模较小,总体城市化水平不高,城市化发展所需金融需求并不旺盛,加之生产力水平相对较低,个人和企业部门的收入都很微薄,金融机构和金融市场发展迟缓,储蓄和投资无法形成规模,金融对城市化发展的支持作用还很不明显。

表3-1 不同阶段城市化与金融支持的主要特征

类别 阶段	人口城市化	产业城市化	空间城市化	金融支持
初期阶段	人口分散,在乡村生活,多从事农业生产	农业为主,第一产业在产业体系中占据主导地位	城市发展速度慢,集聚程度不高,规模较小,分散独立	金融发展水平低,金融体系还未形成且支持功能不明显
成长阶段	人口加速聚集,大量农村人口向城市迁移	工业发展迅速,第二产业在产业体系中占据主导地位	中心城市发展迅速,核心与边缘区域发展差异扩大	金融发展水平快速提升,金融体系形成并完善,支持功能不断增强
成熟阶段	人口聚集速度缓慢	服务业发展迅速,第三产业在产业体系中占据主导地位	大城市和城市群为主,辐射和带动边缘区发展	金融发展达到较高水平,金融体系完善,金融功能健全,支持作用明显
升级阶段	人口聚集速度相对稳定,人口质量全面提升	三次产业结构合理,产业素质显著提升	大规模城市区域形成,城市空间经济成长趋于均衡	金融发展相对稳定,金融体系不断自我完善与创新,支持作用全面发挥

(二)成长阶段

在城市化的成长阶段,城市经济发展迅速,城市人口数量开始迅速甚至加速增长,个人和企业部门收入不断增长,非农产业,尤其是第二产业在产值、利润和就业方面增长率不断提高,中心城市发展迅速,核心与边缘区域发展差异逐步扩大,城市的规模经济、外部经济和协调成本下降等开始发挥作用,社会储蓄和投资规模不断扩张。与城市化发展相适应,金融体系会不断完善,金融机构大量出现,金融机构成为储蓄转化为投资的主要渠道,货币市场、资本市场、债券市场等各类金融市场交易频繁,金融功能得到释放,金融支持城市化的作用不断增强。

(三)成熟阶段

在城市化的成熟阶段,城市经济发展整体趋于稳定,城市人口数量变化不再明显,非农产业,尤其是第三产业在企业数量、从业人员、劳动生产率、利润率等方面都处在高速和平稳的增长之中,随着区域中心集聚作用的不断增强,城市规模越来越大,通过区域中心城市对其他城市的扩散作用,各种生产要素得以逐级流动,不同类型、不同规模城市之间的经济联系更为紧密,区域经济成为一个统一的整体,大城市、城市群成为空间上最重要的增长极,社会整体储蓄与投资已形成规模并相对稳定。这一时期,金融体系的内部生产和服务网络都非常完善,金融体系高度健全,金融机构大量和频繁地对各类资本进行交易和处理,金融创新频繁,金融部门已经渗透到了生产和生活的各个环节,金融支持城市的作用得到最大化的体现。

需要注意的是,当城市化发展处于成熟期后,有时城市化的发展会进入衰退阶段[1],城市化衰退阶段的最主要表现是单中心城市的衰落。那些相对封闭孤立的单中心城市发展到成熟阶段后,往往呈现过度集中特征,而人口、产业的高度集中所产生的通勤成本提升、空间拥挤等问题,会造成城市集聚外部不经济,导致城市空间距离越来越大,致使城市最初的比较优势逐步消失[2]。在这

---

[1] 城市化的衰退阶段属于城市化发展的极端情况。在具体城市发展实践中,这一阶段可能表现的并不明显。因为在城市化发展的成熟阶段,大多数国家和地区一般会采取相应措施去避免衰退,促进城市化发展升级。所以,"衰退阶段"可以被认为是城市化发展成熟阶段的短期表现,其包含在"成熟阶段"之中,又和"升级阶段"存在着时间和空间上的并列性。

[2] John Vernon Henderson, "Optimum City Size: The External Diseconomy Question." *Journal of Political Economy*, 1974, 82, 2: 373-388.

一阶段,城市自身所应有的承载和扩张能力都逐渐衰弱,城市人口大量退出,许多传统工业和服务业走向衰败,企业大量破产、转产和外迁,人口迁出也开始加快,社会整体储蓄与投资规模都呈收缩状态。在这种情况下,城市化发展的金融需求不断萎缩,而金融体系运行的成本则在不断提升,和其他的企业一样,金融机构也会减少在原有城市区域的金融产品和服务供给,重新进行区位选择,从而使得金融对城市化的支持作用有所消弱。

(四)升级阶段

在城市化的升级阶段,城市人口数量的变化和成熟阶段相比并不明显,但人口的素质会有显著提高,简单劳动力的数量大幅下降,而拥有专业技能和较高教育水平的高素质人口比例则会显著增大。与之相适应,社会劳动生产率会大幅提高,科技、知识等高级要素在产业发展中的贡献加大,三次产业的附加值不断提高,产业结构更加合理化和高级化,城市群之间联系也更加密切和频繁,城市空间经济成长也逐渐趋于均衡。在这一时期,金融发展水平相对稳定,金融体系不断自我完善与创新,金融功能更加丰富和健全,金融对人口城市化、产业城市化、空间城市化的支持作用更加突出且全面,形成了金融与城市化相互融合,共同充分促进的良性互动发展状态。

总的来看,城市化发展的不同阶段带来不同层次的金融需求,而金融支持作用也在不断满足城市化的金融需求过程中不断体现。在城市化发展的低级阶段,金融需求可能只体现为媒介商品的流通,进而满足资金融通和支付清算等基本金融问题。金融机构在此时的经营范围比较窄,业务规模也比较小。金融市场则更是处于零散的状态,还未形成集中的场所。在城市化逐步发展的过程中,金融需求也在不断产生新的变化,更加复杂的金融工具会随之出现,金融市场交易的规模也在逐步膨胀,更高层次的金融机构不断涌现,以满足市场参与各方的实际需要。同时,需要注意的是,在满足城市化发展需要的过程中,金融体系并非完全处于被动地位,金融机构和金融市场也在不断发展,并逐渐壮大成熟,主动参与城市化实践,通过高比例储蓄转化为投资、提高资本配置效率、优化金融市场结构等方式促进人口城市化、产业城市化和空间城市化的发展,为城市化进程提供着有力的金融支持。

第三节 金融支持城市化的模式分析

金融支持城市化需要金融体系发挥金融功能,而采取什么样的金融支持模式才能达到最合理且有效的结果,则是金融支持城市化所需要解决的关键问题。从人类经济社会发展的历史来看,政府与市场是推动经济社会发展的两种重要力量,二者相互联系,不可分割,共同影响着经济社会的发展。金融支持城市化的过程也是处理政府与市场关系的过程,金融支持城市化模式区分的核心在于政府与市场作用的领域及边界如何划分。在发挥金融对城市化的支持作用的过程中,是通过市场组织还是通过政府计划安排,或政府和市场之间怎样合作、博弈,都将会影响金融支持城市化的成本和效率,进而影响金融支持城市化的最终效果。

具体来看,根据金融支持主体力量的不同,在城市化进程中,金融支持城市化的模式可分为市场主导型和政府主导型两种。其中,市场主导型的金融支持模式强调市场机制在金融资源配置中的核心作用,而政府主导型的金融支持模式则强调政府作为经济秩序的管理者、协调者和监督者所发挥的金融支持功能。两种金融支持模式各具特点、各有侧重,在城市化进程中都发挥着非常重要的作用。

一、市场主导型金融支持模式

市场主导型金融支持模式的主要特征是市场机制在金融支持城市化进程中发挥主导作用。市场机制的主导作用主要体现在市场在资源配置中的基础性作用。作为调节资源配置的经济机制,市场机制从理论上看就是斯密所说的"看不见的手"。在市场机制作用下,市场会通过不断的自我调整,通过供求规律、价格规律、竞争规律的集合运动实现价值规律,由市场均衡到不均衡,又由不均衡到新的条件下的均衡。市场导向型金融支持模式的主体是商业性金融系统,集中表现为利益导向、独立决策的商业性金融机构按照金融市场的成本收益原则开展金融活动。

市场机制是人类迄今为止最具效率和活力的经济运行机制和资源配置手段。在市场机制作用下,市场主体会"受着一只看不见的手的指导,去尽力达到一个并非他本意想要达到的目的"[①]。在这种模式下,金融机构可以从自身利益出发,选择适合自己的行为方式,根据金融市场资金供求关系所决定的收益水平和资金价格进行金融活动,降低生产和交易成本,促使资金从低效部门向高效部门转移,还会通过一定的组织制度对资金使用企业实行监管,促进信息沟通,提高生产效率和经济效益,具有任何其他机制和手段

---

① 亚当·斯密著,郭大力、王亚南译:《国民财富的性质和原因的研究》,商务印书馆1981年版,第27页。

不可替代的功能优势。具体来看,市场主导型金融支持模式的优势集中体现在以下几个方面。(1)经济利益的刺激性。在市场机制作用下,金融部门的利益驱动和自由竞争形成一种强劲的动力,它极大地调动社会资源的积极性和创造性,促使资本要素向最有效益的部门、产业和地区流动,促进金融体系的不断创新,提高资源配置的效率。(2)市场决策的灵活性。在市场机制作用下,金融资源的提供者和使用者作为自主决策的微观经济主体,对供求的变化能够及时作出灵活有效的反应,较快地实现供需平衡,减少资源的浪费,提高决策的效率。(3)市场信息的有效性。在市场机制作用下,以价格体系为主要内容的信息结构能够使每一个金融活动参与者获得简单、明晰、高效的市场信息,并能充分有效地利用这些信息,从而有利于提高金融资源配置的合理性。

当然,自由市场机制并非绝对完美,其也存在着一定的局限性。如果完全依靠市场主导的金融支持则会使其缺陷大于优势,也会导致金融支持城市化进程中的"市场失灵"。具体体现在以下几个方面。

(1)市场主导型金融支持模式不能保持城市化系统的稳定与协调。金融市场自发调节实现的经济均衡是一种事后调节并通过分散决策而完成的均衡,它往往具有相当程度的自发性和盲目性,由此会产生城市化系统周期性的经济波动。

(2)市场主导型金融支持模式会引起城市化系统结构失衡。市场经济中个体的理性选择在城市化的个别领域中可以有效地调节供求关系,但个体的理性选择的综合效果却可能导致集体性的非理性行为,在激烈的市场竞争中和商业利润的驱动下,金融部门往往把资本投向周期短、收效快、风险小的城市化领域,而周期长、收效慢但具有长远经济价值和深远社会影响的城市化领域却往往难以得到适当的金融支持,如放之任之,就会引起城市化系统的结构失衡问题。

(3)市场主导型金融支持模式无力提供城市化进程中所需要的公共物品。城市化进程需要大量公共物品的提供,如基础教育、科学理论研究、公共卫生等,这些公共物品具有非排他性和非竞争性特征,而对于这些城市化进程中所必需的公共物品,市场主导的金融支持模式常常无法提供也不愿意提供。

二、政府主导型金融支持模式

政府主导型金融支持模式的主要特征是政府的行为和决策在金融支持城市化进程中起主导作用。政府主导型金融支持模式包括政府行为主导金融支持和政府政策主导金融支持两种。其中,政府行为主导金融支持是一种直接支持,主要指在城市化进程中,政府通过由政府设立、参股或保证的,不以盈利为目的,专门从事政策性金融活动的政策性金融机构的投融资行为对城市化相关领域进行金融支持。政府政策主导金融支持是一种间接支持,主要指政府在城市化进程中可以加强和改善金融宏观调控,不断完善相关金融制度,协调金融政策,完善金融基础设施,通过营造有利于城市化发展的金融支持环境间接提供金融支持。

在市场经济条件下,政府主导型金融支持模式有其存在的必然性。从政府和市场的关系的角度来看,政府干预经济的基本理由在于市场失灵的普遍性,因为"私人市场体系从未准备好克服自身的缺陷,不仅不善于处理固有的不足,也不能对付某些源自内部的进化变化的社会伴随物。自由市场往往有赖于限制其自由性"①。政府干预经济的主要任务在于弥补市场的缺陷。在城市化进程中,政府的行为和决策在金融支持作用方面的发挥也在于克服金融支持城市化进程中存在的"市场失灵"。在理想的状况下,政府是公共利益的代表,政府主导型金融支持模式将摈弃"嫌贫爱富"的观念,避免金融资源过度流向具有资本优势的群体、产业和地区,打破城市化发展中的"贫困的累积因果循环"。在政府主导型金融支持模式下,政府会通过金融领域的政府行为和政府政策对城市化发展中相对落后,又急需金融支持的群体、行业和地区给予必要和应有的帮助,直接或间接针对城市化发展相对滞后并影响整体经济和社会协调均衡发展的部分进行金融扶持,修正以短期效益为目标的市场主导金融支持模式的缺陷,推动城市化的健康持续发展。

在经济社会实践中,政府主导型金融支持模式也在许多领域发挥着作用。例如,农业是国民经济发展的基础产业,但农业生产的特殊性常常导致农村资金积累困难、农户贷款风险较大等问题。为了促进农业的发展,各国政府通常对农业实施带有扶持性和优惠性的金融政策,对农业提供低息长期贷款和开发性贷款,或发放具有优惠利率的贷款。同时,大量以各种形式存在的政策性金融机构在扩大就业、重大工程建设、中小企业、服务业、节能减排、科技创新、技术改造、区域协调发展等领域也发挥着不可替代的重要作用。

当然,我们也应该看到,与市场主导型金融支持模式一样,

---

① 约翰·F.沃克、哈罗德·G.瓦特著,刘进、毛喻原译:《美国大政府的兴起》,重庆出版社2001年版,第20~21页。

政府主导型金融支持模式也具有一定的局限性,同样存在着"政府失灵"的可能性。在城市化进程中,这种"政府失灵"一方面表现为政府的无效干预,主要是政府对金融领域的干预范围和力度不足或方式选择失当,不能够弥补"市场失灵",维持市场机制正常运行的合理需要。另一方面,则表现为政府的干预过度,即政府主导的金融支持对城市化进程干预的范围和力度,超过了弥补"市场失灵"和维持市场机制正常运行的合理需要,结果往往非但不能纠正"市场失灵",反而抑制了市场机制的正常运转。此外,政府主导型金融支持模式的局限性还突出表现在以下几个方面:

(1)现实中政府对金融市场的干预存在"内在效应"。政府主导型金融支持模式能够克服"市场失灵"的一个前提条件是它应该作为社会公共利益的化身对市场运行进行公正无私的调控,但现实中的政府也常常是理性的"经济人",政府机构存在着谋求内部私利而非公共利益的"内在效应",这必然极大地影响政府主导型金融支持模式存在的初衷,影响金融资源的优化配置。

(2)政府主导型金融支持模式效率相对较低。政府为弥补市场失灵而直接干预的金融领域,其金融产品和服务供给一般是以非价格为特征,缺乏降低成本提高效益的直接利益驱动,其效率总体上要低于市场主导型金融支持模式。

(3)政府型主导型金融支持模式在一定程度上为寻租行为的产生提供了可能性。政府主导型金融支持机构不是一个自负盈亏的经济实体,其金融决策本身与决策后果相对分离。大权在握的政府金融管理官员或政策性金融机构雇员极有可能受非法提供的报酬引诱,产生各种各样的寻租行为,形成有利于提供报酬的人从而损害公众和公众利益的结果,恶化金融环境,破坏金融秩序,从而使金融支持城市化的目标发生偏离。

三、金融支持城市化的模式比较与选择

在对市场主导型和政府主导型金融支持模式的概念、特征以及优劣性的认识和了解的基础上,本书进一步构建金融市场的基本模型,并试图通过模型对城市化进程中不同金融支持模式差异进行抽象化的比较分析,为城市化进程中的金融支持模式选择提供理论依据,进而得出金融支持城市化模式的最优组合。

(一)金融市场的基本模型分析

城市化进程中金融支持模式主要分为市场主导型和政府主导型两种,假定金融市场是完全竞争市场,也即满足以下条件:

(1)市场上的金融产品和服务都是标准化的,具有同质性并可以互相替代;

(2)市场上供需双方都不能单独影响金融产品和服务的价格,金融产品和服务的价格是由市场决定,供需双方都接受既定的价格;

(3)市场上的供需双方具有完备的市场信息,对金融产品和服务的价格、质量等全部相关市场信息有充分的了解,不存在信息不对称。

严格遵循以上假设条件,依据金融支持模式的差异和组合情况,就可以出现完全自发的市场均衡、完全的政府干预和政府干预下的市场均衡三种情形并产生不同的福利效果。

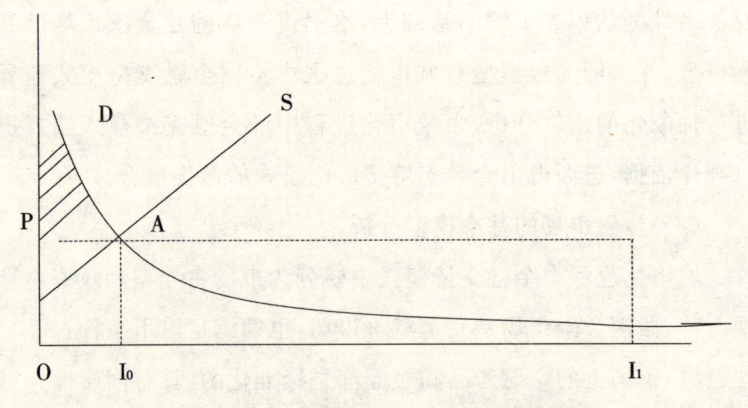

1. 完全自发的市场均衡

完全自发的市场均衡是市场机制充分发挥作用的市场均衡。在完全自发的市场均衡情形下,城市化进程中所需的金融产品和金融服务可以通过市场竞争实现生产和交换,在没有外部因素作用和影响的情况下,通过金融市场供求双方的相互作用,支持城市化发展的金融市场能够实现自动均衡(图 3-4)。

图 3-4 完全自发的市场均衡模型

在图 3-4 中,金融供给曲线为 S,金融需求曲线为 D,金融市场均衡点为 A,金融产品均衡价格为 P,均衡产量为 OI_0,而此时的城市化发展的最低金融需求量是 OI_1,这样就有 I_0I_1 的金融需求不能得到满足。然而,对健康可持续发展的城市化系统而言,满足最低金融需求的均衡才是真正的均衡。可以看出,在纯粹的市场机制作用下,在完全的市场自发均衡状态中,有相当部分城市化进程中的金融需求将被拖延或无法满足。

2. 完全的政府干预

与完全自发的市场均衡相对应,在城市化进程中,政府可以通过自身的行为和政策对金融市场实行完全干预。在这种情况下,政府完全的金融干预会使金融市场无法发挥作用,城市化进程中的金融供给和需求都可能被严重扭曲(图3-5)。

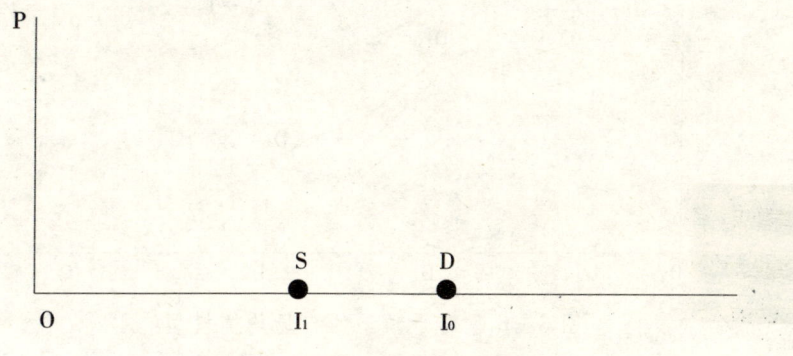

图 3-5　完全的政府干预模型

由图3-5可知,在完全政府干预的条件下,城市化的金融需求和供给曲线相互重合,都在横轴上如图 OD 和 OS。这意味着由于金融资源的供给是由政府直接管制的,金融资源的显性价格极低或为零,而城市化的金融需求有无限扩大的趋势。但金融供给只能达到 I_1 而无法达到 I_0。这种情形说明,单纯依靠政府的金融供给不仅有限,而且永远满足不了需求,满足城市化发展的金融需求的真正均衡无法实现。

3. 有差异的市场体系下,政府干预下的市场均衡

有差异的市场体系最接近城市化发展的真实情况。差异化市场体系下,政府干预下的金融市场均衡就是在城市化进程中,政府针对不同需求主体、供给主体和产品市场,采取不同的调解和干预政策,通过影响金融需求和供给主体及行为,进而影响供求,实现城市化进程中金融市场均衡,而对无法通过市场解决的特殊群体、

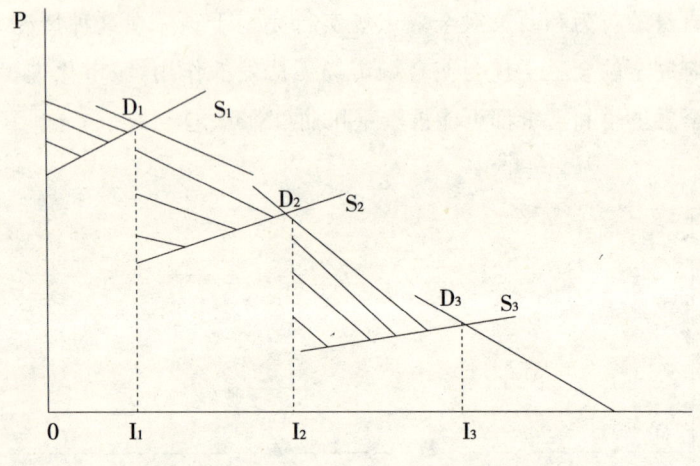

图 3-6 政府干预下的市场均衡模型

产业和地区则进行直接干预(图 3-6)。

从图 3-6 可以看出,由于政府对不同金融市场的需求和供给主体的作用不同,金融市场的供给曲线和需求曲线就会有多条而非一条。在这种情形下,金融供求实现均衡,并且金融供求的均衡点有多个,福利效果最优。综合来看,在有差异的市场体系中,政府干预下的市场均衡既最大限度利用了金融市场保证了效率,又最大限度使城市化发展的金融需求得到满足,尽可能地解决了公平的问题,是一种较为理想的市场情况。

(二)金融支持城市化模式的选择

金融支持城市化的模式主要有两种,一是市场主导型金融支持模式,通过市场调节金融资源配置,金融主体自发推动城市化;二是政府主导型金融支持模式,通过政府推动,在行政力量干预下配置金融资源,推动城市化发展。通过对两种模式的比较分析,我们可以发现,在城市化进程中,单纯的市场主导型金融支持模式或政府主导型金融支持模式都有其优劣性，难以实现金融资源的最优配置。

凯恩斯曾说过，"要达到离充分就业不远之境，其唯一办法，乃是把投资这件事情，由社会来综揽；但这也不是毫无妥协折中余地，还有许多办法，可以让国家之权威和私人之策动力量相互合作。"①同样的，沿袭凯恩斯的思路，在金融支持城市化问题上，现实而合理的政府与市场间的关系应是在保证市场对资源配置起基础性作用的前提下，发挥政府在金融支持中协调、引导、促进和保障作用，以政府的干预之长弥补市场调节之短，同时又以市场调节之长来克服政府对市场干预之短，从而实现市场调节和政府干预机制的最优组合。

对于金融支持城市化模式的选择，可以说，市场主导型金融支持模式和和政府主导型金融支持模式都是推动城市化持续发展的重要力量，二者具有相对独立性，也存在互补关系。在城市化进程中，要充分发挥两种模式各自的优势，一方面，应发挥市场主导型金融支持模式的优势，遵循利益竞争机制，支持商业性金融部门按照市场法则和效率原则，追求利润最大化，发挥其在微观金融资源配置中的基础性主导作用。另一方面，要发挥政府主导型金融支持模式的长处，遵循校正补充与倡导机制，对于弱势群体、落后地区、幼稚产业或基础性产业发挥政策性金融的支持作用，最终实现市场主导型金融支持模式与政府主导型金融支持模式的最优组合，促进城市化进程中金融支持的经济有效性与社会合理性相协

---

① 凯恩斯著、徐毓译：《就业、利息与货币通论》，商务印书馆1997年版，第326页。

调,推动城市化的持续健康发展。

同时,特别要注意的是,在城市化进程中,市场主导型金融支持模式和政府主导型金融支持模式的最优组合是一种动态组合,不同的金融支持模式要根据自身的职能边界,结合城市化和金融发展阶段确定各自在组合中的地位,并根据城市化发展的不同阶段,选择金融支持城市化发展的不同模式,从而促进资源的有效配置。一般来看,政府在金融市场的角色只能是适当介入,政府主导型金融支持模式的作用范围主要限定在弱势群体、弱势产业和弱势地区,作用时期主要在城市化和金融发展的初级和成长阶段,而当政府主导型金融支持模式已经发挥作用,特定群体、产业和空间的发展条件得到明显改善,城市化发展到一定程度后,政府主导型的金融支持模式就应该适当淡出或转向新的需要支持的城市化领域,市场主导型的金融支持模式将发挥更大的作用。

第四节　金融支持城市化的系统分析框架

城市化进程中的金融支持是金融体系发挥金融功能影响城市化系统发展的过程。城市化进程中的金融支持强调金融体系动员、利用和优化配置资本的能力,核心是实现金融对城市化进程的推动作用。金融支持城市化的系统分析框架强调将城市化看做一个动态发展的系统,而金融体系发挥金融功能的过程也是一个动态的系统作用过程。在金融支持城市化发展的过程中,不同的金融支持模式的组合会通过影响金融体系的金融功能来影响城市化系统的发展(图3-7)。

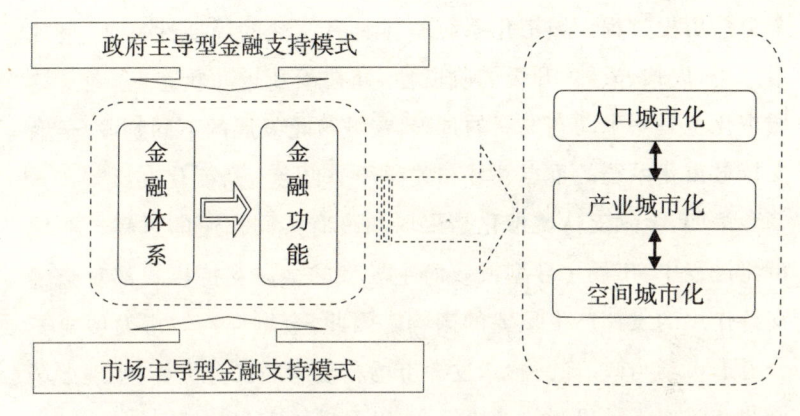

图 3-7　金融支持城市化的系统分析图

概括来讲,金融支持城市化的系统分析主要包括以下四个方面内容。

第一,金融支持城市化是金融体系实现金融功能的过程。金融支持城市化作用需要以一定的金融发展水平为依托,在金融规模扩张、金融结构优化和金融效率提高的基础上,通过金融体系的金融功能来实现。在城市化进程中,完善的金融体系可以更加充分有效地实现金融功能,动员、利用和优化配置资本,促进城市化的发展。

第二,金融支持城市化是实现城市化系统演进的过程。人口城市化、产业城市化和空间城市化系统相对独立又互相影响,共同构成了一个完整而精密的城市化系统。金融支持城市化发展需要立足于城市化系统,依据金融支持人口迁移转换、产业结构优化升级、空间集聚发展的内在机理,发挥金融的支持作用,推动人口城市化、产业城市化和空间城市化水平的全面提升。

第三,金融支持城市化是一个动态发展的过程。城市化是一个自然历史过程。城市化系统整体具有演变的周期性特征,呈现出产生、成长、成熟、升级的阶段性,处在不断运动状态,金融支持城市化也是一个动态发展的过程,在城市化发展的不同阶段,金融支持城市化系统的重点领域和关键环节也会有所变化。

第四,金融支持城市化是市场和政府共同作用的过程。在城市化进程中,市场主导型或政府主导型的金融支持模式都对金融支持作用的发挥产生重要的影响。因此,金融支持城市发展要充分考虑市场与政府的关系,发挥市场和政府的自身优势,实现市场调节和政府干预机制的最优组合,以促进城市化的健康持续发展。

第四章　人口城市化与金融支持

人口的迁移转换是城市化的基本特征与核心要义。"没有人口的流动,国家也就富裕不起来。事实上,人们的流动能力是衡量他们经济潜力的良好标准,流动的意愿似乎也是衡量他们进取意愿的标准"。① 作为一个动态的历史过程,城市化首先表现为大量人口从农村向城市的转移,而城市化的最终目的也是为了人类本身更好的生存与发展。本章主要在理论上界定了人口城市化的概念与内涵,从人力资本角度剖析了金融支持人口城市化的内在机理,梳理了中国人口城市化的历史进程,提出了影响中国人口迁移转换的核心问题,并分析了金融支持中国城市化的重点领域和典型方式,研究了推动中国人口城市化进程的金融支持路径。

第一节　人口城市化的概念与内涵

一、人口城市化的含义

城市化的核心是人的城市化。城市化最突出的表现也是农村

---

① 世界银行:《2009年世界发展报告——重塑世界经济地理》,清华大学出版社2009年版,第18页。

人口向城市的迁移。人口城市化的实质是通过人口的迁移与转化,使农村人口能够获得城市人口同等的待遇,享受到城市文明发展的成果。

人口的迁移转换主要包括两个层面：一方面是人口由农村向城市的空间迁移过程。人口城市化是一个动态过程,最突出的表现就是大量人口的空间结构变迁,由农村转移到城市,城市人口的持续增加和农村人口的减少,这主要是人口城市化"量"的体现;另一方面是人口的身份转换。人口城市化是农民向市民身份的转换过程,是农村人口在经济、社会、价值观和行为等各方面从传统农业社会向现代城市社会过渡和转换的过程。只有当农村人口迁入城市后,达到较高的知识水平、技术水平、财富水平、能力水平和观念水平,拥有了固定的工作、收入及稳定的社会地位,在就业、教育、医疗、住房和社保等方面与城市市民享受相同的福利待遇,实现了从较低生存水平向较高生活水平和文明程度的根本转化,人口城市化才达到了"质"的目标。

总的看来,真正意义上的人口城市化应该是人口迁移和人口转换的统一。迁转俱进是人口城市化的本质要求和根本目的。人口城市化的过程是"质"与"量"的统一过程,实现农村人口向城市的迁移和转换一体,既要实现"量"的转变,更要注重"质"的提升,使转移人口真正市民化,在城市具有和城市居民一样的生存和发展权利。

二、人口城市化的实现条件

人口城市化是农村人口向城市迁移并实现身份转换的过程。从理论上讲,在经济人假设的前提下,农村人口会在对成本和收益综合衡量的基础上形成迁移决策。而在具体的迁移和转换过程中,农村人口的空间迁移和身份转换还需要满足基本的实现条件。

(一)人口城市化的基本模型

按照古典经济学的理论,在经济人理性假定的市场经济条件下,农村人口的行为(包括选择活动和空间集聚)都是以利润最大化为准则的,将按照"成本—收益"的原则决定是否流动和向何处流动的问题。即在追求最大利益的前提下,农村人口会对迁移转换的成本和收益进行比较和权衡,依据净收益来进行流动决策。按照这一思路,就可以建立如下人口城市化的基本模型。

$$NR = NUR - NRR$$

其中,$NUR = TUR - TUC, NRR = TRR - TRC$

也即,$NR = (TUR - TUC) - (TRR - TRC)$

NR 表示迁移转换的净收益;NUR 表示城市净收益;NRR 表示农村净收益;TUR 表示城市总收益;TUC 表示城市总成本;TRR 表示农村总收益;TRC 表示农村总成本。

在人口城市化的基本模型中,城市总收益包括城市货币化收益和城市非货币化收益。城市货币化收益主要体现为农村人口在城市就业所获得的劳动收入,城市非货币化收益主要体现为农村人口在城市生活所分享到的城市规模经济效益和公共产品消费收益。城市总成本主要包括就业成本、融入成本和生活成本。就业成本主要是指农村人口在城市获得就业机会的成本,融入成本主要是指农村人口在城市长期生活并逐渐由农民转换为市民过程中所产生生活、交往等成本,生活成本主要是指在城市生活所需要负担的住房、通勤等成本。和城市总收益类似,农村总收益包括农村货币化收益和农村非货币化收益,农村货币化收益主要体现为农村人口从事农业生产所获得的劳动收入和土地的增值收入,农村非货币化收益主要体现为农村人口在农村长期生活所享受到乡村生活收益和村庄信任[①]等。农村总成本主要是农村人口从事农业生产和维护土地所支出的相关成本。

人口城市化基本模型的核心在于其收益公式,即 NR=NUR-NRR。在公式中,农村人口迁移转换的净收益等于城市净收益与农村净收益的差。其中,城市净收益等于城市总收益与城市总成本的差,农村净收益等于农村总收益与农村总成本的差。按照经济人的基本假设条件,农村人口向城市迁移转换的基本条件应该是城市净收益大于农村净收益,即 NUR-NRR>0,也即迁移转换的净收益为正。

(二)人口城市化的主要实现条件

人口城市化的本质是人口的迁转俱进。但在现实中,人口的迁移和转换的实现往往受到许多条件的影响和制约。具体主要体现为外部实现条件和内部实现条件两个层次,城市吸引力、人地分离程度和人口自身能力三个方面。

1. 城市吸引力和人地分离是人口城市化的外部实现条件

人口城市化的外部实现条件主要是指那些在人口城市化进程中,不以人口自身意志为转移的,客观存在的影响因素。从经济社会发展实践的角度看,人口城市化的外部实现条件主要包括城市

---

① 村庄信任是一个综合性的概念。它是指在村庄共同体框架下,村庄里的每一个个体通过一定的与当地文化紧密相联系的社会规范与社区规则嵌入到村庄系统中而相互之间产生对于彼此的积极预期的一种社区秩序。很显然,这是一种具有自组织性质的民间秩序,是一种通过非正式制度的作用而形成的秩序。详见胡必亮:《村庄信任与标会》,《经济研究》2004 年第 10 期。

吸引力和人地分离程度两个方面。

城市具有吸引力是实现人口迁移转换的前提条件。一般来说,城市经济的繁荣程度,城市的就业环境、居住环境、购物环境、出行环境、教育环境、保健环境和生态环境等生存和发展环境的好坏,以及获得公共服务的方便程度和服务价格水平的高低等,都是转移人口判断城市是否具有吸引力和吸引力大小的具体标准。现实中,城市吸引力往往表现为城市的综合发展环境,这种城市综合发展环境可以分为硬环境和软环境两类。硬环境主要包括各类城市基础设施环境。主要有三类:第一,为工作和创业服务的基础设施环境。主要包括通讯、交通、供水、供电、供气等,这类基础设施条件的优劣直接影响到了转移人口就业和创业的可能性。第二,为生活服务的基础设施环境。主要包括住宿、餐饮、购物、文化娱乐等方面基础设施,这类基础设施条件的优劣则直接影响着转移人口的生活成本。第三,为发展服务的基础设施环境。主要包括教育、卫生、养老设施以及为人口流动提供的各类服务场所,如人才市场、劳务市场等。这类设施不仅对转移人口形成了强大的现实吸引力,还为转移人口提供了潜在的收益预期。与硬环境相比,城市软环境主要体现在政策环境和文化环境方面。政策环境主要由政府制定与执行政策、立法与执法情况、政府机构及其服务等构成;文化环境则主要包括城市主体价值观、历史、风俗、信用、道德环境等。城市软环境的好坏同样是影响人口转移的重要因素,并且随着社会的不断进步,城市政府的公共服务质量、城市文化与品牌形象等软环境的作用日益突出,在某种程度上往往比硬环境更具有吸引力。总的来看,对于转移人口而言,城市的吸引力越大,意味着城市就业机会越多、生存和发展条件越好、公共产品和服务供给能力越强,这将会增加转移人口的货币收益和非货币收益,促进转移人口城市总收益水平的提升,同时也会降低转移人口在城市生活、工作和发展的总成本,从总体上提升转移人口在城市的福利水平。

人与土地的分离是实现人口迁移转换的必要条件。农村人口迁移转换是一种历史的必然。一方面,随着科技的进步和社会的发展,农业生产条件也在不断改善,农业的发展在生产出更多的农业剩余产品的同时,也使得农业部门可以释放出更多剩余劳动力。另一方面,由于传统农业主要依赖土地生产,相对于现代工业与服务业而言,农业为农民带来的收入和土地增值都相对较低,导致农村总收益较低,农村人口也具有向城市转移的内在动力。而"人均收入要高和人口中多数眷恋在土地上是互不相容的,从需要劳动力和提供劳动力这两方面来说都是一样"[①]。在这种情况下,农村人口与土地的分离程度成为了影响农村人口向城市转移的关键。只有减少农民,才能增加市民和富裕农民。要实现人口城市化,就必须促进农村人口与土地在人身依附关系上的分离,从根本上割断人与土地的内在经济联系。在良好的产权制度和健全的保障体系下,农村人口与土地分离的实现将变得容易,会使得更多的农村剩余劳动力带着资产进入城市,充分激励人们有效地利用财产和积极地创造财产,实现人口的有序、有产转移。而随着转移人口数量的增加,原有农村人均占有资源量会相对增加,农业生产效率和农业生产的规模化水平会相应提升,农民收入也会随之增加,农民

---

① 阿瑟·刘易斯著、梁小民译:《经济增长理论》,上海三联书店1995年版,第111~112页。

富裕水平也会提高。

2.转移人口自身能力的提升是人口城市化的内部实现条件

转移人口自身能力的提升是人口城市化的内部实现条件,更是实现人口迁移转换的根本条件。人口的自身能力是一系列包括知识与技术能力、学习创新能力、环境适应能力、社会交往能力在内的适应和融入城市生产生活的能力组合。表面上看,人口城市化意味着劳动力从低效率的农村地区及农业部门流向了高效率的城市地区及非农业部门,这有利于经济结构的转型、人民收入水平的提高以及贫困的减少。但是,农民能否实现从农村到城市的空间迁移,并最终实现农民到市民的身份转换还是要看其是否具备相应的迁移转换能力。从长远来看,转移人口本身的生存和发展能力决定了人口转移的成本和收益。如果转移人口的知识、能力和综合素质的提升可以更好地满足工作需要,就更容易得到就业机会和增加劳动收入,也更容易在城市生存与发展;反之,转移人口则往往不仅很难得到较好的就业机会和报酬,还容易造成其自身更严重的贫困,形成贫困在城乡之间转移的恶性循环。

同时,转移人口的生存和发展能力也直接影响到其在迁移转换中的非货币收益和成本。大量的事实证明,高技能、高素质的转移人口更容易在思想观念上脱离传统农业思维束缚,适应城市的生产和生活方式,在城市获得应有的社会地位和市民权利,融入城市文明。反之,如果转移人口不具备与城市生活和生产相适应的能力,即使能够顺利实现空间转移,也往往很难实现思想意识和社会身份上的转换。

总的来看,人口城市化的关键是人口的迁移与身份的转换。人口迁移转换的实现需要多方面的条件。相对于人口自身能力而言,城市的吸引力、人与土地的分离是不以人口意志为转移的外部客观条件,而人口自身迁移和转换能力的提升则是起决定性作用的内部条件,是全面提升转移人口素质并使其得以进入现代城市从事生产生活活动的关键,是促使其打破传统生活方式、接受城市生活理念和融入现代城市社会的基本要求,是实现人口城市化的根本所在。

第二节 金融支持人口城市化的内在机理

金融支持人口城市化就是要发挥金融支持作用,满足人口城市化所需要的实现条件。结合人口城市化的实现条件分析,我们可以发现,人口城市化的外部实现条件和内部实现条件得以满足均需要金融支持,但核心和重点有所不同。具体来看,旨在增强城市吸引力的金融支持重点主要是在城市的软硬件建设方面。而金融提升人口与土地分离能力则更多地受土地制度的影响,在土地产权明晰的情况下,金融可以推动土地产权资本化,使农民可以通过土地金融市场,采取出售、抵押或证券化的形式,为自身的迁移和转换获得发展资本。但在土地产权制度不健全的情况下,金融对人地分离的支持作用将微乎其微。

相比而言,人口自身迁移和转换能力的提升则是起决定性作用的内部条件,是实现人口城市化的根本。同时随着技术的进步和社会的发展,经济活动中的知识和技术密集程度变得越来越高,对转移人口的知识和技能要求也不断提高,而转移人口个人的发展、社会地位的获得,也越来越多地依赖于知识、技能、态度、观念等纯粹自身的条件。在这种形势下,转移人口自身的迁移和转换能力显得愈加重要,更需要得到金融的重点支持。

就转移人口自身能力的提升而言,人力资本的重要作用不容忽视。理论和实践证明,人力资本是"人"的资本而非"物"的资本。作为一种资本形式,人力资本是人口本身能力的体现,其能够将人的技能和知识转化为收入和利润,不仅能够创造出自身价值,而且能够将潜在的资源转化为现实的资源,将潜在的财富转化为现实的财富,创造出比自身价值更大的价值,实现价值增值,具有显著的收益递增性,是人口自身迁移和转换的能力提升的重要途径。本书主要从人力资本的角度,分析金融支持人口城市化的内在机理,认为金融支持需要更多的关注人口自身的发展,通过人力资本投资,促进转移人口自身能力的提升,进而推动人口城市化的进程。

一、人力资本理论与实践

从西方人力资本理论产生及发展来看,人力资本理论发展的过程就是人在物质生产中的决定性作用得到复归的过程。亚当·斯密很早就提出了人力资本的思想,他认为一个国家全体居民的所有后天获得的有用能力是资本的重要组成部分。而这种能力主要通过包括教育、学校和学徒过程获得的,所以他主张推动、鼓励甚至强制全体国民接受最基本的教育[1]。之后的很多经济学家大都接受了人力资本思想,并对其做出进一步发展。他们普遍将人所具有的技能和知识视为一种资本,认为对人本身的投资是各种

---

[1] 亚当·斯密著,郭大力、王亚南译:《国民财富的性质和原因的研究》,商务印书馆 1981 年版,第 245~269 页。

投资中最有价值的。马歇尔(Marshall)认为,"资本大部分是由知识和组织构成的——知识是我们最有力的生产力,它使我们能够征服自然,并迫使自然满足我们的欲望"①,教育投资会给劳动者带来能力和劳动力利用的机会。舒尔茨(Schultz)首次将人力资本纳入主流经济学的正规研究之中,他区分了人力资本和物质资本的区别,把增长余值归功于人力资本投资,并认为贫困的根本原因并不在于穷人的增加而在于人力资本的缺乏,而"改进穷人的福利之关键因素不是空间、能源和耕地,而是提高人口质量,提高知识水平"②。加里·贝克尔(Becker)则系统地阐述了人力资本与人力资本投资理论。他指出人力资本投资的概念可以被定义为"通过增加人的资源影响未来货币与心理收入的活动","这种投资包括正规学校教育、在职培训、医疗保健、迁移,以及收集价格与收入的信息等多种形式"③。其中,教育投资是人力资本投资的重要内容,人力资本积累的过程就是劳动力受教育的过程,在其他因素不变的情况下,受教育的时间越长、层次越高,人力资本的存量也就越大。20世纪80年代后期以来,新经济增长理论在西方逐渐盛行,人力资本被正式纳入经济增长模型中。新经济增长理论在研究经济增长过程中特别强调人力资本的重要性,认为一个国家的经济增长主要取决于知识积累、技术进步和人力资本水平。阿罗(Arrow)建立了一个用技术外溢解释经济增长的"干中学"模

---

① 马歇尔著、朱志泰译:《经济学原理》(上卷),商务印书馆1964年版,第157页。
② 西奥多·W.舒尔茨著、吴珠华等译:《论人力资本投资》,北京经济学院出版社1990年版,第40页。
③ 加里·贝克尔著、梁小民译:《人力资本——特别是关于教育的理论与经验分析》,北京大学出版社1987年版,第13页。

型,认为在职培训或干中学在人力资本形成中与学校教育一样重要。技术或知识是通过学习的过程获得的,而学习又来自于职业训练、学徒方式、工作过程等实践活动。[1] 罗默(Romer)则提出生产要素应包括资本、非技术劳动、人力资本(按接受教育的年限来衡量)和新思想四个方面,认为知识不仅本身收益是递增的,而且可以带动劳动和资本投入的收益递增,是经济增长的主要因素[2]。新经济增长认为经济的持续增长是知识积累促使投资收益持续递增的结果,从经济增长模型中进一步阐释人力资本积累和投资的作用,也为各国政府制定经济政策提供了切实可行的参考和建议。

人力资本形成是人口自身能力提升的关键,也是国家和地区经济社会发展的主要动力。"妨碍穷国赶上富国的原因,主要是缺乏人力资本,即教育不发达,人才和知识不足,而非缺乏有形资本。"[3]从世界范围看,在经济社会发展实践中,一些国家在注重物质资本积累的同时大力加强人力资本投资,其经济发展都非常迅速并取得了一系列骄人的成绩。例如,1945 年韩国采取了"教育先行"的人力资源开发战略,加强教育投入,充分调动社会力量办学,重视普及义务教育和高等教育,大力发展职业教育,在较短的时间和非常薄弱的基础上实现了人力资本水平的迅速提高,成为了世界上依靠快速发展教育、实现经济追赶的新兴国家典范。而日本历史上的两次经济起飞也均得益于教育赶超战略的有效实

---

[1] K. Arrow, "The Economic Implication of Learning by Doing", *Review of Economic Studies*, 1962, 29, 3:155-173.

[2] P. M. Romer, "Increasing Return and Long-Run Growth", *The Journal of Political Economy*, 1986, 94, 5:1002-1037.

[3] M. Barrow, "Measuring Local Education Authority performance: a Frontioer Approach", *Economics of Education Review*, 2007, 10, 1:19-27.

施。明治维新后到第二次世界大战前期,日本颁布各级学校令,在制度上建立起了完备的学校体系,大力发展教育,培养了大批高素质的人才,实现了第一次经济起飞。而其第二次世界大战后的20年及此后的40年持续增长的第二次经济起飞,同样离不开迅速发展的强大的人力资源支持和劳动者知识和技能水平的不断提高。与韩国和日本不同,美国则注重利用金融市场解决教育和培训的投资问题。例如,美国于1965年实施了美国家庭教育贷款计划,并在1976年在全国范围内建立学生贷款二级市场机构,在形成了发放和管理学生及其家庭教育贷款的公私合作伙伴关系,多渠道提供学生贷款的同时,还发行公债出售给国际金融市场的投资者,使全世界的投资者资助美国的教育,通过发展教育金融市场解决教育投资问题。反之,一些发展中国家由于没有重视人才资源的开发,致使其劳动者缺乏从事现代化生产劳动所必需的知识和技能,以至于不能有效地利用和消化外来资本,也不能通过先进的技术和管理方法来提高劳动生产率,从而阻碍了经济的发展和现代化的进程。

总的来看,人力资本的理论和实践重新证明了人,特别是具有知识和技术的高素质的人是推动经济增长和经济发展的真正源泉。人力资本是存在于人口本身,由人口的知识、技能和体力所构成的资本,其具有规模收益递增的属性,并能够在提高自身生产效率的同时带动其他生产要素效率的提升,是人口自身能力的集中体现。同时,人力资本不是天生存在的,像物质资本一样,人力资本的形成也是投资的结果。人力资本的形成主要依靠人力资本投资,而脱离生产的正规或非正规学校教育和边干边学的职业培训、医疗卫生保健投资等领域是人力资本投资的重点。

二、人口迁转能力的金融支持

人口城市化的核心在于人口自身迁移转换能力的提升,而人口迁移转换能力的提升取决于人力资本投资。在这一过程中,金融的作用显得格外重要。因为在现代经济中,无论是人力资本的形成还是人力资本的利用,都需要资金投入,均有赖于金融的支持。金融支持人口城市化,就是通过金融体系发挥金融功能,进行人力资本投资,促进人力资本形成,从而全面提升人口迁移转换的能力,进而实现人口的城市化的过程。

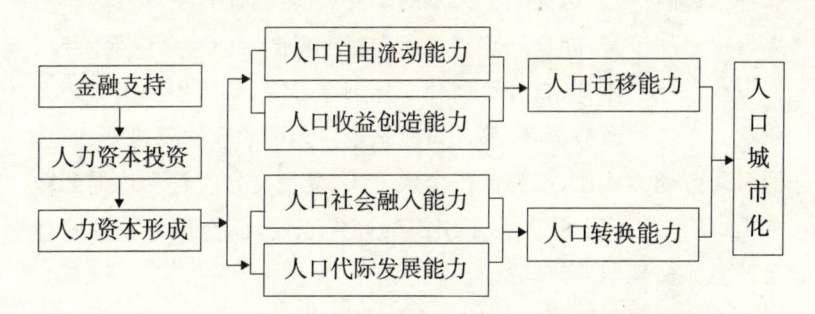

图 4-1 金融支持人口城市化的内在机理图

(一)金融支持促进人力资本形成,通过增强人口自由流动能力和人口收益创造能力,推动人口迁移

人口自由流动能力主要包括空间流动能力和职业流动能力。金融支持能够加强人力资本投资,促进人力资本形成,带动人口流动能力的提升。

1. 金融支持人口空间流动能力的提升

在金融机构健全,金融产品丰富、金融服务便利的条件下,通过金融对教育、培训的投入,转移人口将获得更多的学习、教育和培训的机会,形成人力资本,更容易与城市内的机器、厂房、设备等生产要素相结合,获得就业机会或创业机会,实现从农村向城市的空间转移。同时,知识技能水平的提升也将增加转移人口在不同空间上的就业选择机会,也会使得人口在不同地区之间的转移变得更加容易。

2. 金融支持人口职业流动能力的提升

现代社会中的职业和岗位随产业结构的演变而变化。传统的第一、二产业提供的岗位无论在数量还是类型上都相对稳定。随着科学技术的进步和科技成果的应用与推广,第三产业的快速发展,不仅为转移人口提供了大量的职业和岗位,而且所形成的职业类型也更加丰富,如交通运输业、邮电通讯业、商业、金融保险业、咨询业、卫生、体育、教育培训和文化创意等等,都衍生出很多新兴职业。在这种形势下,转移人口面临着更多的职业选择机会,而与低素质劳动力相比,能够获得金融支持,受过良好教育和培训的转移人口将不再完全依附一个组织的固定职业,而会更好地按照自己的意愿实现职业流动。

人口收益创造能力是转移人口在城市生产和生活所获得货币或非货币收益的能力。城市净收益的存在是人口迁移的直接动力,而能够持续创造收益也是人口自由迁移的重要保障。研究发现,城市人口的收入差距很大程度上是由受教育机会的不均等造成的,而改善收入差距的最好方式就是加大对教育的投入,给予人口更多的受教育机会[1]。对教育领域的金融支持将有助于转移人口受教育条件的改善,可以给予转移人口更多的教育机会,极大的

---

[1] Shinichiro Okushmia and Hiroko Uchmiura, "How does the Economic Reform Exert Influence on Inequality in Urban China." *Journal of the Asia Pacific Economy*, 2006, 11, 1:35-58.

缩小转移人口与城市居民的收入差距。同时,作为一种人自身所拥有的资本,在劳动过程中,人力资本不仅能够创造出自身价值,还能够通过创新与知识的外溢创造出比自身价值更大的价值而实现价值增值,具有自我增值和使其他生产要素增值的巨大潜力。在知识经济条件下,越来越多的工作包含了知识的加工而不是对物质的处理,这对从业者的教育背景、知识技能的要求很高,而经过教育和培训的转移人口将更能够适应这种生产活动,具有较强的工作能力,能够更好地将知识运用于工作中去,运用自身的智慧和能力提升对物质资源开发和利用的深度和广度,在这一过程中,转移人口的人力资本存量越大,就越容易提升劳动地位,也越容易获得更好的工作机会,从而获得更高的收益,也更加容易在城市获得相应的住房、医疗等社会福利。

(二)金融支持促进人力资本形成,通过增强人口社会融入能力和人口代际发展能力,推动人口转换

人口的社会融入能力指转移人口融入城市社会的能力。金融支持能够加强人力资本投资,促进人力资本形成,将在塑造转移人口自身竞争力、增加流动机会和个人收益的同时,促进转移人口更好地融入城市社会,在城市具有和城市市民同等的社会地位。具体来看,人口的社会融入包括身份融入、阶层融入和思想融入三个方面。

1. 金融支持人口身份融入

对转移人口而言,"身份地位通过被其他人授予尊重而拥有,这种尊重不仅对尊严重要,而且对他的生活机会也很重要"[1]。人

---

[1] 皮埃尔·布尔迪厄著、武锡申译:《资本的形式·全球化与文化资本》,社会科学文献出版社 2005 年版,第 3 页。

力资本则是个人社会地位维护和提高的重要条件。对转移人口的教育、培训的金融支持,将有助于提升转移人口的社会地位和社会资本①,而具备良好的社会资本,则可以便捷地进入城市社会网络,通过交流和交往等互动过程加强与城市其他成员的联系,获得身份的认同。

2. 金融支持人口阶层融入

一个庞大的中产阶层是国家健康发展的必要社会条件,对人口城市化的和谐发展也具有重要意义。因为"中产阶级比任何其他阶层都较为稳定。他们既不像穷人那样希图他人的财物,他们的财产也不像富人那么多得足以引起穷人的觊觎,既不对别人抱有任何阴谋,也不会自相残害,他们过着无忧无虑的平安生活"②。而良好的教育背景是中产阶级的一个重要特征,加强对人力资本的金融支持,会使得更多的转移人口获得教育和培训机会,通过自身素质的提升改善自己的收入条件和社会地位,融入中产阶层并形成更大的中产阶层群体。

3. 金融支持人口思想融入

现代市场经济条件下,金融产品和服务会向转移人口不断传递现代商业理念和信用意识,而具有较高素质的人口更容易接受并且认同这种理念和意识。一方面,更多受过良好教育的农村人口将更容易了解和认知金融知识、金融文化,更好地发挥村庄信任传统并使其内涵更加现代化,在提升金融自我服务能力的同时,在商业意识、思想观念等各方面真正与现代城市文明全面接轨。另

---

① 所谓社会资本主要是指个人通过社会联系获取稀缺资源,包括权力、地位、财富、资金、学识、机会信息等等并由此获益的能力。

② 亚里士多德著、吴寿彭译:《政治学》,商务印书馆1965年版,第206页。

一方面，转移人口所接受到的现代金融产品和服务，会使其逐步接触、接受、学习和运用各种现代金融理念，增强他们的金融意识和金融能力，加强他们对现代城市文化的认同和理解，也将有助于转移人口更好地融入城市社会，实现农村到城市的思想意识和生活方式的转换。

人口代际发展能力是指转移人口的后代在城市生存和发展的能力。金融支持通过加强人力资本投资，促进人力资本形成，不仅提升了当代转移人口的生存和发展能力，也会对后代人口的生存和发展能力产生积极影响。因为"那些能对发展带来的新机会作出反应的人也为持续发展的出现创造了可能性。""他们生养更少的子女，并为子女做好准备，使他们能在现代化的社会中找到新的机会，这些决策又增加了下一代中从事新发明、新创造的人数比例"[①]。高素质的转移人口不仅能够为后代提供良好的发展环境，而且也会继续支持他们的后代接受教育和培训，进而增强代际发展能力，从根本上保持人口城市化的可持续发展。

总的来看，金融支持人口城市化的关键在于加强人力资本投资，促进人力资本形成，实现人口的迁移和转换能力的提升。其中，人口迁移能力是人口转换能力的基础和条件，人口转换能力是人口迁移能力的高层次要求，金融支持人口迁移转换能力的提升，最重要的是在促进人口迁移能力发展的基础上推动人口转换能力的提升。

---

① 小罗伯特·E.卢卡斯著，罗汉、应洪基译：《为何资本不从富国流向穷国》，江苏人民出版社 2005 年版，第 20 页。

第三节 中国人口城市化进程及主要问题

中国人口城市化的发展进程具有鲜明的时代性和明显的阶段性特征,其伴随着中国经济政治体制改革的推进而不断发展,并在不同的历史阶段呈现出了不同的发展特点。全面了解中国人口城市化发展的历史进程,从演进的角度发现人口城市化进程中存在的现实问题,将有助于金融支持作用更好地发挥与实现。

一、中国人口城市化进程

新中国成立初期,百废待兴,城市化进程缓慢。1949年中国城镇人口只有10.64%。基于快速恢复国民经济的目的,中国政府实施了第一个五年计划,启动了156个重点工业项目,为了满足重工业的高积累要求和城市对农副产品的需求,国家确立了城市的高就业、低工资政策、基本生活用品低价政策、农产品统购统销政策。而为保证这些政策不受干扰地推行,国家在农村推行人民公社制度和限制城乡人口流动的户籍制度,城市与农村居民之间改变身份、职业和居住地的自由受到极为严格的限制。在一系列严格的制度约束下,建国以后中国人口城市化进程十分缓慢,到1956年中国城镇人口比重仅为14.62%。而随后开始的"大跃进"运动使得城市人口在大规模基本建设的刺激和拉动下迅速膨胀,到1960年,城镇人口比重达到了19.75%。之后,国家开始纠正"大跃进"所造成的错误,在经济困难的情况下采取了压缩城市人口的政策,动员1958年以来从农村进城的新职工及家属回乡并将一部分城市知识青年和无业人员送往农村,使得1963年城镇人口比重回落到16.84%。1966年开始的文化大革命导致了国家经济建设水平的全面倒退,同时也严重阻碍了城市化进程,1966～1978年间,全国城镇人口比重仅提高了0.06个百分点,基本上处于停滞状态。这一时期,几千万知识青年上山下乡,大量的城市人口流向农村,一系列违反城市化客观规律的做法中断了中国人口城市化进程。到1978年,中国的城镇人口比重仅为17.92%,近30年时间,中国城镇人口比重仅仅上升了7.28个百分点。

表4-1 1949～1978年中国城镇人口占总人口比重表

单位:%

年	城镇人口比重	年	城镇人口比重
1949	10.64	1964	18.37
1950	11.18	1965	17.98
1951	11.78	1966	17.86
1952	12.46	1967	17.74
1953	13.31	1968	17.62
1954	13.69	1969	17.50
1955	13.48	1970	17.38
1956	14.62	1971	17.26
1957	15.39	1972	17.13
1958	16.25	1973	17.20
1959	18.41	1974	17.16
1960	19.75	1975	17.34
1961	19.29	1976	17.44
1962	17.33	1977	17.55
1963	16.84	1978	17.92

资料来源:国家统计局:《中国统计年鉴1983》,中国统计出版社1983年版。

改革开放以来,伴随着经济社会的发展,中国人口迁移的速度不断加快,城市人口比重不断提升,人口城市化的整体水平有了很大提高。在对相关文献梳理、归纳和提炼的基础上,我们将改革开放以来中国人口城市化的演进轨迹大体分为以下三个阶段,即:人口城市化的加速发展阶段(1978~1991年)、人口城市化的深化发展阶段(1992~2001年)和人口城市化的提升发展阶段(2002年至今)。

(一)人口城市化的加速发展阶段(1978~1991年)

1978年召开的党的十一届三中全会拉开了改革开放的序幕,

表4-2 1978~2008年中国城镇人口占总人口比重表

单位:%

年	城镇人口比重	年	城镇人口比重
1978	17.92	1994	28.51
1979	18.55	1995	29.04
1980	19.39	1996	30.48
1981	20.32	1997	31.91
1982	21.34	1998	33.35
1983	22.57	1999	34.78
1984	23.24	2000	36.22
1985	23.71	2001	37.66
1986	24.52	2002	39.09
1987	25.32	2003	40.53
1988	25.81	2004	41.76
1989	26.21	2005	42.99
1990	26.41	2006	43.9
1991	26.94	2007	44.94
1992	27.46	2008	45.68
1993	27.99		

资料来源:国家统计局:《中国统计年鉴2009》,中国统计出版社2009年版。

我国的经济增长与各项社会事业重新步入了正常的发展轨道,人口城市化发展进入了一个全新的时代。在改革开放初期,农村的大量剩余劳动力在土地经营制度改革的过程中获得了极大的解放,开始在城乡之间加速流动。1984年,国家调整城乡户籍政策,允许农村人口自理口粮进小城镇务工经商,将劳动力支配权、劳动收益支配权归还给农民,农民获得了更多的人身自由、劳动自由,农民的经济约束条件尽管没有完全解除,但也得到了极大的缓和,大规模的人口流动也开始出现。1985年,中国开始实施居民身份证制度,使户籍制度逐步适应经济发展的需要,进一步推动了人口城市化的进展。同时,20世纪80年代初,中国开始逐步进行城市劳动制度的改革尝试,放宽了对一些经济活动(比如饮食服务、集贸市场等)的控制,放松了对部分劳动力就业的限制,通过在国有经济之外发展个体、私营经济来促进就业的市场化,也在客观上刺激了农村人口向城市的转移。这一时期,人口城市化的规模和速度都呈加速上升趋势,"住在农村,从事非农产业"及自带口粮,在小城镇居住工作是多数农民对理想的工作及生活方式的选择,广大农民已经产生了强烈的转移意愿并形成了向非农产业转移的一股潮流[①]。

(二)人口城市化的深化发展阶段(1992~2001年)

1992年,党的十四大明确提出我国经济体制改革的目标是建立社会主义市场经济体制,强调要使市场在国家宏观调控下对资源配置起基础性作用。1993年十四届三中全会通过《关于建立社

---

① 劳动力转移联合课题组:《改革条件下农业劳动力个人行为模式》,《管理世界》1990年第5期。

会主义市场经济体制若干问题的决定》,提出要形成统一、开放、有序的全国性大市场,明确提出要建立和完善劳动力市场。在市场经济改革的推动下,劳动力市场化改革步伐也在不断加快,为劳动力的城乡转移、区域转移提供了良好的发展环境和制度激励。20世纪90年代以来,以农村流向城市、中西部地区流向东部沿海地区为特征的劳动力流动的规模和范围空前扩大。在1992年,中国城镇人口比重为27.46%,而到2001年,中国城镇人口比重已经达到37.66%,中国人口城市化规模和速度都有了很大提升,中国人口城市化进程得到了进一步推进和深化。

(三)人口城市化的提升发展阶段(2002年至今)

进入21世纪以来,伴随着中国加入世界贸易组织和劳动力市场化改革的加快,中国人口城市化进入了一个新的发展阶段。党的十六大明确提出要稳步推动劳动力流动,各项旨在消除农村人口转移的政策也相继出台,城市的"进入门槛"逐步降低,中国人口城市进程也随之加快。2002年,中国城镇人口比重为39.08%,以后每年以1%的速度增长,到2008年,中国城镇人口比重已达45.68%。同时,这期间,农民工的供给是否已经出现短缺成为了中国劳动力市场供求关系中最受关注的话题。从2004年春天开始,珠三角地区首次拉响"民工荒"的警报。在拥有十几亿人口的中国出现"民工荒"多少有些令人难以置信,从根源上讲,"民工荒"只是一种现象,这一现象不是农村劳动力供给的绝对不足,而体现了农村劳动力供给的相对不足,主要是由于转移人口对城市净收益要求的提升与城市发展对转移人口技能要求提升结合所引发的,一方面,转移人口不再满足于原有的低报酬,而另一方面,低素质的富余劳动力难以补充高素质劳动力的空缺。"民工荒"现象充分显示出中国人口城市化快速发展过程中存在的人口迁移转换能力较弱的问题,也对中国人口城市化发展提出了更高的要求。

从长期来看,由于城乡收入差距的长期存在,中国人口城市化的进程在短时间内不会结束。统计显示,1978年城乡居民收入差距是2.37倍,1981年是2.05倍,1995年是2.72倍,2004年则扩大到3.21倍,而截至2009年,中国城乡收入差距达到了3.33比1,中国城乡居民收入除1982年到1985年收入差距比较小之外,其余年份收入差距一直在拉大,而且趋势一直在扩大(如表4-3所示),若将城镇居民的一些隐性福利和优惠折算成收入,其差距将更大。按照发展经济学的一般观点,在城乡居民收入差距拉大的背景下,人口的迁移与转换将不会停止,人口城市化进程也仍然会继续推进。

表4-3 中国城乡居民收入变化表(1981~2009年)

年份	城镇居民家庭人均可支配收入	农村居民家庭人均可支配收入	城乡居民收入差	城乡居民收入比
1981	458.04	223.44	234.6	2.05
1982	494.52	270.11	224.4	1.83
1983	525.96	309.77	216.2	1.70
1984	607.56	355.33	252.2	1.71
1985	739.10	397.60	341.5	1.86
1986	899.60	423.80	475.8	2.12
1987	1002.20	462.60	539.6	2.17
1988	1181.40	544.90	636.5	2.17
1989	1375.70	601.50	774.2	2.29
1990	1510.20	686.30	823.9	2.20
1991	1700.60	708.60	992.0	2.40

续 表

1992	2026.60	784.00	1242.6	2.59
1993	2577.40	921.60	1655.8	2.80
1994	3496.20	1221.00	2275.2	2.87
1995	4283.00	1577.70	2705.3	2.72
1996	4838.90	1926.10	2912.8	2.51
1997	5160.30	2090.10	3070.2	2.47
1998	5425.10	2162.00	3263.1	2.51
1999	5854.00	2210.30	3644.0	2.65
2000	6279.90	2253.40	4026.5	2.79
2001	6859.60	2366.40	4493.2	2.90
2002	7702.80	2475.63	5527.2	3.11
2003	8472.2	2622.2	5850.0	3.23
2004	9421.6	2936.0	6485.6	3.21
2005	10493	3255	7238	3.22
2006	11759.5	3587	8172.5	3.28
2007	13785.81	4140.36	9645.45	3.33
2008	15780.76	4760.62	11020.14	3.31
2009	17174.65	5153.17	12021.48	3.33

数据来源：国家统计局：《中国统计年鉴》，中国统计出版社 1998～2010 年版。

从中国人口城市化发展的历史轨迹看，中国人口城市化进程不断加快，人口城市化的水平呈持续上升趋势（如图 4-2 所示）。近年来，人口城市化规模的扩张仍然明显，但人口城市化的增长速度已经趋于放缓。从年度增长幅度来看，在中国城市人口每年大概以 1‰ 的速度增加，在增长速度上并没有发生明显剧烈的变化，可以说，现阶段中国城市化总体规模上已经趋于平稳，进入了一个稳定增长的区间。这一变化说明中国正在逐渐进入人口城市化的成熟阶段。

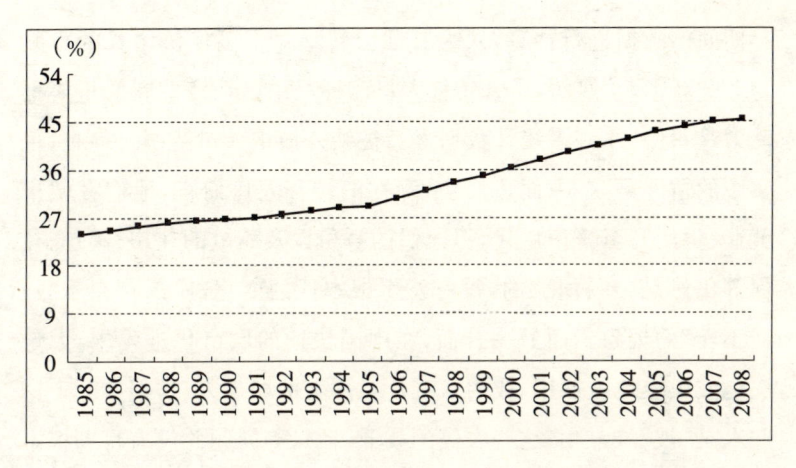

图 4-2　1985～2008 年中国人口城市化率变化图

值得注意的是,中国的人口流动更加频繁,梯度转移特征明显。除农村人口向城市转移外,由于资源要素集聚程度不同和公共服务非均等化影响,人口从小城镇向中等城市转移,中等城市向大城市转移的由小到大式的梯度转移特征明显。同时,由于各地政府采取多项措施,鼓励当地居民就近就业、创业,加之劳动密集型产业逐渐从东部转移到中西部,更由于大城市生活成本不断提升,例如高房价与高物价同时存在,通勤成本及交通拥堵等现象较为普遍等,离开"北上广"等大城市的人口外流现象也逐渐出现,许多生活在一线城市的人口开始回流至中西部二三线城市,由大到小式的梯度转移也成为城市化进程中的一种重要现象。

二、中国人口城市化面临的主要问题

新中国成立,特别是改革开放以来,中国人口的迁移规模日益扩大,身份转换也逐渐频繁,在不同的历史时期,人口城市化对中国的经济发展做出了巨大的贡献。例如,有学者就对 1982～1997

年期间的数据进行估算,认为劳动力转移对中国经济增长的贡献为 20.23%[①]。然而,尽管转移人口已经是中国经济发展的重要推动力量,且其在许多统计数据上已被纳入城市人口范围。但是,现实中的情况是,一方面,对大量存在的转移人口而言,他们在城市就业、生活乃至繁衍后代,但他们的身份以及相应的住房、医疗、社保等仍然是"乡村化"的,没有发生根本性的变化,广泛存在着"迁而不转"的现象。而另一方面,在中国快速的城市化进程中,大量失地农民土地被征用,成为了统计意义上的城市人口,但实际上这些人是"被"城市化,这些农民的就业、社保等问题并没有得到根本解决,其他诸如思想观念、文化程度、生活方式的都没有实质性变化,就成为了城市市民,则是典型的"转而不迁"。从本质上看,无论是"迁而不转"还是"转而不迁",大量的转移人口都并没有享受到应有的城市待遇,他们的劳动权利与生存权利也由于模糊的社会身份而无法得到保障,并没有真正实现市民化,没有在公共服务领域享有与城市居民相同的待遇,更没有相应的社会地位和价值认同。可以说,现阶段的人口城市化在很大程度上是"伪城市化",是低水平、不成熟的城市化。

人口的空间迁移和身份转换理当是城市化的应有之义,但人口"迁转失衡"的"伪城市化"是低质量的城市化,并非真正意义上的城市化。从历史上看,"伪城市化"所带来的一系列问题使许多国家和地区,尤其是发展中国家和地区付出了沉重代价,对经济社会发展带来难以估量和挽回的损失,其背后隐藏着种种危机都构

[①] 蔡昉、王德文:《中国经济增长的可持续性与劳动贡献》,《经济研究》1999 年第 10 期。

成了所在国家和地区城市化持续推进的阻力和障碍。而究其原因,造成"伪城市化"现象主要由于转移人口的迁移和转换能力仍然相对较弱。

一方面,人口迁移能力仍然较弱。农村人口素质低下仍然是限制人口迁移能力,阻碍其顺利转移的重要原因。建国以来,国家、企业和其他单位及个人对教育事业的发展和个人知识水平的提高投入了大量的资金,形成了不同层次的教育体系。但中国人口的总体受教育程度依然不高,农村人口的教育程度更低,农村人力资本存量薄弱,受文化程度制约,自愿转移的劳动力在城市工作很难找到工作机会,更难获得较高的收益。根据国家统计局对全国31个省(区、市)6.8万个农村住户和7100多个行政村的农民工监测调查结果推算,在外出农民工中,文盲占1.1%,小学文化程度占10.6%,初中文化程度占64.8%,高中文化程度占13.1%,中专及以上文化程度占10.4%。外出农民工中初中文化程度的仍然占多数。同时,调查还发现,广大外出农民不仅受教育水平低,且多数缺乏技能培训,其中51.1%的外出农民工没有接受过任何形式的技能培训[①]。

人口迁移能力不强限制了转移人口就业的范围和质量,难以适应日益增长的就业需求。近几年来,中国城镇新增就业规模呈稳定增长态势,表现出了旺盛的需求,从2005年的27331万人增加到2008年的30210万人,尽管2008年下半年由于遭受国际金融危机的严重影响,经济增长放缓,失业增加,城镇就业增长率有所下降,但就业

---

① 国家统计局:《2009年农民工监测调查报告》,http://www.stats.gov.cn/tjfx/fxbg.

增长总量基本达到 2005 年的水平,随着世界经济的复苏和中国经济发展,中国城镇就业增长率还会进一步提高,具有巨大的增长空间,需要大量的具有较高素质的农村劳动力进城就业(表4-4)。而从劳动力需求总量结构看,高技能人才依然供不应求,中、高级技工需求缺口大。但是,农村向城市转移的人口就业层次较为单一,主要从事一些城市居民不愿意干的"脏、累、差、苦、险"的工作,大多集中在运输、建筑、餐饮、环卫、家政服务及勤杂行业等收入水平偏低的劳动密集型产业中。资料显示,在外出农民工中,从事制造业的农民工所占比重最大,占 39.1%,其次是建筑业占 17.3%,服务业占 11.8%,住宿餐饮业和批发零售业各占 7.8%,更多的人从事游离于正规部门之外的工作,工作环境和工作待遇得不到保障,处于非正规就业状态[①]。农村剩余劳动力的质量与城市产业发展对劳动力的需求之间存在差距,很难适应现代产业发展的技术要求。同时,缺乏迁移能力的转移人口的就业稳定性也相对较差,更容易在经济结构性调整和外部因素冲击影响下失去工作机会。

表 4-4　2000～2008 年中国城镇就业比重表

单位:%;万人

年	城镇就业量	城镇就业增长量	城镇就业增长率
2005	27331	883	3.23
2006	28310	979	3.58
2007	29350	1040	3.67
2008	30210	860	2.93

资料来源:国家统计局:《中国统计年鉴》,中国统计出版社 2005～2009 年版。

---

① 国家统计局:《2009 年农民工监测调查报告》,http://www.stats.gov.cn/tjfx/fxbg。

另一方面,转移人口的转换能力仍然较弱。由于转移人口多数受教育程度很低,大部分在城市的非正规部门就业,工资较低,往往很难在城市定居,只能像"候鸟"一样徘徊在乡村和城市之间,无法成为真正意义上的城市市民。即使是长期居住在城市内的转移人口,往往也没有彻底完成角色转换,从心理上到思维方式、行为方式、交往方式乃至生活方式等多个方面仍停留在"亚市民"状态,缺乏融入能力。更重要的是,由于当代转移人口的发展条件限制,也直接影响到了后代的发展。广大转移人口子女教育往往被"边缘化",进城的"流动儿童"被社会"边缘化",农村的"留守儿童"被家庭"边缘化",难以接受良好的教育。在这种状况下成长的转移人口后代,由于身份和能力的限制以及家庭条件的制约,一般很难在城市真正扎下根来,但由于受教育程度普遍强于上一代,又更渴望在城市就业和生活,城市留不下、农村留不住是他们的生存状态,处于无处归属的"夹心状态"。

同时,城市化质量不高,城市功能不健全也是影响当前人口迁移转换的重要原因。城市发展的本质在于以人为本,中国人口流动迁移也正在由生存型向发展型转变,但中国城市化发展的实践中广泛存在注重经济增长而忽略社会民生的问题,特别需要加以重视。例如,在住房方面,对处于低收入水平的转移人口来说,寻找到能支付得起的房屋是基本的生存问题,而有长期稳定的居所则是他们奋斗与努力的希望,将决定他们是否能继续留在城市生活与发展。但现实的情况是,转移人口住房选择受城市住房政策的影响较大,而公共供给的住房则又有诸多限制(如购买经济适用房、申请廉租房、贷款都需要本地户口),绝大部分转移人口或大量以合租或混租的形式在城市居住。他们的居住场所往往零星分散在城市中心,或大规模分布在城市边缘地带,很多是在建筑工地、棚户区或由城市企业所提供的集体宿舍里,公共基础设施缺乏、管理上存在盲点,不具备成为城市常住居民的基本条件。而相对于转移人口乃至城市原有市民而言,在长期以市场供给住房为主的背景下,中国城市房地产价格相对于其收入水平过高是一个普遍现象,转移人口普遍缺乏购买力,城市房价的持续居高不下也直接影响着他们的生活质量和转移决策,抑制了人口城市化的健康发展。

国际经验证明,当一个国家或地区的人口城市化率达到50%～60%时,会不同程度地出现住房短缺、就业不足、收入分配差距拉大、交通拥堵和环境污染等问题,各类社会矛盾往往集中多发。而一些国家和地区由于未能处理好这一特定时期的特殊矛盾和问题,则使得经济发展整体水平下降并长期低水平徘徊,有的还引发了严重的社会动荡,严重影响国民经济社会的可持续发展。在中国人口城市化进程中,人口迁移和转换能力受限、城市基础设施建设滞后、城市居民生活质量下降等许多问题与矛盾也开始逐步显现,给社会带来了诸多不和谐的因素。为避免进入"城市化陷阱",在未来一段时期,我们需要高度关注城市化的质量问题,坚持以人为本,不断健全和完善城市功能,为人口迁移转换提供良好的城市环境,满足人口多层次、多元化的生存与发展需求。

第四节　中国人口城市化进程的金融支持路径

人口城市化的核心是通过人口的迁移与转换,使农村人口能够获得城市人口同等的待遇,享受到城市文明发展的成果。人口自身迁移和转换能力的提升是实现人口迁移转换的根本所在。金融支持人口城市化关键是要通过金融体系发挥金融功能,重点支持农村人口教育、转移人口培训和社会保障水平的提升,发展面向转移人口的微型金融,促进人力资本形成,增强人口迁移转换的能力,进而实现人口城市化的健康发展。

一、金融支持人口城市化的重点领域

结合中国人口城市化发展历程和主要问题,中国人口城市化进程中的金融支持重点主要是加大对转移人口的人力资本投资,特别是加大对转移人口的教育培训投入,提升人口迁移与转换的能力。此外,还应加大对转移人口社会保障方面的支持,降低转移人口的城市生活成本,提升转移人口的城市生活收益。

第一,金融支持农村人口教育。农村人口的教育水平决定着转移人口人力资本的存量和素质,也决定着人口城市化发展的速度和质量。农村人口教育投资是农村人力资本形成的主要途径。金融体系应充分发挥金融功能支持农村教育的发展,促进转移人口人力资本存量的形成和提升。这其中,金融机构应给予农村教育领域更多的资本供给,多种渠道提供教育资金,完善农村教育基础设施,支持农村教育组织的成长,为农村人口提供良好的教育条件,促进农村人口教育水平的全面提升。

第二,金融支持转移人口培训。培训一种后续教育,主要是从事一定工作之前、期间或之后所进行的技能教育,决定着转移人口人力资本的增量规模和素质。金融体系应充分发挥金融功能支持转移人口培训工作,促进转移人口人力资本增量的形成和提升。这其中,金融机构应重点支持各类职业技能培训机构的发展,改进金融服务、创新金融产品、完善信贷管理制度、鼓励企业和个人组织和参与教育培训,为转移人口提升自身素质、提高人力资本积累、接受技能培训和融入城市生活提供多层次的服务。

第三,金融支持转移人口社会保障。良好的社会保障不仅是城市吸引力的重要体现,也是影响转移人口成本和收益的重要因素。金融体系应充分发挥好金融功能,从经济领域为主转向经济发展与社会民生并重,在积极整合各类金融资源的基础上,进一步拓宽金融服务领域,支持改善转移人口的社会保障条件,促进转移人口的城市生活成本的降低和城市生活收益的增加。这其中,金融机构应在医疗、养老、住房等社会民生方面加大支持力度,围绕转移人口需要努力创新金融产品、提升金融服务质量,构建服务民生的金融服务体系,努力使转移人口同城市市民一样"病有所医、老有所养、住有所居"。

需要注意的是,在市场经济条件下,促进人口城市化的发展,要坚持政府主导金融支持模式与市场主导模式的动态统一。目前中国人口城市化已经进入了升级阶段。在这一阶段,人口城市化的发展对转移人口的质量和素质提出了更高的要求,而转移人口自身也有着自由迁移和身份转换的强烈诉求。但与能够增强城市吸引力的交通、通信等城市基础设施建设相比,对于促进人口迁移和转换能力提升的人力资本投资则更具有非市场性、长期性和战略性。这就特别需要发挥政策性金融体系的金融功能,加强政策性金融机构对转移人口教育、培训和民生领域的支持力度。与此同时,应积极引导、鼓励和支持商业性金融机构与企业、个人合作,通过市场化的方式为企业和转移人口提供金融产品和金融服务，全面发挥金融对人口城市化的促进作用。

二、金融支持人口城市化的典型方式：面向转移人口的微型金融

从金融支持人口城市化的角度看，面向转移人口的微型金融主要以大量低收入转移人口群体为目标客户，提供小规模且不需要抵押担保的制度化、组织化的金融产品和服务。其根本目的与核心理念在于增强转移人口的迁移和转换能力，让转移人口共享城市化和金融发展的成果，其本质上是一种包容性金融支持模式。

面向转移人口的微型金融能够通过组织和机制创新，向转移人口提供小额信贷、微型保险、技能培训、健康教育等各项可持续的金融产品和服务。其主要功能在于资金融通和信用担保。就资金融通而言，微型金融的核心功能体现为微型贷款，或者称小额贷款，即微型金融机构通过开展小额信贷活动，对经济脆弱性较强的转移人口提供数额小、期限短、无抵押、无担保的贷款，以为转移人口提供自我生存和发展的机会。而在转移人口需要从事其他需要信用担保的活动时，微型金融机构也可以提供信用担保服务，提高转移人口的信用度，从而增加转移人口获得其他金融支持和参与各类经济活动的可能性。

完善的组织体系是微型金融功能实现的保障。结合国内外微型金融发展的经验，中国面向转移人口的微型金融组织体系可以主要由商业性微型金融机构、政策性微型金融机构和互助性微型金融机构构成（图4-3）。

```
                          ┌── 商业银行微型金融部门
          ┌─ 商业性微型金融机构 ─┼── 商业性微型金融公司
          │                   └── 其他
          │
中国微型    │                   ┌── 互助性银行
金融组织 ──┼─ 互助性微型金融机构 ─┼── 互助性金融公司
体系       │                   └── 其他
          │
          │                   ┌── 政策性银行微型金融部门
          └─ 政策性微型金融机构 ─┼── 政策性微型金融公司
                              └── 其他
```

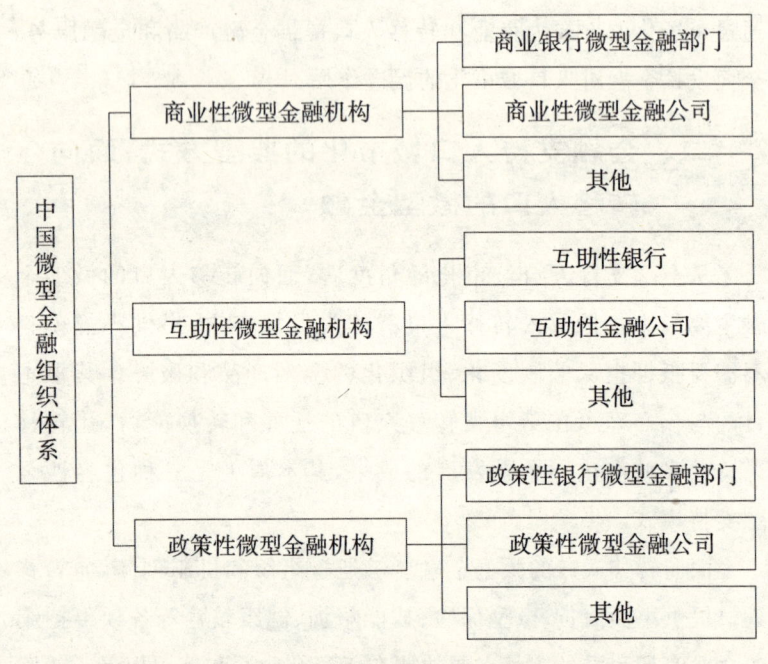

图 4-3　中国微型金融组织体系

商业性微型金融机构是微型金融组织体系的重要组成部分。在微型金融组织体系中,商业性金融机构主要包括商业银行微型金融部门、商业性微型金融公司和其他如旨在为低收入转移人口群体提供金融服务的信托、保险等微型金融机构。这其中,商业银行微型金融部门和商业性微型金融公司是中国商业性微型金融机构面向转移人口提供微型金融服务的主体。商业性银行,尤其是大型商业银行,其本身拥有强大的网点优势和人员优势,伴随着信息和网络技术的快速应用与普及,针对转移人口的信贷管理信息和风险评估系统日趋完善,商业银行微型金融部门也随之产生。商业银行微型金融部门通常为商业银行内部的独立部门，可以直接开展面向转移人口的微型金融服务，在信贷、风险、核算等方面具有充分自主权，往往既是商业银行开拓市场、创新服务的平台，也是商业银行展现社会责任的窗口。而商业性微型金融公司，特别是小额信贷公司则是现阶段微型金融支持体系的主要实施机构。小额信贷公司主要吸收来自于民间的各类社会资本，按照有限责任公司的模式组建，其不同于普通商业银行机构的贷款管理模式和信用担保模式，不面向社会吸收储蓄存款和发放贷款，服务对象为特定的低收入转移人口群体，主要利用其民间优势，快速、灵活、高效地发放无抵押信用贷款，满足低收入转移人口的金融需求。

政策性微型金融机构是微型金融组织体系的关键支撑力量。在微型金融组织体系中，政策性金融机构主要包括政策性银行微型金融部门、政策性微型金融公司和其他政策性微型金融机构。政策性金融机构作为国家推进城市化战略的重要金融平台和实施主体，其开展金融活动的决策行为往往更多地体现国家意志和公共价值。同商业性微型金融机构类似，政策性微型金融机构也可以直接参与面向转移人口的微型金融服务，针对中国人口城市化发展的现实需要，结合国家城市化长期战略，设立专门的微型金融部门或成立专门的微型金融服务公司，为低收入转移人口提供全方位、多样化的金融产品和服务。

互助性微型金融机构同样可以分为互助性银行、互助性金融公司和其他互助性金融机构。互助性微型金融机构一般具有很强的自发性、自主性，具有社会联系广泛、灵活性强、群众基础好等优势，其主要按照合作互助原则，由转移人口自愿、自发合作，以个人财产联合为基础，为特定的转移人口群体提供存款、贷款结算和其他各类金融产品和服务。互助性金融机构一般规模不大,如社区银行、乡镇银行等,都是标准的微型金融机构,但其却能够为广大转移人口提供低成本的融资渠道,有效增加针对转移人口的金融供给,是构建面向转移人口的微型金融体系的重要一环,对增强和改善金融支持人口城市化的效果具有重要作用。

面向转移人口的微型金融组织体系的各个组成部分具有联系性和互动性。商业性金融机构、政策性金融机构和互助性金融机构并非孤立运行,在面向转移人口的微型金融组织体系中,大型商业性金融机构、政策性金融机构可以通过与中小型商业金融机构以及互助性金融机构合作,为其提供融资服务或批发贷款,支持其开展面向转移人口的微型金融业务。而广大中小型商业性微型金融机构和互助性金融机构也可以充分发挥其信息、市场、机制优势,为大型商业性金融机构或政策性金融机构提供转移人口的信用信息、金融需求市场情况,为其拓宽资金使用渠道,拓展金融服务领域,扩大经营范围提供有力支撑。

总的来看,面向转移人口的微型金融是一个包括商业性金融、政策性金融、互助性金融在内的集成系统,其集政策性、商业性、合作互助性、民间性为一体,既面向广大转移人口的金融需要,向无力提供抵押担保的弱势群体提供其所需要的金融产品和服务,又综合考虑各类金融机构的具体特点和实际情况,相对有效地将经济利益与社会服务统一起来,非常有助于发挥金融对转移人口的支持作用,提升转移人口的迁移和转换能力,促进人口城市化的持续健康发展。

第五章　产业城市化与金融支持

"人类为什么要城市化？最根本的原因是当人们温饱问题基本解决之后，生活水平的提高就不再表现为吃得更多或吃的更好，而是表现为对工业制造业产品和各种服务需求与消费的增长。而要发展工业和服务业，最终不能仅靠农村工业化，而是要实现城市化。"[①]产业是伴随着人的需求发展并最终为人服务的。城市化过程既是城市人口规模不断扩张的过程，也是产业结构的不断优化升级过程。世界各国的城市化发展实践证明，一个国家的人口城市化与产业城市化的过程是紧密联系，不可分割的，人口迁移转换的实现与其产业结构的演进有着相对稳定的内在联系。本章阐述了产业城市化的概念与内涵，从产业结构优化升级的角度剖析了金融支持产业城市化的内在机理，并在梳理和回顾中国产业城市化历程的基础上，分析了金融支持中国产业城市化的重点领域和典型方式，研究了推动中国产业城市化的金融支持路径。

---

① 樊纲、武良成：《城市化：一系列公共政策的集合》，中国经济出版社2009年版，第2页。

第一节 产业城市化的概念与内涵

一、产业城市化的含义

产业城市化是相对于人口城市化而言的,侧重于产业结构演变规律分析的城市化概念。从国际产业结构演变的一般规律来看,三次产业的产业结构演进经历了以第一产业为主体的阶段、以第二产业为主体的阶段和以第三产业为主体的阶段,总体呈现不断优化升级的转变趋势。可以说,产业结构的演变过程就是一个产业结构优化的过程。而从这个意义上讲,产业城市化就是指与人口城市化相协调的产业结构优化过程。

具体来看,对产业城市化含义的理解主要包括两个层次。第一是强调产业城市化的本质和目标,即产业城市化的根本着眼点和最终目的是要实现产业城市化与人口城市化的协调发展。第二是强调产业城市化的实现条件,即产业城市化需要通过产业结构的演进和优化来实现。从动态系统的角度来看,产业城市化的目标最终需要满足一定的实现条件并按照一定的路径来完成,而产业结构优化是产业城市化的必然选择,所以,对于产业城市化而言,其本质在于产业结构的优化升级。

从语义上讲,"结构"是一个具有丰富内涵的概念,具体指的是"各个组成部分的搭配和排列"①。"优化"一词主要强调对现有状

---

① 中国社会科学院语言研究所词典编辑室:《现代汉语词典》,商务印书馆 1979 年版,第 568 页。

况的改善和提高。经济学理论对于产业结构的理解一般有两种认识,一种是指资源在各产业部门之间的分配;另一种是指产业之间技术经济的数量比例关系,即产业间"投入"和"产出"的在数量上的比例关系[①]。总的来看,产业结构主要是指经济体系中产业之间的数量比例关系和技术经济联系。而产业结构的优化就是在一定条件下产业结构状况的改善和水平的提高,是产业结构逐步趋于合理、不断升级的动态发展过程。

产业结构优化体现了"量"与"质","静"与"动"的辩证统一。具体来看,产业结构优化通常包括产业结构合理化和产业结构高级化两个方面。产业城市化是这两个方面的有机结合,产业城市化发展不仅依赖于各产业规模的绝对扩张,而且还必须依赖于产业结构质的改善,实现产业结构的高级化。其中,产业结构合理化,体现了产业间在生产规模上的比例关系,反映了产业结构量上的客观要求。产业结构高级化,体现了资源要素在各产业之间的利用效率和产出效益,反映了产业结构质上的客观要求。从两者关系上看,产业结构合理化是产业结构高级化的基础条件,如果产业结构长期处于失衡状态,就不可能有产业结构高级化的发展。产业结构高级化则是产业结构从一种合理化状态上升到更高层次合理化状态的发展过程,是产业结构合理化的发展目标和必然结果。二者密切相关,相互影响,共同构成了产业结构优化的发展过程。经济社会发展中,三次产业产业结构的演进经历了"一、二、三"到"三、二、一"产业的动态转变,其中,第一产业本身则经历了从粗放型农业到集约型农业、再到都市生态农业的发展。第二产

---

① 李悦、李平:《产业经济学》,东北财经大学出版社 2002 年版,第 78 页。

业本身也经历了从轻纺工业为主到重化工业为主、再到先进制造业为主的发展。第三产业本身也经历了从传统服务业到现代服务业的转变,就是产业结构合理化和产业结构高级化统一演进动态过程的集中体现。

二、产业城市化与人口城市化的关系

产业城市化是与人口城市化相协调的产业结构演进和优化过程。尽管城市的发展历史可以追溯到前工业化时代,但现代意义上的城市化进程则是伴随着产业革命和产业结构演化升级而发生的现象。结合世界各国的发展实践,我们发现,产业城市化与人口城市化的关系既体现在内在特征上,也反映在外在表现上,即在内在特征上,产业城市化与人口城市化存在着相互作用上的关联性,结构演变的统一性和发展阶段上的互动性。在外在表现上,产业城市化与人口城市化的关系主要以四种组合形式存在。

(一)产业城市化与人口城市化存在相互作用的关联性

产业城市化与人口城市化之间存在着相互联系、相互影响、相互制约的关系,存在相互作用的高度关联性。一方面,产业城市化是人口城市化的基础和发展动力。城市化不是简单的人口集聚过程,而是资源、企业、资金、技术、人才等生产要素不断集聚、创造出越来越多的非农产业价值并不断实现非农产业价值提升的过程。具体到三次产业来看,第一产业发展给人口城市化提供生存和发展的物质基础和原始动力,第二产业是人口城市化的吸纳主体和核心动力,第三产业发展给人口城市化的持续推进以后续动力。三次产业发展水平决定着城市的人口规模和人口质量,影响着人口的迁移转换程度。农业剩余劳动力不断向城市转移、农民变市民,从而城市人口不断增加是城市化的基本特征。城市人口的增加需要吸收和转化的渠道,势必要求产业结构的演化升级,以创造更多的就业机会,产生更加多样化的职业,从而不断减少第一产业人口,增加第二、三产业人口。人口城市化离不开产业的支撑特别是现代产业体系的引领,没有产业城市化支撑,人口城市化过程将难以为继,就会是无源之水、无本之木。另一方面,人口城市化则是产业城市化的表现形式和内在需要。如果没有人口城市化做依托,产业城市化发展会大受限制。因为从总需求角度看,消费需求会决定产品需求进而影响产业结构。在市场经济条件下,产业结构基本上取决于需求结构,需求结构变化会导致相应产业部门的扩张或缩小,也会引起新产业部门的产生和旧产业部门的衰落。在人口城市化过程中,人口迁移和转换带来了大量对基本生活、社会交往、生存安全和休闲消费等方面的需要,各种从业者之间的相互依赖与需求形成的规模经济和范围经济,为产业城市化发展提供了广阔的需求空间,促进了由产业聚集形成的规模经济,影响着产业城市化发展的水平和方向。

(二)产业城市化与人口城市化存在结构演变的统一性

在现代经济发展中,产业结构呈现出第一、二、三产业依次占据主导地位的规律性变化。而在产业结构转换的过程中,人口就业结构也会随之发生相应的改变,劳动力逐步由第一产业向第二、三产业转移,由轻工业向重化工业进而向服务业扩展。总体上产业城市化与人口城市化存在结构演变的统一性。在理论上,配第一克拉克定律从结构变动与国民收入之间的内在联系的角度研究了三次产业间劳动力的变动规律,即制造业比农业进而服务业比制造业能够得到更多收入,而这种不同产业之间相对收入的差异将促使劳动力向能够获得更高收入的产业部门移动。经济发展实践也证明产业城市化与人口城市化在结构演进上的统一性。

从具体的产业角度看,历史上,由于轻工业具有以农产品为原材料、投资少、见效快和劳动密集的特征,大部分国家的产业发展进程都起步于轻纺工业。轻纺工业的快速发展使得城市劳动力供不应求,吸引了大量原本从事农业生产的农村人口向城市转移,形成了第一次城市化浪潮。随后,轻纺工业的大规模发展要求重化工业为其提供更加先进的机械设备,重化工业则成为了吸纳转移人口的主要行业。伴随着规模化、专业化和集约化的重化工业增长,生产性服务获得了广泛的发展空间。与此同时,生产效率提升带来的生活水平的提高也导致生活性服务成为最具增长潜力的产业,第三产业逐步崛起,成为了转移人口最为密集的产业,也再次掀起农村剩余劳动力转移和城市化发展的新高潮。而当一个国家进入后工业社会阶段时,服务业将在产业结构中占据主导地位,大多数人口将不再从事农业或制造业,而是从事服务业,如贸易、金融、运输、保健、娱乐、研究、教育和管理等。[①]

(三)产业城市化和人口城市化存在发展阶段上的互动性

产业城市化与人口城市化在不同的发展阶段上存在着互动性,相互作用,互为影响。发达国家的经验表明,在产业城市化和人口城市化的发展初期,产业城市化影响和推动人口城市化是经济社会发展的重要特征,而在产业城市化和人口城市化的中期阶

---

① 丹尼尔·贝尔著,丁学良译:《后工业社会的来临》,商务印书馆1986年版,第20页。

段,产业城市化和人口城市化的互动发展则成为经济社会发展的主要特色,当产业城市化和人口城市化进入成熟阶段以后,产业城市化的作用开始逐渐淡化,人口城市化日益成为经济社会发展的重心。在这一阶段,人口城市化能够降低产业城市化成本,促进技术创新和扩散,提高产业城市化效率;同时,人口城市化还能够促进传统产业向现代产业转变,推动以都市农业、现代制造业和生产型服务业为主体的现代产业体系发展,扩大国内市场需求,从多方面促进产业城市化的全面发展。

总的来看,产业城市化与人口工业化之间存在着相互作用上的关联性,结构演变的统一性和发展阶段上的互动性,二者之间具有紧密的内在联系。同时,在总结发达国家和发展中国家人口城市化和产业城市化发展状况的基础之上,我们还可以将产业城市化与人口城市化之间关系的外在表现形式归纳为以下四类组合(图 5-1)。

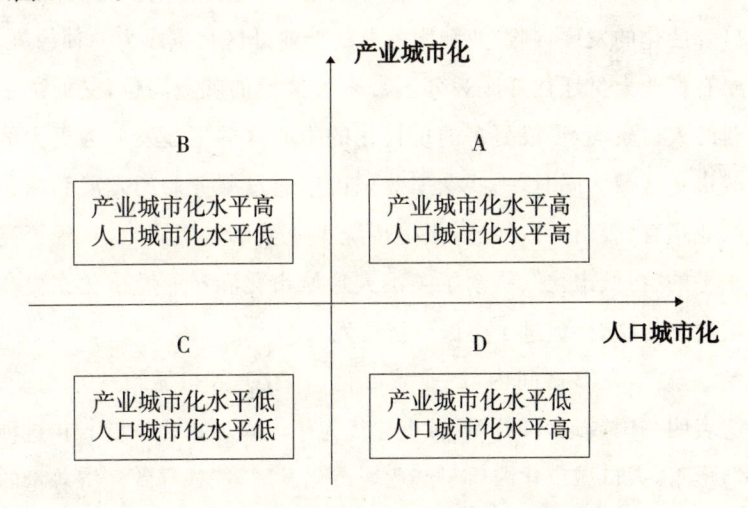

图 5-1 产业城市化与人口城市化的关系图

第一，在 A 区间内，产业城市化水平高，人口城市化水平高。这表明一国或地区的产业城市化和人口城市化同步发展。产业城市化与人口城市化二者协调发展是一种比较理想的情形，在这种情况下，产业城市化和人口城市化形成了良性互动机制，产业城市化和人口城市化之间能够相互促进，共同进步，推动国家和地区经济社会的持续健康发展。在实践中，欧美大多数发达国家都属于此种情形。以美国为例，19 世纪初期美国开始了工业化进程，一些工业城市也初具雏形，伴随着 19 世纪中期美国工业化进程加速，其全国工业发达地区人口也相对密集，通常是城市化发展最快的地区。到了 20 世纪中期，美国开始进行大规模开发建设，国防工业和高科技产业大量云集于西部地区，大量人口也随之迁移，使原本相对落后的西部地区出现了一批新兴城市，城市化进程加速发展。20 世纪 70 年代后，伴随着中心城市和核心城区交通、住房、物价等压力的增大，美国城市人口郊区化特征明显，而伴随人口郊区化的发展，制造业和服务业的产业郊区化也成为一种趋势，原有产业大量迁往郊区为郊区带来了大量的就业岗位，又促进了新的人口聚集，形成更多的现代化的中心区并逐渐发展为更大的城市化区域。同时，一些老工业城市也通过服务业的发展和新兴产业培育，吸引人口回迁，使得传统工业城市重焕活力，实现了高水平的"再城市化"，推动了美国人口城市化和产业城市化在更高层次上的结合，促进了美国经济的发展。

第二，在 B 区间内，产业城市化水平高，人口城市化水平低。这表明一国或地区的产业城市化优先于人口城市化发展。在这种情形下，人口城市化滞后于产业城市化发展，往往导致经济总量的供需失衡和经济结构的失衡，人口往往难以分享产业发展的成果，其物质文化需求很难得到充分满足,产业发展也缺乏相应的市场需求和人力资本供给。这种现象在中国发展过程中表现尤为明显。建国之初,中国重工业优先发展战略在复杂的国际环境中奠定了国家发展的基础,改革开放后,以经济总量为目标、以工业化为重点的经济转型也取得了巨大成就,有力地推动国民经济的增长,但同时,工业化超前发展,城市化相对滞后也带来了诸如内需不足、产业结构不合理等一系列问题,成为影响经济社会可持续发展的重要因素之一。

第三,在 C 区间内,产业城市化水平低,人口城市化水平低。这表明一国或地区的产业城市化与人口城市化同步滞后。产业城市化与人口城市化同步滞后是一种极端情形,往往受自然地理条件、政治稳定等因素影响较大。在这种情况下,产业城市化与人口城市化进程往往都发展缓慢并相互抑制,经济发展水平和人民生活质量都长期在低水平徘徊,缺乏持续发展的活力和动力,导致经济体陷入贫困的累积因果循环中。撒哈拉以南地区的许多国家是这种类型的主要代表。

第四,在 D 区间内,产业城市化水平低,人口城市化水平高。这表明产业城市化落后于人口城市化发展。人口城市化超前于产业城市化也可理解为一种过度城市化现象,在这种情况下,产业结构的调整无法为快速扩张的城市人口提供足够的生产和生活支撑,农村人口大规模迁入城市,远超过了城市的承载能力,导致大部分转移人口生活在"贫民窟"之中,城市就业机会缺乏、基础设施供应不足、社会生态环境恶化等问题普遍存在。这种现象在拉美一些国家表现得尤为突出。19 世纪末,拉美地区主要国家的现代化开始启动,到 20 世纪 50 年代,拉美地区大多数国家都进入"经济起飞"阶段,城市化进程开始加快。2000年拉美城市化水平达到75.3%,仅次于北美,超过了欧洲与大洋洲,是亚洲的两倍。与此同时,工业化水平只是在30%左右。[①] 随着拉美地区大量农村劳动力向城市转移,由于转移人口的受教育程度不高、城市就业岗位和公共服务供给不足,进入城市的"新市民"往往长期处于失业和半失业状态或主要以自我就业谋生为主,成为了城市贫民,逐渐形成大规模的"贫民窟"。过度拥挤、不安全的居住状态,以及缺乏干净的水、电、卫生设施和其他基本生活服务是大多数"贫民窟"所共有的特征。"贫民窟"的居民实际上是城市中的"边缘人",他们缺乏最基本的生活保障,更享受不到作为公民所应享有的经济社会发展成果。居住条件和生活环境上的巨大差异也使得"贫民窟"与非"贫民窟"居民成为了生活在同一片天空下的两个孤立的群体,社会各阶层缺乏也难以沟通与交流,造成国民间情感的淡漠和隔阂,极大地削弱了国家和民族的凝聚力与竞争力。

总的来看,产业城市化和人口城市化之间是相互依存、相互影响的。在二者关系外在表现的四类组合中,C区间是一种极端情况,这种情况下产业城市化和人口城市化同步滞后,国家和地区经济社会发展水平处于最低水平。B区间和D区间的是两种结构失衡的情况,产业城市化和人口城市化存在着互相制约关系,限制了国家和地区经济社会整体发展。A区间则是产业城市化与人口城市化的最优组合,二者共同发展,互为支持,促进经济社会的和谐均衡。所以,理想的产业城市化进程应该是产业城市化与人口城市化的高度统一、协调发展的过程。

---

① 樊纲、张晓晶:《"福利赶超"与"增长陷阱":拉美的教训》,《管理世界》2008年第9期。

第二节 金融支持产业城市化的内在机理

关于金融对产业发展的作用和影响,经济理论界已经形成了一些研究。希克斯(Hicks)认为,18世纪的许多技术发明并没有全部必然地点燃英国工业革命之火,相反,具有高度流动性的金融市场却使长期的和巨大的投资成为可能①。依据他的观点,英国工业革命中所使用的技术在工业革命之前就已经存在,真正引发工业革命的是金融系统的创新而不是通常所说的技术创新,金融部门广泛动员社会资金,促进资本流动,对当时规模浩大的经济社会建设发挥了重要的作用。现代经济学家更多的从产业结构角度考察金融发展对产业发展的影响和作用。拉詹(Rajan)和津加莱斯(Zingales)从一个国家内不同行业对外源融资的依赖程度,考察了一国金融发展水平及产业增长水平指标之间的相互关系,他们发现,一个国家金融体系发育程度的不同,会影响具有不同技术创新特质产业的增长,进而影响一国的经济增长②。其他一些学者也通过研究发现,金融市场的发展提高了资本在产业间的配置效率,金融市场发展良好的国家投资于成长性产业的资金较多,而投资于衰退产业的资金较少③。同时,金融市场发展水平越高的国家,各产业之间有着越高的相互关联的增长率,从而产业发展的越快④。

---

① 约翰·希克斯著、厉以平译:《经济史理论》,商务印书馆1987年版,第131页。
② G. Raghuram, Rajan, Luigi Zingales, "Financial dependence and growth," *American Economic Review*, 1998, 88, 3:559-586.
③ Jeffrey Wurgler, "Financial markets and the allocation of capital", *Journal of Financial Economics*, 2000, 58(1-2):187-214.
④ R. Fishman, I. Love, "Trade Credit, Financial Intermediary Development and Industry Growth," *Journal of Finance*, 2003, 58, 1:353-374.

就金融支持城市化问题而言,我们需要重点从产业结构优化升级的角度去分析和思考。如前所述,产业城市化的关键在于产业结构的优化升级。而产业结构优化升级实质是经济资源在各个产业部门重新组合和优化配置的过程,即通过生产要素在不同产业和不同部门间转移,实现不同产业和不同部门间边际成本和边际产出的调整。在经济货币化时代,经济资源的组合与配置往往表现为资本在各个产业部门间的组合与配置,而资本的组合与配置又有赖于金融体系自身金融功能的发挥。所以,金融支持产业城市化内在机理主要在于金融体系通过资本供给和资本配置机制,发挥金融功能,促进产业结构合理化和高级化,进而推动产业结构优化升级。

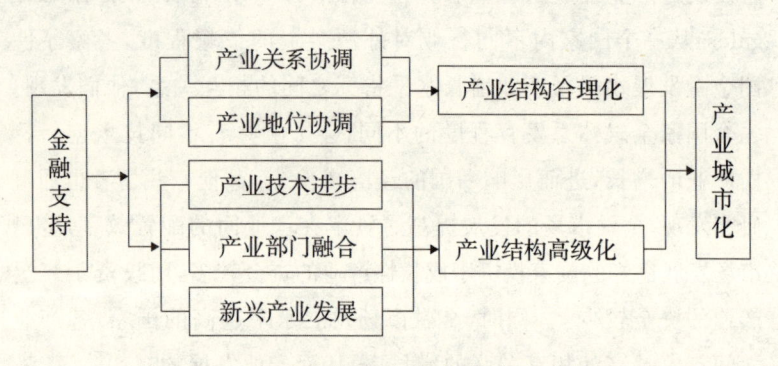

图 5-2 金融支持产业城市化的内在机理图

一、金融支持产业结构合理化

产业结构合理化主要指产业与产业之间协调能力的加强和技术经济关联的客观比例的改善。产业结构合理化的核心在于产业结构"量"的比例的协调与优化。基于经济社会发展实际需要,不同产业部门在规模、速度、结构、效益上的协调发展是产业结构合理化的根本所在。产业结构合理化主要有以下两个方面:(1)产业关系相协调,各产业部门能够互相服务,互相促进,协调发展;(2)产业结构相协调,各产业部门比例相对合理,产业之间相对地位明确。

关于产业结构合理化的具体数量标准,目前研究者比较认同国外学者根据对多个国家长时期的产业结构演变总结出来的国际"标准结构",比较著名的参照标准结构主要包括库茨涅茨和钱纳里等人的"标准结构"。但就某一具体的国家或地区而言,由于个体差异性,产业结构合理化的标准也有所区别。总的来看,真正意义上的产业结构合理化其实是一种理想化状态,产业结构合理与不合理,均衡与非均衡,是对立统一的两个方面。

产业结构合理化主要包括产业关系相协调和产业结构相协调两个方面,就金融支持产业结构合理化而言,其重点也主要体现在金融体系发挥金融功能,通过支持产业关系协调和产业结构协调,促进产业结构合理化。

(一)金融支持产业关系协调

产业结构合理化要求产业关系相协调,各产业部门能够互相服务,互相促进。这就需要各产业部门都有所发展,不存在产业发展的"短板",也不能以削弱某产业为前提发展另一产业,这样才能具有互相服务和互相促进的能力。在市场经济条件下,资本是一种核心战略性要素,金融发展水平越高,金融体系越健全,金融功能越完善,相对来说资本要素价格也越便宜,资本要素也越容易获得,各产业部门发展就能够在整体上获得充裕的资金支持,且能够依据产业自身不同的发展特点,相对平等地获得符合部门发展需要的资本投入,产业总体发展规模和速度也会保持一个相对均衡的水平,产业结构会趋于合理化。

(二)金融支持产业结构协调

产业结构合理化要求各产业部门比例相对合理,产业之间相对地位明确。这自然会要求产业结构内部各产业部门之间适时动态重组,不断适应经济社会发展需要,形成主次分明,轻重有序的产业排列组合。金融体系具有资本配置功能,在要素市场化配置的条件下,资本会在利润导向作用下,流向回报率较高的产业部门,这将会刺激一些处于产业链高端、投资收益高、见效快的产业部门较快发展,在产业体系中获得较高的产业地位;而那些不具有竞争力,缺乏成长性的产业往往会缺少金融支持而受到抑制或退出。这种由资本流向改变所引发的产业优胜劣汰机制自然会促使产业结构更加协调并得以优化。同时,在经济发展实践中,产业往往会从高梯度地区向低梯度地区转移,而金融部门则也会伴随着产业转移不断在新的区域提供金融服务,满足转移产业发展的金融需求,表现出强烈的"客户追随"倾向,支持着产业转移的实现和产业空间布局的重构,也会促进产业结构在空间上的优化与协调。

二、金融支持产业结构高级化

产业高级化[①]是使产业结构整体素质从低水平状态向高水平状态不断演进的过程,也是产业结构从一种合理化状态上升到更

---

① 产业高级化有时也被称为产业高度化、产业现代化,尽管称呼有所不同,但其内涵都是相同的,都是强调产业发展素质的提高。

高层次合理化状态的发展过程。产业结构高级化在于产业结构"质"的提升与优化。基于经济社会发展实际需要,技术水平相对较低的产业部门不断被技术水平相对较高的产业部门取代,不同产业部门通过技术创新,实现高产业价值发展是产业结构高级化的根本所在。产业结构高级化主要包括以下两个方面。(1)产业结构演进中各产业所依靠生产要素由低级向高级转变,由劳动密集型产业占优势比重向资本密集型、知识密集型产业占优势比重的方向演进;(2)产业结构由低附加值产业占优势比重向高附加值产业占优势比重的方向演进。

产业结构合理化的标准主要考察产业结构的量变过程,而产业结构高级化标准所考察的是产业结构的质变过程。产业城市化的持续健康发展必须以产业结构持续高级化为依托,一个国家和地区的产业城市化能否获得持续发展的动力,主要是看它能否在市场竞争中保持产业优势地位,占据产业链的高端。产业结构高级化主要取决于产业整体发展素质。就金融支持产业结构高级化而言,金融产业自身的发展就是产业结构高级化的重要表现,同时金融还通过资本供给和资本配置作用规定了产业结构变动的方向和效率,支持技术进步、产业融合和新兴产业发展,增强产业发展素质,提升产业附加值水平,促进产业结构高级化。

(一)金融产业自身的发展是产业结构高级化的重要表现

随着经济发展水平的提高,人类社会由农业社会逐步向工业社会、信息化社会转变,产业也随之由农业向工业和服务业转移,这是产业结构演变的必然趋势。同时,产业价值链也呈"U"型结构分布,由研发、生产、服务构成的价值链,生产处于最低端,而研发和服务处于价值链的两端,是产品实现价值增值的关键环节。金融发展是社会化大分工的必然结果,早期的银行家大多来自于商人阶层,而其"从贸易转换到金融的强有力因素是对更小风险、更少麻烦、更高地位的追求。"[①]伴随着经济的不断发展,金融产业逐渐发展壮大,在国民经济发展中的"更高地位"也日益突出,发挥着不可替代的作用,成为最具代表性的现代生产性服务业之一。目前,金融产业是知识、技术、资本、人才高度集中的先进产业,也是具有高附加值的优质产业,是现代产业结构中重要的组成部分,无论从产业结构演进的角度还是产业价值链的角度来看,金融产业本身的发展都将有助于产业结构高级化的实现。

(二)金融发展通过增强产业素质促进产业结构高级化

金融产业本身的发展是产业结构高级化的重要表现,同时,金融部门还会通过支持产业技术进步、产业融合和促进新兴产业发展,推动产业结构整体素质从低水平状态向高水平状态不断演进,促进产业结构高级化。

1. 金融支持产业技术进步,促进产业结构高级化

产业结构优化升级意味着新技术产业化,也意味着通过新技术改造促进原有产业发展。而产业的技术创新能力和知识转化能力更决定了产业所提供的产品和服务的价值水平。经济实践中,技术进步较快的产业,往往生产费用下降和产品更新较快,其生产率增加也较快,其生产的具备高科技和知识含量的产品和服务具有更高的附加值,一般会占据价值链的高端并获取丰厚的市场收

---

① P.金德尔伯格著,徐子健、何建雄、朱忠译:《西欧金融史》,中国金融出版社1991年版,第53页。

益,会在市场竞争中占有越来越大的优势,并会刺激其他产业学习、模仿和创新,具有显著的竞争优势和示范作用。技术创新与知识转化都离不开金融支持,技术的研发、应用、推广等各个关键环节都需要金融发挥支持作用。良好的金融体系通过甄别和投资那些具有创新产品和创新工艺的项目,在源头上为创新提供资金支持。而且金融的支持会使科技成果迅速传播和普及并成功转化为生产力,从而促进更大范围的科技创新。同时,金融市场的建立和良好运转也为实现企业创新提供了基础和条件。"只有先成为债务人,才能成为企业家"①。为了利用新技术以求自身的发展,企业家需要获得金融支持,需要一定数量的贷款来支持他们的创新行为。而各类金融机构则会发挥杠杆和桥梁的作用,通过向企业家提供信用贷款,将金融资源转移至企业家供其运用,为企业家进行创新而提供支持。一般来讲,在金融体系完善,金融功能健全的区域,创新和较高复杂性的活动容易得到刺激和鼓励,产业体系中的高端服务业、高科技制造业,产业环节中的研发设计和品牌营销环节容易得以发展。相反,在金融发展水平较低的区域,简单的、一般性经济活动较为频繁,产业体系中的低技术产业,产业环节中的组装加工环节往往构成产业体系的主体。

2. 金融支持产业融合,促进产业结构高级化

产业融合是当今世界产业发展的主要趋势,是产业结构高级化的主要特征。产业融合是在高度产业分工基础上发展起来的,以产业部门日益细化、产业关联复杂化、部门间交易规模庞大且交

---

① 熊彼特著,何畏、易家详、张军扩等译:《经济发展理论》,商务印书馆1990年版,第114页。

易频繁为前提条件的产业发展形式。产业融合对不同产业固定化边界进行一定程度调整,各产业之间的界线越来越模糊,创造的附加值远远高于单个产业自身发展所创造的价值。

就服务业而言,现代服务业的发展已经呈现出与传统服务业不同的特点。技术进步在很大程度上改变了服务业的生产消费同时性、无形性、易消逝性等产业特征,服务业也具有了传统制造业的规模经济效应和定制生产方式,逐渐表现出"制造化"的新趋势。而生产性服务业则就是这一趋势的突出代表。对于第二产业而言,也存在制造业服务化趋势,在产品附加值构成中,纯粹制造环节所占比重越来越低,而服务业特别是生产性服务业中的研发、营销、物流等专业化生产服务所占比重越来越高,并渗透到工业生产的各个领域和环节,成为提高制造业效益的重要因素。产业融合的前提条件是产业之间存在着技术经济联系,具有较高的产业关联度和扩散效应。而金融体系对于形成和加强这种技术经济联系具有非常重要的作用,金融部门会发挥资本配置功能,通过资本融合来实现产业融合。经济发展实践中,大多数产业融合实质上是传统产业运营向现代资本运营转变的必然产物。金融作为现代经济中广泛存在的一种经济活动,已经不再简单地拘泥于直接参与特定产业经济运动,而是在不同的产业之间流动与渗透,通过资本运作或金融市场,首先形成的资本融合,进而实现产业之间的重组与协作,最终表现为以资本融合为纽带的产业融合。

3. 金融推动新兴产业的发展,促进产业结构高级化

罗斯托(Rostow)将各国经济发展划分为传统社会阶段、为起飞创造前提条件阶段、起飞阶段、向成熟推进阶段、大规模高消费阶段和追求生活质量阶段,不同发展阶段中存在不同的主导产业。

而国家经济结构的演化表现为主导部门的依次更替:随着收入水平、消费模式的提高,原有主导部门逐渐丧失主导地位,另一些部门则逐渐成长起来,最后成为替代原有主导部门的新的主导部门①。新兴产业具有广阔的市场发展前景,具有成为新的产业主导部门的潜力。但新兴产业发展往往缺乏资金的积累,面临发展壮大的金融约束。金融业可以充分利用自身的信息优势及监督优势,通过信用扩张,使金融资本(尤其是风险资本)投向不再限于已经存在明显经济效益的产业或项目,而以资金的增值返还为出发点,选择具有一定超前性以及有广泛扩散效应的产业项目,使资本投向那些预期收益好、发展潜力大的新兴行业,聚集人力资本和技术创新,孵化和孕育新兴产业,通过促进新兴产业的发展,构建有市场前景、有充分竞争力的现代产业体系,促进产业高级化发展。

一般情况下,金融发展水平高,能够获得良好金融支持的国家和地区,新兴产业部门也更容易生存和发展。以美国为例,以纽约为中心的资本市场推动了美国第一次产业转型,以纳斯达克为代表的资本市场促进了美国第二次产业转型,孕育了美国"新经济"的辉煌和现代产业体系的构建。同样的,伦敦是世界的经济、金融、贸易中心,也是引导世界创意潮流和创新文化传播的中心,以音乐、电影、娱乐软件、广告和时尚设计等为代表的文化创意产业是伦敦的主要的经济支柱之一,产出和就业量仅次于金融服务业,是伦敦增长最快的产业之一。在支持文化创意产业发展方面,伦敦成立了文化创意产业发展推介中心,吸引了包括伦敦商业网络、

---

① Walt Whitman Rostow, *The Stages of Economic Growth*: *A Non-communist Manifesto*, Cambridge: Cambridge University Press, 1960, pp. 75 – 89.

欧盟欧洲社会基金、地方网络基金等多方金融支持,为伦敦创意产业中有才华的企业家或商人提供原始资本投入和商业支持以激发他们的创意潜力,并设置专门的融资管理员,为文化创意产业提供融资与筹款指导,使英国文化创意产业发展引领了世界先河。类似的,韩国政府为促进本国文化创意产业的发展,则设立了"文化产业基金",采取了提供新创文化创意企业贷款等措施,鼓励文化创意的研发生产,也成为了世界文化创意产业的后起之秀。

第三节 中国产业城市化进程及主要问题

中国的产业城市化进程是产业结构优化升级的过程。从中国产业结构演变与升级的角度来看,中国的产业城市化进程既符合世界各国发展的一般规律,又具有鲜明的中国特色。对中国产业城市化进程梳理与分析,认识和了解中国产业城市化发展的阶段,明晰中国产业城市化发展的现实问题,对于分析中国产业城市化发展的金融支持路径,促进中国产业城市化持续健康发展具有重要的意义。

一、中国产业城市化进程

新中国成立时,中国是一个落后的农业大国。为了尽快建立独立的国民经济体系,振兴民族经济,中国建立了高度集权的计划经济体制,确立了重工业优先发展的产业发展方向。建国以来,在中央政府的强力推动下,中国的工业化水平得到大幅度提高。但总体而言,与人口城市化发展进程类似,中国产业城市化发展也具有明显的时代特征,改革开放前的产业城市化历程,主要是在高度集中的计划经济体制下,在封闭的内向型发展路径中,立足于国内要素资源的积累而发展的,体现出了浓厚的政策和人为色彩。改革开放以来,伴随着体制机制创新步伐的加快,产业发展的活力得到极大释放,中国产业结构不断优化,产业城市化水平得到了显著提升。一般来看,改革开放以后中国产业城市化进程可大致分为三个主要发展阶段:产业城市化的加速发展阶段(1978～1991年)、产业城市化的深化发展阶段(1992～2001年)和产业城市化的提升发展阶段(2002年至今)(表5-1)。

表5-1 1978～2008年中国三次产业增加值比重表

单位:%

年	一产增加值比重	二产增加值比重	三产增加值比重	年	一产增加值比重	二产增加值比重	三产增加值比重
1978	28.2	47.9	23.9	1994	19.9	46.6	33.6
1979	31.3	47.1	21.6	1995	20.0	47.2	32.9
1980	30.2	48.2	21.6	1996	19.7	47.5	32.8
1981	31.9	46.1	22.0	1997	18.3	47.5	34.2
1982	33.4	44.8	21.8	1998	17.6	46.2	36.2
1983	33.2	44.4	22.4	1999	16.6	45.8	37.7
1984	32.1	43.1	24.8	2000	15.1	45.9	39.0
1985	28.4	42.9	28.7	2001	14.5	45.1	40.5
1986	27.1	43.7	29.1	2002	13.7	44.8	41.5
1987	26.8	43.6	29.6	2003	12.8	46.0	41.2
1988	25.7	43.8	30.5	2004	13.4	46.2	40.4
1989	25.1	42.8	32.1	2005	12.2	47.7	40.1
1990	27.1	41.3	31.6	2006	11.3	48.7	40.0
1991	24.5	41.8	33.7	2007	11.1	48.5	40.4
1992	21.8	43.4	34.8	2008	11.3	48.6	40.1
1993	19.7	46.6	33.7				

资料来源:国家统计局:《中国统计年鉴2009》,中国统计出版社2009年版。

(一)产业城市化加速发展阶段(1978~1991年)

经过始于20世纪70年代末期的农村改革和始于80年代上半叶的城市改革,中国城乡居民受到长期限制的生活必需品需求急剧扩张,在这种需求的带动下,以农产品加工和轻工产品生产为主的乡镇企业及其他形式的非公有制企业迅速成长,逐渐成为了经济增长的主要推动力量。与此同时,计划经济体制下长期以来所形成的住房、交通、通讯及其他服务业的严重不足问题也被提上了议事日程,第三产业得到补足性发展。这一时期,中国的产业结构发生了重大改变,第一产业增加值的比重先增后降,总体下降了3.7个百分点;第二产业增加值比重基本上处于下降趋势,共下降了6.1个百分点;第三产业增加值比重迅速上升,共上升了9.8个百分点,产业城市化的步伐开始加快,产业结构逐渐呈现优化态势。

(二)产业城市化深化发展阶段(1992~2001年)

1992年党的十四大确立了市场经济体制改革的目标,标志着中国由此进入全面建立社会主义市场经济体制的新时期。这一阶段,市场经济体制逐步替代计划经济体制成为推动产业城市化的主导力量,而中国稳步地推进对外开放,也为产业城市化发展提供了有利的外部条件。整个20世纪90年代,随着外商投资的资金、技术和市场的转移,中国已经成为全球规模最大的加工制造能力和制造平台、全球重要的加工制造基地,同时,国有企业改革也进入以产权制度改革为中心的时期,在对外扩大开放、对内深化改革的双重作用下,中国第二产业的增加幅度开始提升,第三产业发展也十分迅速,产业结构不断优化升级,产业城市化水平有了显著提升。

(三)产业城市化的提升发展阶段(2002年至今)

2002年以后,三次产业增加值比重仍然遵循着第一产业持续降低、第二产业稳中有升、第三产业迅速发展的趋势。到2008年,第一产业增加值比重为11.3%,第二产业增加值比重为48.6%,第三产业增加值比重达40.1%。这一阶段,中国产业城市化的发展路径、动力来源和背景条件都发生了根本性改变,中国积极深化经济体制改革,市场经济体制已经替代计划经济体制成为配置要素资源的主导力量,更加开放的发展战略使得中国的产业城市化进程得以融入经济全球化浪潮,产业结构的调整和升级不断加快,产业结构替代演化的特征更加明显。

从中国产业城市化发展历程来看,中国产业城市化进程呈不断加快趋势。特别是在改革开放的30年内,中国第二产业所占比重基本持平,第一产业所占比重明显下降,第三产业所占比重大幅上升,第一、三产业呈"剪刀形"发展态势,产业结构总体从第一产业为主向以第二、三产业为主转变的特点非常突出(图5-3)。

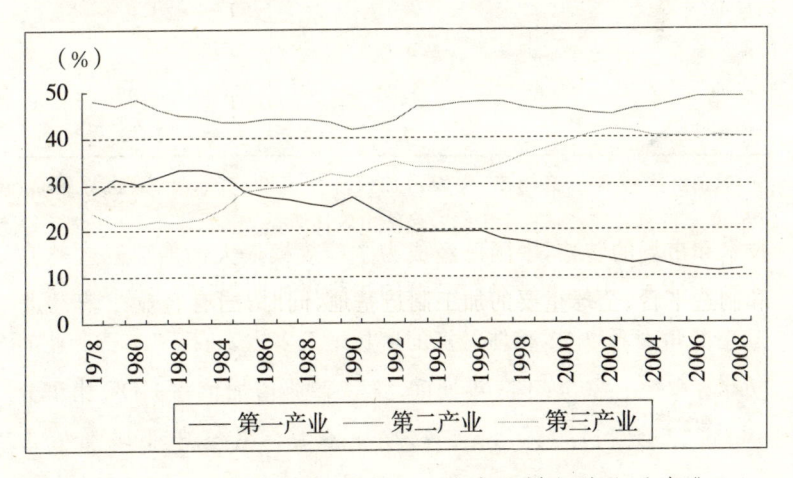

图5-3 1978～2008年中国三次产业增加值比重变化

从横向比较的视角来考察,我国产业结构演化的特征也十分显著,二、三产业的发展速度也非常迅速。以服务业为例,根据世界银行的测算,2000~2007 年,我国服务业年均增长率达 10.6%,比世界平均水平高 7.6 个百分点,相较于同是发展中大国的印度、巴西,也有明显的优势。

表 5-2　世界部分国家和地区服务业增加值年均增长率

单位:%

国家/地区	服务业年均增长百分比	
	1990~2000	2000~2007
全世界	3.1(w)	3.0(w)
低收入国家	3.6	5.8
中等收入国家	4.3	6.2
高收入国家	2.9	2.5
美国	3.4	2.9
法国	2.2	2.0
日本	2.0	1.6
印度	1.3	4.0
巴西	3.8	3.4
中国(a)	10.2	10.6

注:1、a 由生产者价格构成,w 表示加权平均值;2、资料来源:世界银行:《2009 年世界发展指标》,中国财政经济出版社 2009 年版。

近年来,中国产业结构转型的趋势更加明显。目前,从经济贡献率的角度看,中国整体经济的增长绝大多数来自于二、三产业的贡献。2006~2008 年三年期间,第一产业增加值占 GDP 比重分别为 11.3%、11.1%、11.3%,变化不大。第二产业增加值占 GDP 比重分别为 48.7%、48.5%、48.6%,在三次产业中仍占据最大份额。与此同时,中国第二产业结构升级速度不断加快,产业自主创新能力不断增强,已经形成了一批拥有自主知识产权和知名品牌、国际竞争力较强的优势企业,包括电子与信息,航空航天及交通,光机电一体化,生物技术,新型材料,新能源与高效节能,环境与资源利用,地球、空间及海洋工程,医药与医学工程等在内的高新技术行业的实力也有了明显提升。第三产业增加值占 GDP 比重分别为 40.0%、40.4%、40.1%,也得到了大力发展。其中,金融保险业、信息服务业等生产性服务业发展迅速,文化创意、电子商务等新兴产业和新型业态也有了长足进步。北京、上海、广州等大城市初步形成了以服务经济为主的产业结构。

同时,从人口城市化与产业城市化的关系来看,三次产业就业结构也发生了明显的变化。随着我国经济体制改革的深化,产业结构和就业格局的不断调整,第一产业就业人员占总就业人员的比重由 1978 年的 70.5% 下降到 2008 年的 39.6%,下降了 30.9 个百分点,第二产业就业人员占总就业人员的比重由 1978 年的 17.3% 上升至 2008 年的 27.2%,上升了 9.9 个百分点。第三产业就业人员占总就业人员的比重由 1978 年的 12.2% 上升至 2008 年的 33.2%,上升了 21 个百分点(表 5-3)。

从发展趋势上看,中国第一产业就业人员占总就业人员比重不断减少,第二、三产业就业人员占总就业人员比重则呈现出不断上升的势头(图 5-4)。其中,第三产业就业人员占总就业人员比重更是稳步上升。改革开放之初,第三产业就业人员占总就业人员比重远低于第一产业和第二产业,而在第三产业迅速发展壮大的带动下,第三产业就业人员占总就业人员比重逐年提高,在20世纪90年代中期后就已经超过了第二产业,到2008年第三产业就业人员比重占三次产业所提供总就业岗位比重的近1/3,无论从产业就业增长速度还是规模上看,第三产业都已经成为中国三次产业中吸纳就业的主导力量,体现出了良好的发展潜力和发展前景。

表5-3 1978~2008年中国三次产业就业比重变化表

单位:%

年	一产就业比重	二产就业比重	三产就业比重	年	一产就业比重	二产就业比重	三产就业比重
1978	70.5	17.3	12.2	1994	54.3	22.7	23.0
1979	69.8	17.6	12.6	1995	52.2	23.0	24.8
1980	68.7	18.2	13.1	1996	50.5	23.5	26.0
1981	68.1	18.3	13.6	1997	49.9	23.7	26.4
1982	68.1	18.4	13.5	1998	49.8	23.5	26.7
1983	67.1	18.7	14.2	1999	50.1	23.0	26.9
1984	64.0	19.9	16.1	2000	50.0	22.5	27.5
1985	62.4	20.8	16.8	2001	50.0	22.3	27.7
1986	60.9	21.9	17.2	2002	50.0	21.4	28.6
1987	60.0	22.2	17.8	2003	49.1	21.6	29.3
1988	59.3	22.4	18.3	2004	46.9	22.5	30.6
1989	60.1	21.6	18.3	2005	44.8	23.8	31.4
1990	60.1	21.4	18.5	2006	42.6	25.2	32.2
1991	59.7	21.4	18.9	2007	40.8	26.8	32.4
1992	58.5	21.7	19.8	2008	39.6	27.2	33.2
1993	56.4	22.4	21.2				

资料来源:国家统计局:《中国统计年鉴2009》,中国统计出版社2009年版。

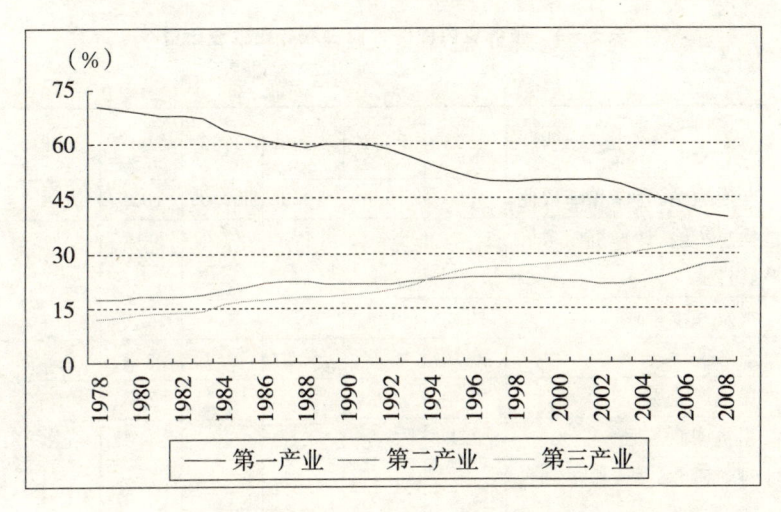

图 5-4　1978~2008 年中国三次产业就业比重变化

特别值得注意的是,近些年来,中国第三产业在产业就业人员比重不断增加的同时,产业内部的就业结构也在不断优化。其中,信息传输、计算机服务和软件业、金融业、房地产业、租赁和商务服务业、科学研究、技术服务等生产性服务业吸纳就业的能力显著增强,占服务业就业比重越来越高。而与之相反,交通运输、仓储和邮政业,批发和零售业等传统服务行业的就业比重则有所下降。

总的来看,中国产业城市化已经进入了一个新的发展时期。在这一时期,中国的产业结构基本上实现了由工农业为主向一、二、三次产业协同发展的根本性转变,现代产业体系已经初步构建,各产业的素质都有了很大提升,产业结构的合理化与高级化水平显著提高,三次产业结构在不断的优化升级中更加趋于完善,产业发展与人口发展的内在协调性也在不断强化,取得了很大成绩

表 5-4 服务业内部各行业占服务业就业比重

单位:%

行业 \ 年	2003	2004	2005	2006	2007	2008
交通运输、仓储和邮政业	10.8	10.6	10.2	10.0	10.0	9.8
信息传输、计算机服务和软件业	2.0	2.1	2.2	2.3	2.4	2.5
批发和零售业	10.7	9.9	9.0	8.4	8.1	8.0
金融业	6.0	6.0	6.0	6.0	6.2	6.5
房地产业	2.0	2.2	2.4	2.5	2.7	2.7
租赁和商务服务业	3.1	3.3	3.6	3.9	4.0	4.3
科学研究、技术服务和地质勘察业	3.8	3.7	3.8	3.9	3.9	4.0
卫生、社会保障和社会福利业	8.1	8.3	8.5	8.6	8.7	8.8
水利、环境和公共设施管理	3.0	3.0	3.0	3.0	3.1	3.1
公共管理和社会组织	20.0	20.2	20.6	20.7	20.7	20.8
住宿和餐饮业	2.9	2.0	2.0	2.0	3.0	3.0
文化、体育和娱乐业	2.1	2.0	2.0	2.0	2.0	2.0
居民服务和其他服务业	1.0	1.0	1.0	1.0	0.9	0.9

资料来源:国家统计局:《中国统计年鉴》,中国统计出版社 2004～2010 年版。

并面临着众多的发展机遇。但同时,中国产业城市化仍处于发展之中,还远未成熟,还需要审时度势,增强产业结构升级与人口迁移转换的关联性、统一性和互动性,巩固与加强第一产业,提高与改造第二产业,快速发展第三产业,进一步深化改革,优化结构,通过产业结构的优化升级实现产业城市化向更高水平发展。

二、中国产业城市化面临的主要问题

中国产业城市化发展中存在着一些亟待解决的问题,突出表现为产业结构合理化水平还不高,产业结构高级化水平不够,各地区产业合理化和高级化水平还存在着非均衡性,欠发达地区产业竞争力较弱,特别需要给予更多的关注与重视。

一方面,产业结构合理化水平还不高。目前,中国三次产业结构还不合理,尤其是服务业发展不足。从全球范围看,高度发达的社会化大生产要求更多更好的配套性服务行业,商品流通要求有仓储、运输、批发、零售服务,市场营销要求有广告、咨询、新闻服务,且专业化程度越高,越要求企业间的协作与交流,越要求有发达的市场服务体系。同时,随着收入的提高和闲暇时间的增多,人们追求更丰富多彩的物质消费和精神享受的愿望也日趋强烈,由此也将促进文化教育、体育娱乐、医疗保健、旅游度假等服务行业的发展。从世界各国产业结构演变的情况看,大部分发达国家第三产业所占比重均超过了60%,基本上实现了国民经济的服务化,现代服务业已经成为其经济发展的中坚力量。具体来看,到1990年,美国第三产业所占比重开始超过70%,2005年达到76%,法国从1992年起第三产业的比重超过了70%,英国从1999年开始第三产业的比重超过了70%,意大利从2003年开始第三产业比重超过了70%,日本、德国目前的第三产业比重也接近70%(表5-5)。截至2008年,中国第三产业增加值占GDP的比重为40.1%,低于世界平均水平,更低于发达国家70%~80%的水平,仍处于相对落后的阶段。

表 5-5 主要发达资本主义国家 20 世纪 90 年代
以后第三产业所占比重变化表

单位:%

年	美国	德国	法国	英国	意大利	日本
1990	70.1	61.2	69.5	63.0	64.4	57.8
1991	71.5	62.0	69.9	65.1	65.3	58.3
1992	72.3	63.2	70.2	66.3	66.0	59.5
1993	72.5	65.6	71.8	66.9	66.6	61.2
1994	72.1	65.9	71.8	66.6	66.6	62.6
1995	72.1	66.6	71.8	66.3	66.4	63.6
1996	72.4	67.4	72.6	66.6	67.0	63.8
1997	72.9	67.7	73.3	67.8	67.3	64.2
1998	74.1	67.8	73.5	69.4	67.5	64.8
1999	74.5	68.5	73.9	70.5	68.3	65.3
2000	74.6	68.5	74.3	70.7	68.8	65.8
2001	75.8	69.0	74.7	71.9	69.2	67.3
2002	76.6	69.7	75.5	73.2	69.7	67.9
2003	76.8	70.1	76.3	74.4	70.4	68.0
2004	76.5	69.9	76.6	75.0	70.5	67.9
2005	76.0	69.7	77.0	74.8	71.2	68.6
2006	n.a.	69.1	77.2	75.0	71.4	n.a.

资料来源:中国经济景气月报杂志社:《中国经济景气月报增刊——改革开放 30 年统计资料汇编》,中国统计出版社 2008 年版。

从三次产业就业人员比例方面看,中国第三产业就业人员数量也落后于世界主要发达国家(表 5-6)。在 2005 年,世界主要发达国家的三产就业人员比重已经普遍接近或超过 70%,与之相比,2008 年中国第三产业就业人员比重仅为 33.2%,尚不足全部三次产业总就业人口的 1/3,更不足主要发达国家第三产业就业平均水平的一半。

表 5-6　2005 年主要国家三次产业就业人员构成

单位:%

国家	全部就业人口	第一产业	第二产业	第三产业
美国	100	1.6	20.6	77.8
日本	100	4.4	27.9	66.4
法国	100	3.8	24.3	71.5
德国	100	2.4	29.7	67.8
韩国	100	7.9	26.8	65.1
阿根廷	100	1.1	23.5	75.1
俄罗斯	100	10.2	29.8	60.0

资料来源:国家统计局:《中国统计年鉴 2009》,中国统计出版社 2009 年版。

另一方面,产业结构高级化水平不够。产业结构高级化水平主要反映产业发展素质。就中国发展的现实情况看,产业结构高级化水平不够主要体现在三次产业整体素质还不高,农业、工业、服务业在技术水平、产业附加值等方面还不同程度的存在着发展"短板",产业竞争力仍然不强。

农业作为国民经济的基础,是最本质的物质生产部门。现代农业以资本高投入为基础,以工业化生产手段和先进科学技术为支撑,以达到产量多、质量好、收入高、生态优为目标,是高产、优质、高效、生态、环境友好的新型农业生产体系。目前,中国农业发展整体上还没有达到现代农业水平,传统农业特征仍然明显,农业生产和经营缺乏现代科学技术和管理方法的支撑,"完全以农民世代使用的各种生产要素为基础的农业"[①]还在许多地方存在,多数农业产业化龙头企业仍从事一般性的种养业及初加工生产,农业

---

① 西奥多·W.舒尔茨著、梁小民译:《改造传统农业》,商务印书馆 1987 年版,第 4 页。

产业化水平低,劳动生产率不高,农产品附加值较低,农业整体素质偏低。

就制造业而言,中国制造业仍以劳动密集型产业为主,相当多数量的企业还在采用传统乃至陈旧落后的生产模式,产业发展集中于低附加值、低盈利率的加工组装环节,对引进技术的消化、吸收和创新效果较差,技术进步、产品开发和产业升级的速度较为缓慢,整体研发水平并不高,缺乏具有自主知识产权的核心技术和自主研发能力,在成本和技术装备水平等方面与国际先进水平存在较大差距,在国际分工和竞争中也主要出口附加值较低的低技术产品和劳动密集型产品,缺乏足够强大的产业竞争力,还远未能实现从"中国制造"到"中国创造"的跨越式发展。

相对于农业和工业来说,服务业是中国近年来发展最快的产业。但中国服务业发展的整体水平仍有待提升,服务业中具有高附加值和高竞争力的生产性服务业发展更为滞后。2007年包括交通运输、信息传输、计算机服务和软件、金融业、商务服务业以及科学研究、技术服务业在内生产性服务业的比重仍有待提升,生产性服务业对制造业的支撑和服务功能相对不足,支持创新和创造的生产性服务业体系还尚未完全建立。

同时,除产业结构合理化水平还不高、产业结构高级化水平不够外,中国各地区产业合理化和高级化水平也存在显著差异,特别是欠发达地区产业竞争力还亟待增强。过去一段时期,为进一步缩小地区发展差距,促进中国各区域均衡发展,国家已经把统筹区域经济协调发展作为国家发展的长期战略,强调深入推进西部大开发,全面振兴东北地区等老工业基地,大力促进中部地区崛起,积极支持东部地区率先发展,使得我国地区结构进一步优化,区域发展的整体协调性不断增强。但是,广大欠发达地区经济发展水平仍然相对滞后,产业竞争力水平还没有得到根本性提升。以西部地区为例,自西部大开发战略实施以来,西部地区经济保持平稳较快发展,经济总量明显扩大,2000~2008年,西部地区生产总值由16655亿元增加到58257亿元,年均增长11.9%,西部地区2008年第二、三产业在GDP中的占比已达到88.3%。但是,从2008年我国西部地区12省市区三次产业贡献情况来看,西部大开发战略实施十年来,西部地区第一产业比重依然较大,对整体经济贡献达到15.7%,超过全国平均水平5.4个百分点。西部地区第二产业的贡献率相较于全国平均水平依然较低,第三产业对经济的贡献率为36.5%,也低于全国平均38.7%的水平,整体上仍然相对落后(表5-7)。

表5-7 2008年西部12省市区三次产业贡献率

单位:%

地区	第一产业	第二产业	第三产业
内蒙古	13.1	52.5	34.4
广 西	20.3	42.4	37.4
重 庆	11.3	47.7	41.0
四 川	18.9	46.3	34.8
贵 州	16.4	42.3	41.3
云 南	17.9	43.0	39.1
西 藏	15.3	29.2	55.5
陕 西	11.0	56.1	32.9
甘 肃	14.6	46.3	39.1
青 海	11.0	55.1	34.0
宁 夏	10.9	52.9	36.2

续 表

新　疆	16.4	49.6	33.9
西部合计	15.7	47.8	36.5
全国平均	10.3	51.0	38.7

资料来源:国家统计局:《中国统计年鉴2009》,中国统计出版社2009年版;2009年地方年度统计公报。

此外,西部地区产业合理化和高级化水平的相对落后不仅体现在产业贡献率上,还表现为各产业内部发展所存在的许多结构性问题。例如,在长期以来我国西重东轻的产业布局安排下,西部地区第二产业内部结构很不合理,许多省份都是我国的能源、原材料工业基地,重化工业发展较快,资源加工型产业特征明显,高端制造业和高新技术产业发展相对滞后。同样,西部地区第三产业的竞争力也相对较弱,产业发展层次较低,产业配套不完善,产业链条短,特别是在信息服务、金融保险、教育培训等现代服务业领域,西部地区的产业竞争力更远弱于东部发达地区。

第四节　中国产业城市化进程的金融支持路径

产业城市化的核心在于产业结构优化升级。产业结构合理化和产业结构高级化是产业结构优化升级的重要体现。中国产业城市化的进程也是产业结构优化升级的过程,是产业结构不断合理,产业素质不断提高的过程。在中国产业城市化进程中,特别需要把握金融支持重点,创新金融支持方式,发挥金融对产业结构高级化和合理化的推动和促进作用,推动产业结构全面优化升级。

一、金融支持中国产业城市化的重点领域

结合中国产业城市化发展历程和主要问题,中国产业城市化进程中的金融支持重点主要是发挥金融体系的金融功能,通过促进产业结构合理化和产业高级化,推动产业结构优化升级。

一方面,金融支持产业结构合理化。产业结构合理化的关键在于产业关系的协调和产业结构的协调。金融体系应充分发挥金融功能支持产业关系协调,依据中国三次产业部门的发展特点,在总体上给予各产业部门相对均衡的金融支持,同时,金融机构应特别关注对社会民生具有重要影响的弱势产业发展,给予相关产业以适当的倾斜支持,保持产业关系的总体协调。而在产业结构协调方面,特别注重支持服务业的发展,进一步提升服务业在国民经济产业体系中的地位,应充分发挥市场机制作用,尊重金融机构的自主性,增强资本配置功能,在高资本回报率或预期收益较高的行业内追加资本投入,而在低资本回报率的行业或市场发展前景悲观的行业减少投资投入,将有限的金融资源尽量配置到一些关键性的产业,使有限的资本投入发挥潜力大、经济效益好的产业,同时应将金融支持与推动经济发展方式转变结合起来,减少向落后产能的资本供给,提高经济发展质量和效益,促进产业结构的协调。

另一方面,金融支持产业结构高级化。产业结构高级化是使产业结构整体素质从低水平状态向高水平状态不断演进的过程,产业结构高级化的核心在于产业的整体发展素质的提升。由于金融产业发展本身就是产业高级化的体现,所以金融支持产业高级化首先需要通过提升金融机构的竞争力,健全各类金融市场,完善金融体系来促进金融产业自身的发展。同时,金融体系应充分发

挥金融功能,改进和完善对三次产业的金融服务方式,着力提高金融服务的质量和效率,加大对产业技术创新的支持力度,加大对产业融合发展的支持力度,加大对战略性新兴产业的支持力度,促进产业发展素质的全面提升,推动产业高级化积极支持战略性新兴产业发展。

需要注意的是,中国产业城市化进程已经进入升级阶段,但产业结构不合理,产业高级化不够和地区产业发展水平不均衡的问题仍然存在,必须立足长远,综合考虑产业发展特色和区域差异,深入推进产业结构优化调整。在市场经济条件下,促进产业结构优化调整,要坚持政府主导金融支持模式与市场主导模式的动态统一,建立合理分工的金融体系,提高金融功能的完备性。商业性金融系统中的金融机构主要以获取利润、降低风险为业务开展原则,以市场为基础机制的资源优化配置,不可能做到保持高效率的同时还兼顾公平,更不能孤立地要求商业性金融系统直接承担促进产业结构优化调整的责任,应充分调动其积极性,通过金融支持产业素质提升获得高附加值来间接促进经济结构优化调整。政策性金融体系金融功能的发挥则更多地具有非纯功利色彩,不论在成熟市场经济体的发展历史中还是在新兴市场经济体的赶超过程中,政策性金融都被放在战略层面考虑,对产业结构优化调整发挥着巨大的促进作用。同样,中国的政策性金融体系也应该通过与商业性金融体系的分工与合作,更多地担负产业结构优化调整的任务,从推动产业城市化持续健康发展的角度,在服务业发展、基础技术开发、战略性新兴产业发展等领域给予重点金融支持,在促进欠发达地区产业结构合理化和产业结构高级化方面加大金融支持力度,全面发挥金融对产业城市化的支持作用。

二、金融支持产业城市化的典型方式:产业链投资基金

产业链投资基金是促进产业结构优化、推进产业城市化进程的重要金融支持方式。产业链投资基金通常立足于产业长远发展需要,以完整的产业链条为投资对象,发行基金受益券募集资金,通过专业投资管理机构运营,促进产业发展并获得投资收益。

产业链投资基金将产业链条各组成环节作为一个整体来看待,会根据产业发展中的链条关系和行业特点为产业链中的具体环节设定融资方案,为研发、生产、流通等不同的产业环节提供一体化的金融服务,并促进各产业环节紧密衔接,联动发展,形成产业发展的合力(图 5-5)。同时,产业链投资基金可以在较短时间内筹集到较大规模的产业发展资金,并以基金强有力的产权约束机制激励产业提高自身竞争能力,为产业发展提供全面而有力的金融支持,有利于推动产业结构升级和调整。

现阶段,在运用产业链投资基金模式推进产业城市化进程中,可以由政府或有关组织发起设立导向性的引导基金,以"母基金"的方式运作,吸引国内外优秀的产业投资机构、创业投资机构及管理团队进入并设立商业性基金,调动社会资本进入高成长性、高附

图 5-5 产业链投资基金运行模式

加值的产业领域,支持全产业链发展,实现产业结构优化升级。其具体运作模式如下:

1. 设立"母基金"。"母基金"实际上是产业链投资基金的引导基金和担保基金。在实践中,"母基金"的资金来源可由地方财政出资(如开发建设专项资金)、政策性银行的直接投资(如国家开发银行)和其他公益性或准公益性资金构成。

2. 在"母基金"的基础上,通过金融市场,按照一定比例面向社会募集社会资本,吸引资金实力雄厚的投资机构、企业以及保险公司等大型机构投资者或其他法人机构金融产业基金,通过社会资本注入,实现产业链投资基金总规模的扩张。

3. 依托专业的基金运营和管理机构,对拟投资产业的市场竞争力、市场价值及市场前景进行评估并选择被投资产业,着重立足产业链条,将产业链投资基金投资于各产业链环节,包括研发、生产、销售等。

4. 产业链投资基金所投资的各产业链环节均实现正常发展,整体产业进入平稳运行的发展轨道,产业链投资基金适时退出,退出时按照市场公允价值计算基金资产,扩容产业链投资基金总资产,并在扩大的规模上实现新一轮投资。

以"母基金"的方式设立产业链投资基金有效地将政府作用和市场机制统一了起来。从产业链投资基金的流程来看,政府给予了产业发展的金融"种子"支持,为产业链投资基金的形成奠定了基础,并客观上保证了政府产业发展战略的实现,而由于产业链投资基金的投资主体是产权明晰的投资机构,基金运营与管理机构也是专业的市场中介机构,且产业链投资基金定位战略投资,一般不参与日常管理,使得产业链投资基金更能采取市场化原则进行运作,资金使用与项目运行效率也比较高,还能降低政府的财政风险和项目建设运营风险。总的来看,产业链投资基金既能够考虑国家和地区长期产业发展需要,也能够在短时期有效调动社会资本,将有力地推动那些切实可行且具有市场前景广阔、带动系数大、综合效益好的产业发展,有助于实现产业结构的优化升级,推进产业城市化的持续健康发展。

第六章 空间城市化与金融支持

空间聚集是城市化的重要特征。城市化本身就是人口与产业在空间上聚集的过程。人口的迁移转换，产业结构的优化升级所带来的经济社会结构深刻变化，最终也会体现在空间结构的变化上，并将促进人口和产业的经济活动进一步向城市和城市化区域集中。"尽管货币是无形的，但金融业是有经济地理属性的"[①]，金融对人口和产业的空间聚集选择与行动同样具有重要影响。本章主要阐述了空间城市化的概念与内涵，从空间集聚的角度剖析了金融支持空间城市化的内在机理，进一步分析了空间城市化的发展模式，并在梳理和回顾中国空间城市化历程的基础上，分析了金融支持中国空间城市化的重点领域和典型方式，研究了推动中国空间城市化的金融支持路径。

第一节 空间城市化的概念和内涵

一、空间城市化的含义

空间城市化是人口和产业在空间集聚并创造空间价值的过

---

① A. 蒂克尔：《金融与区位》，载 G. L. 克拉克、M. P. 费尔德曼、M. S. 格特勒主编，刘卫东、王缉慈、李小建、杜德斌等译：《牛津经济地理学手册》，商务印书馆 2005 年版，第 245 页。

程。城市是具有一定空间形态的经济体,城市得以存在和发展的最大优势在于人口和产业在地理空间上集聚所形成的空间价值。空间城市化是以城市空间发展为主体的城市化进程,强调城市空间是不断拓展和变化的自然历史过程。空间城市化的最终目的是实现空间价值,空间城市化的实现途径在于人口和产业在空间聚集。

具体来看,空间价值主要是指因人口和产业在空间集聚而带来的经济利益或成本节约,强调人口和产业在地理空间上集聚所产生的经济效益,空间价值外在表现为国家和地区的经济增长、人民福利水平的提升,突出体现为单位空间上所实现的经济价值。空间城市化的实现有赖于人口和产业在空间的集聚。人口和产业在空间上的集聚是空间价值产生和发展的源泉,没有人口和产业在空间集聚,城市将丧失存在和发展的基础,也就不具备空间扩散和辐射的功能,空间城市化将难以实现,而不同的集聚方式、不同的城市规模都会最终影响人口和产业集聚所产生的资源配置效率,从而会影响空间价值的实现,进而影响空间城市化的发展。

空间城市化的最终目的是实现空间价值,空间价值是空间城市化在经济上的表现。衡量空间价值的量化标准主要是人均 GDP 和地均 GDP。其中,人均 GDP 是衡量空间价值的一个重要指标,反映了空间聚集所带动经济增长和发展的宏观经济效果。通常情况下,空间城市化发展水平高的国家和地区,产业和人口的集聚效应必然会带来地区经济的增长,集聚经济效益较高,空间价值也较高,外在表现为国家和地区的人均 GDP 水平也较高。地均 GDP 综合反映单位地理空间上的产出情况,体现了土地的集约化利用水平,主要表现在对土地利用质量的提升上,而不是对土地的粗放式经营上,是一个经常被忽略但应该更加重视的指标。通常情况下,空间城市化发展水平高的国家和地区,人口和产业的集聚能力越强,集聚经济效益较高,空间价值也较高,外在表现为国家和地区的地均 GDP 水平较高。

二、空间城市化、人口城市化、产业城市化的关系

空间城市化与人口城市化、产业城市化之间存在着紧密相关、不可分割的内在联系性。空间城市化为人口城市化、产业城市化提供了空间载体,人口城市化和产业城市化的快速发展必然会产生空间价值,是空间城市化的价值表现,对空间城市化的进程具有重要影响。

(一)空间城市化与人口城市化

空间城市化与人口城市化之间存在着密切的内在联系性。一方面,人口城市化不能脱离空间城市化单独完成。人口的迁移和转换在不同的空间上进行,最终会在空间上形成集聚,空间城市化是人口城市化的地理载体和存在条件,空间规模的大小直接影响着人口迁移转换的效率和结果,而空间价值的实现最终会体现为人口福利水平的提升。另一方面,人口的集聚是空间城市化的核心内容。在空间城市化进程中,往往要求有"最小规模经济点",而人口的聚集则是满足城市形成与发展的基本条件。更重要的是,人口的集聚不仅意味着人口向某一特定空间的集中,更意味着人口质量的提高和人力资本水平的提升,是一个人口结构不断变化的过程。以转移人口能力提升为本质的人口城市化,会使社会分工迅速发展、市场经济不断繁荣、城市文明不断进步,会对提升空间价值发挥巨大作用。此外,大量具有较强迁移和转换能力人口

的聚集,也会促进先进知识的流动与传播,不断产生知识的溢出效应,而知识溢出则是集聚经济增长的最根本动力,更会显著加快空间集聚速度,提升空间城市化水平。

(二)空间城市化与产业城市化

空间城市化与产业城市化之间同样存在着紧密相关、不可分割的内在联系性。一方面,产业城市化的关键在于产业结构的优化,而产业在空间范围的集聚是产业结构优化的重要条件。产业集聚是同一类型或不同类型的相关产业在一定地域范围内的集中,与此相伴随的是各种资源、信息、人才、技术等在特定地理空间的集聚过程。产业在空间上的集聚能够将产业发展所需要的资源、要素和技术整合起来,能够形成几乎是最高的产业效率,这非常符合产业发展和空间选址的要求。例如,服务业区位布局选择就更多考虑的是接近客户、同行和外部信息,考虑交通设施、信息基础设施和合格职员等因素以及社会、居住和维持高质高效服务的市场环境因素。① 同时,在知识经济时代,地理接近性可以获得更好的信息和服务,可以加强隐含经验和知识的传播与扩散,有利于企业之间、企业和支撑机构间的密切合作,可以有效地降低网络内部的交易成本、实现规模经济和范围经济、刺激创新、提高产业对外竞争能力,迅速推动产业结构优化升级。

另一方面,产业城市化是促进空间价值实现的主要动力。进入工业化社会以来,从某种程度上讲,产业发展和竞争的收益已经构成城市经济收益的主要部分,城市产业增加值的总体规模、增长

---

① J. N. Marshall, P. Damesick, and P. Wood, "Understanding the Location and Role of Producer Services in the UK," *Environment & Planning*, 1987, 19, 5: 575-595.

速度、效益及其可持续程度都影响并决定着城市空间的创富能力和收益水平。产业城市化进程的持续推进促进了产业结构合理化和高级化,推动了产业结构的不断优化升级,而产业结构的不断优化升级可以达到较高的专业化分工程度,形成一个将相关产业、上下游产业整合起来的产业网络,会使城市空间自然成为一个独特的、多层的、系统性产业集聚区,这将有助于实现产业规模扩大和产业效率提升,有助于全面提高整个城市空间的劳动生产率,会显著提高空间产出,促进空间价值的实现。

第二节 金融支持空间城市化的内在机理

空间城市化是人口和产业在空间集聚并创造空间价值的过程。人口和产业在空间集聚之所以能够产生空间价值,关键在于空间集聚能够产生集聚效应,而集聚效应的产生又有赖于空间城市化发展模式的选择,一般而言,最优的空间城市化发展模式将可以产生最大的空间集聚效应,从而实现空间价值的最大化。在分析金融支持空间城市化的内在机理时,本书认为,金融支持空间城市化发展的效果,在于空间集聚效应的发挥,更在于金融支持方向的明确,金融支持空间城市化发展,不是盲目、笼统的一般性支持,而是要选择最优城市化模式加以重点支持。

一、集聚效应与空间价值

城市是具有一定空间形态的经济聚集体,人口和产业集聚是城市的基本特征。生产越发展,生产社会化程度越高,分工越细,经济社会对空间集聚程度的要求也越高,这是经济发展的必然规律。空间城市化是人口与产业在空间上集聚创造空间价值的过程,而空间集聚之所以能产生空间价值,关键在于空间集聚能够产生并形成集聚效应。

关于空间集聚效应,经济学家从不同的角度形成了各自的看法。古典区位理论从微观企业的区位选择角度,认为集聚将有利于降低企业生产和交易的成本。马歇尔则从新古典经济学的角度,说明了空间集聚能够培育专业劳动力市场、中间产品和技术外溢,产生正的外部经济效果,促进工业组织的发展。波特(Porter)强调产业集群的作用,认为专业的技术和低廉的成本得益于产业内部专业化的分工与相互协作,这就需要特定产业或其中某个方面的企业和机构能在特定的地理位置相对集中,以加强互相之间的联系,从而产生规模效应和群体的竞争优势[1]。克鲁格曼(Krugrman)发展的新经济地理学提出了空间接近对区域发展的影响,强调集聚导致收益递增,并从理论上证明了工业活动倾向于空间集聚的一般性趋势。新兴古典经济学则更加强调分工、专业化和交易费用的关系,认为集聚效应源于分工所产生的网络效应,聚集经济能够促进集中交易,而"如果所有人都将交易集中的一个中心地点,则会大大缩减总的交易旅行距离,从而极大地降低交易费用"[2]。从现有的研究我们可以看出,空间集聚效应已经得到了广泛的认同。归纳来看,我们可以进一步将空间集聚效应总结为空间竞争效应、空间成本效应、空间创新效应、空间专业效应和空

---

[1] 迈克尔·波特著,高登第、李明轩译:《竞争论》,中信出版社 2003 年版,第 207~289 页。

[2] 杨小凯、张永生:《新兴古典经济学和超边际分析》,中国人民大学出版社 2000 年版,第 124 页。

间预期效应五个方面。

(一)空间竞争效应

空间集聚能够增强竞争,产生空间竞争效应。人口和产业在特定空间集聚的情形下,空间内人口和企业数量比较多,所从事的行业具有相似性,当社会对专业化技能、产品和服务的需求不断上升,而原有人口和企业自身又无法满足或充分满足这些需求的时候,就会有专门的人口和企业来满足这种需求从而导致激烈的竞争。在竞争机制作用下,人口和企业将通过优胜劣汰的竞争法则来实现经济过程的协调发展,表现为个人和企业会按照竞争能力的高低进入或更换职业和行业,实现各类资源配置由竞争性非均衡走向相对均衡,从而带来整体经济效率的提高。

(二)空间成本效应

空间集聚能够降低生产成本,产生空间成本效应。人口和企业在空间上相对比较集中,各种类型的人才获得比较容易,产业配套也比较齐全,原材料、技术和信息等资源共享度高,各类资源和设施往往供给充足且价格低廉,健全而广泛的服务体系与网络更易形成,更便于通过外包等形式将许多内部化的服务功能外部化,可以有效地降低企业的生产成本。同样的,为了适应人口集聚的需要,人口生活所需的各项基础设施配套也会相对完善,人口生活成本也会相应的降低。此外,在人口和企业实现空间集聚的条件下,相互之间信息会相对比较透明,可以有效地减少寻找供应商和客户的时间,从而有效地节省信息搜寻和获取成本,而经济主体之间违约成本较高,也容易建立较为信赖的信用机制,客观上减少了个人和企业的机会主义倾向,则有效地降低了交易成本。

(三)空间创新效应

空间聚集能够促进创新,产生空间创新效应。按照库克(Cooke)等人区域系统创新理论的观点,企业创新有个"路径依赖"的过程,企业必须和区域内其他行为主体在相互作用中结成网络,并和制度、文化等环境进行有效整合,才能持续不断地创新。[①]而人口和产业在空间的聚集恰恰能够为创新活动提供良好的网络和环境,形成经验共享与知识溢出,有效地支持了创新活动的开展。同时,由于空间内有大量提供同质产品和服务的人口和企业存在,人口间、企业间竞争会异常激烈,这会迫使个人和企业根据市场需求的变化,充分发挥自身的积极性和创造性,不断进行学习和创新,使生产技术、创新思维以更方便快捷的传播成为可能,从而刺激并推动种种"熊彼特"式创新,产生大量新观点、新技术、新产品、新服务并转化为直接的生产力,在为创新主体带来丰厚回报的同时,推动空间经济的不断繁荣进步。

(四)空间专业效应

空间集聚能够促进专业化分工,产生空间专业效应。人口和大量不同等级规模的企业或一系列配套产业及相应的上下游产业等在空间集聚,会出现熟练劳工市场和先进的附属产业,或产生专门化的服务业,每个单独的个人和企业都容易根据自身能力从事分工活动中的某个阶段或领域,并不断强化和提升相应的专业能力,实现经济的高效运行。同时,空间集聚会刺激特定空间范围内的新工种、新的职能部门的产生,推动各类从事专业生产和服务企

---

① P. Cooke, M. Uranga and G. Etxebarria, "Regional Innovation Systems: Institutional and Organizational Dimensions," *Research Policy*, 1997, 26, 4 – 5: 475 – 491.

业的发展与壮大,催生各类专业化市场,更容易形成一个高效的专业化分工协作体系,实现生产效率的提高。

(五)空间预期效应

空间集聚能够促进空间未来价值增值,产生空间预期效应。长期来看,空间上人口和产业的集聚所创造的经济社会发展成果,会形成强大的空间引力,进一步强化人口和产业在空间聚集的心理预期,进而增加人口和产业在空间生活和生产的收益期望值。这一空间预期效应在实践中往往突出表现为在可预见的未来中所形成的"土地价值溢价"[1],也就是土地预期价值的提升,一般来讲,人口和产业的空间预期越强烈,人口和产业集聚越快,未来土地价值增值也越快,土地价值溢价也就越高。

总的来看,空间集聚效应的发挥可以提升空间价值。其中,空间竞争效应是一种机制效应,会通过竞争机制优化资源配置提升空间价值。空间成本效应是空间集聚带来的成本节约效应,在其他条件不发生变化的情形下,空间成本降低就意味着空间价值提升。空间创新效应是空间创新活动带来的空间价值。空间专业效应强调空间集聚形成专业化分工,通过提高生产效率提升空间价值。空间预期效应是一种期望效应,反映为空间引力对未来土地增值的带动作用,通过强化对未来收益的心理预期提升空间价值。

二、空间城市化的模式选择

空间城市化是人口和产业在空间集聚创造空间价值的过程。

---

[1] 丹尼斯·迪帕斯奎尔、威廉·惠顿著,龙奋杰等译:《城市经济学与房地产市场》,经济科学出版社 2001 年版,第 57 页。

空间价值的实现有赖于空间集聚效应的实现。但是,现实中,不是所有形式的空间集聚都能够产生最大化的空间集聚效应。空间集聚效应的大小还要受不同的空间发展模式影响。不同的空间发展模式也会最终影响人口和产业集聚所产生的资源配置效率,进而影响空间集聚效应的发挥。因此,对于金融支持空间城市化而言,选择什么样的空间发展模式就显得尤其重要。

空间集聚效应是空间价值实现的基础。空间城市化发展模式选择首先要看不同模式的空间集聚效应。总的来看,与小城镇相比,大城市有着难以比拟的综合发展条件,其在一定的地域范围内往往可以优先聚集人才、技术、资金和资源,人口和产业聚集程度较高,交通便利,信息灵通,服务功能齐全,基础设施完善,容易实现空间的规模效应和集聚效应,对周边也有相当强的辐射力和拉动力,对周围地区的经济发展具有显著的促进作用,是一种重要的空间城市化模式。从历史上看,在世界城市化进程中,发展最快的也是大城市。1900～1980年,世界上100～250万人的大城市人口增长了19倍,250～500万人的大城市人口增长了16倍,500～1000万人的大城市人口增长了20倍,而同期50万人口以下的中小城市人口仅增长了5倍[①]。

同时,当今世界各国空间发展还呈现城市集群化特征,城市群在空间城市化进程中也扮演着越来越重要的角色。城市群往往表现为一个或多个大城市为中心的大量联系密切的城市在地理空间上更广范围的集聚,形成大中小城市与城镇形成相互联结、多层次、开放的、互动的区域空间聚集结构。现实中,城市群大体可以

---

① 谢文蕙、邓卫:《城市经济学》,清华大学出版社1996年版,第47页。

分为两类,即带状城市群和都市圈。前者也被称为大都市连绵带(Megalopolis),它是由大都市区组合而成的,在这种组合中,各个大都市区在大都市连绵带中承担着不同的功能,其中每个城市各具独立性和特色,而整个大都市连绵带保持着整体功能的完整性,是众多城市功能的复合体,是在经济、社会、文化各方面活动上存在着密切的交互作用的巨大的城市化区域。[1] 如荷兰的兰斯塔德城市群就包括政府机构集中地海牙,港口和重工业中心鹿特丹,旅游和文化事业中心阿姆斯特丹以及众多的小型城镇。后者则特别强调中心城市的作用,是由一个或多个中心城市和与其有紧密社会、经济联系的相邻城镇组成的城市化区域,在都市圈中,规模等级最高的中心城市对圈内其他城市往往有着较强的经济、文化辐射和聚集作用。如纽约、伦敦、巴黎等都市圈,都是以大都市为中心,逐步向外扩展,在其周围形成若干中小城镇的团状组群。实际上,从发展的角度看,带状城市群和都市圈在现实中往往很难区分,都市圈的规模和结构不是一成不变的,会不断地成长壮大,并与其他都市圈相互融合,会形成规模更大、结构更复杂的都市带,而城市带内则往往包含着若干个都市圈。但总的来看,无论城市群以什么样的表现形式存在,城市群都是城市发展和空间结构演化的高级阶段,是社会生产力和城市化发展到一定水平的必然结果,同样具备强大的集聚效应。

相对于小城镇而言,大城市和城市群发展更有利于增强空间竞争、降低空间成本、刺激空间创新、细化空间分工,也更加容易强化空间增值预期,形成空间竞争效应、空间成本效应、空间创新效

---

[1] 王旭:《美国城市化的历史解读》,岳麓书社 2003 年版,第 17~20 页。

应、空间专业效应、空间预期效应,从而增强空间的整体集聚效应。在世界经济全球化和地区经济一体化步伐不断加快的今天,贸易自由化促进了资金、技术、人员更加自由、更大规模地流动,运输效率的大大提高和服务费用的迅速下降也为大城市和城市群的成长和发展创造了良好的条件。

同时,从集聚形式、规模经济、"增长极"作用的角度来看,相比小城镇发展模式而言,大城市、城市群发展能够发挥集中集聚优势,代表着空间结构演变的发展方向,在规模经济方面同样优势明显,更是现代国家和地区发展的重要"增长极",应该是空间城市化发展模式的最优选择。

(一)从集聚形式上看,大城市、城市群发展模式比小城镇发展模式更具优势

理论上,空间集聚形式主要有集中集聚和分散集聚两种。集中集聚是指在客观经济条件许可的范围内,大规模、有重点的空间集聚。分散集聚则主要表现为小规模、平均化的空间集聚。在考虑空间承载能力的前提下,分散集聚模式下,城市数量较多、规模相对较小,比较而言给城市的自然和生态环境、基础设施和社会环境带来的压力相对较小,但是这种集聚模式往往带来资源的浪费,城市规模可能达不到实现规模经济的最小适度规模,因而无法实现经济增长的良性循环。在集中集聚模式下,一定区域内城市数量较少、规模相对较大、功能较为综合,在良好的规划和管理下,则能够充分利用各种资源,实现基础设施共享,提高资源使用效率,使城市化走上集约与可持续发展的道路。特别是当城市集群化发展后,大、中、小型城市集聚在同一个都市区域里,构成各自独立又紧密联系的城市群,不同规模、层次、结构与功

能的城市通过交通网络、商品网络、技术网络、资金网络、人才网络和信息网络等密切联系在一起,更会强化区域内各城市的关联度,将集中集聚和分散集聚的优点结合起来,充分体现了空间集聚的优越性。

同时,从空间结构演变发展方向的角度来看,集中聚集是空间城市化发展的必然趋势。考察现代西方国家城市化的发展历程。我们发现,在空间城市化发展初期,人口、产业快速集聚并形成区域的中心城市。中心城市的集聚效应持续增强,会吸引周边或腹地更多人口和产业从郊区以外的更广大地区向城市集聚。随着城市规模的扩大,其扩散效应也不断增加,受空间承载能力限制,成本提高、交通拥挤、环境污染等集聚不经济现象随之产生,人口和产业不得不向城市的外缘地区扩散,作为区域次级中心的中小城市的人口和产业开始聚集。而空间城市化发展至成熟阶段,不同城市的成长差距逐渐收敛,城市空间经济成长趋于均衡,且分工更加精细,联系更加紧密,最终在地理上重合在了一起,功能上无法分割,形成了地域范围更加广阔的集中集聚。总的来看,空间城市化在总体上呈"集中—分散—再集中"的发展态势,在空间城市化的发展历程中,分散集聚仅仅是短期的阶段性特征,并往往为形成下一轮集中集聚提供基础,而集中集聚是空间城市化发展的主流集聚形式。伴随着经济社会的不断发展,新的空间城市化格局还会更加趋向于高水平、广范围、大规模的集中聚集,体现出高质量集中聚集的特征。

(二)从规模经济上看,大城市、城市群发展模式比小城镇发展模式更具优势

恩格斯在经过实地考察后曾经这样描述伦敦,"这种大规模的

集中,250万人这样聚集在一个地方,使这250万人的力量增加了100倍"①。英国城市经济学家巴顿则构建了城市规模的成本—效益模型,并在此基础上探讨了确定合理城市规模的标准,他认为"在城市人口有25000人以上时,出现了擦鞋、女子理发、洗帽子、修皮货商店,而在人口超过50000人时,才会出现婴儿服务"②,即当城市达到一定规模时,才会出现聚集效应,才会有效率。国内外理论和实证研究也都表明,随着城市规模的扩大,效率确实有一定程度的提高。概括来讲,我们一般可以这样认为:在一定范围之内,城市的效益与城市的规模呈正比,城市的发展成本与城市的规模呈反比,城市的效益呈现随城市规模扩大而提高的趋势,大城市发展有其在规模经济方面的明显优势。

城市群发展所带来的规模经济则更加突出。从概念和特征上看,城市群是由在一定距离内可以频繁往返、进行商务活动的若干不同等级、不同规模的城市所组成的、高密度的、关联紧密的城市群体,城市群内城市间的经济、社会、文化联系密切,规模等级最高的中心城市对群内其他城市有较强的经济、文化辐射和聚集作用。从空间发展的角度看,城市群是若干相邻城市发展到一定阶段后的产物。可以说,城市群是以大城市为中心的,由多个城市组成的城市区域。由于城市群能使资源按照市场经济规律在更大范围内实现优化配置,能让地理位置、经济实力及结构不同的城市承担不同的功能,实现城市间的分工合作,实现大中小城市的协调发展,使得城市群能够获得比单个城市更大的分工收益和规模效益。同

---

① 《马克思恩格斯全集》第2卷,人民出版社1979年版,第303页。
② 巴顿著、上海社会科学院译:《城市经济学:理论和政策》,商务印书馆1984年版,第91页。

时,作为一个有机整体而存在的城市群,其区域内部通过大中小城市的合理规划与布局,形成合理的城市等级体系,既可以使大城市增强辐射效应、更好发挥中心城市的功能,又可以使中小城市和城镇充分享受大城市的外溢经济效应,更容易使得不同层级城市优势互补,实现资源的集约利用与经济效益的最大化。而且,城市群有助于通过促进城市间联系解决单一城市过度发展所产生的问题,当单一城市发展达到一定规模出现诸如拥挤、污染等问题时,城市群会借助于迅速发展的交通通讯技术或通过区域内中小城市发展,使集聚得以在更加广阔的范围进行,不仅依然保持较大的集聚效应,又可以在相当程度上减少"规模不经济"所带来的负面影响。

(三)从"增长极"作用上看,大城市、城市群发展模式比小城镇发展模式更具优势

空间经济理论认为,经济发展并非均衡地发生在地理空间上,而是通过形成具有空间聚集意义的"增长极",来带动国家和区域经济的整体发展。在全球经济一体化和世界经济多极化的背景下,一方面世界各国发展需要在更广的范围和更高的层面上参与国际竞争,另一方面,地区和国家之间的竞争也逐渐演变为各国重要区域之间的竞争。大城市、城市群是当今世界各国家和地区经济发展最重要的空间形态,是区域和国家竞争力的重要体现,发挥着带动区域和国家经济社会发展的重要作用。

市场经济条件下,由于地区间存在发展差异,区域生产要素、企业和经济部门一般会选择向具有比较优势的城市流动并集中,以获得竞争优势,客观上会使得该城市的规模不断变大,经济实力不断增强,最后发展成为大城市。相对于小城市而言,大城市作为

区域经济的控制和决策中心,是一个地区人口、产业、流通、管理、金融、信息中心,对边缘地区具有广阔的辐射能力和带动能力,并能在国际经济活动中直接地参与国际交往、合作和竞争,是引领国家和区域经济发展的"增长极"。如果一个国家能拥有若干具有影响力的大城市,那么该国在地区和国际事务上就能发挥更大作用,也更具有发言权。综观历史,汉唐时期,长安城经济社会发展高度繁荣,就吸引了大批外国使节与朝拜者的到来,凸显了当时中国作为世界文明中心的地位。而从 18 世纪末开始,伦敦作为第一次工业革命的发源地,则引领着全球工业化潮流,向世界集中展现了"日不落帝国"的辉煌。

21 世纪以来,大城市在世界经济政治活动和地方事务中的作用也变得更加重要。目前,从全球范围看,大城市是当今世界城市等级体系中最具有竞争力的空间区域。纽约、巴黎、伦敦、东京这些最高等级的城市已经成为参加国际经济社会活动程度最高、调控和支配资本能力最强的世界城市[1]。这一等级的城市是全球经济的控制和管理中心、资本集聚的主要场所,在这里跨国金融机构、跨国公司总部高度集中,具有世界范围内的影响力。例如,纽约就是世界金融、商业服务中心,银行、证券、保险、外贸、咨询、工程、港口、新闻、广告、会计等领域的国际企业和跨国机构集中于此,支持着全球国际贸易和资本的流动,深刻地影响着世界经济的发展。同时,在发展过程中,大城市的规模和影响能力并非一成不变,其还会不断发挥扩散效应,超越城市原有的地域边界,向周边

---

[1] J. Friedmann and G. Wolff, "World City Formation: An Agenda for Research and Action." *International Journal of Urban and Regional Research*, 1982, 6, 3: 309-344.

扩展,将周围地区纳入城市化轨道并与大城市融为一体,使得人口、产业在更广范围内和更高水平不断集中,形成以大城市为核心、拥有发展腹地的大都市区,在更广范围上发挥增长极的区域创富和引领作用。

城市群是大城市和大都市区发展的产物,它标志着大城市和大都市区的发展进入了一个更高的层次。从世界各国城市化的发展模式看,当城市化水平到达一定程度后,城市群都会出现并逐渐主宰地区甚至国家经济发展格局。当前,城市群越来越成为该区域经济增长的重要源泉,已经成为衡量一个地区或国家经济发展水平的重要标志。随着全球城市分工、交流、合作、竞争的日益强化,只有大城市和以大城市为中心的城市群才具备世界分工交流所需的完善的基础设施,只有大城市和以大城市为中心的城市群才能有足够的产业聚集和经济规模参与全球性的竞争。在经济发展实践中,城市群已经成为国家参与全球竞争与国际分工的基本地域单元,它的发展深刻影响着国家的国际竞争力,影响着一个国家城市化发展的水平和质量,对国家经济持续稳定发展具有重大意义。按照 OECD 的统计,许多国家的代表性城市群经济都占该国国民经济比重的 30% 以上,荷兰的兰斯塔德城市群的国内生产总值占全国的份额在 1995~2002 年达到 51.3%,丹麦的哥本哈根、韩国的首尔和爱尔兰的都柏林等城市群,其国内生产总值占全国的份额在 1995~2002 年也分别达到 49.5%、48.6% 和 47.6%。同时,城市群的发展在很大程度上也代表了其所在国的竞争力,根据 OECD 的研究发现,劳动生产率和人均 GDP(PPP) 排名前十位的城市群都分布在美国,包括波士顿、圣弗朗西斯科、西雅图、纽约和费城等著名城市,其中劳动生产率最高的是波士顿城市群,达到了 156600 美元,而按购买力平价计算的人均 GDP 最高的圣弗朗西斯科,人均 GDP 高达 62300 美元(表 6-1)。此外,研究显示,从 1960 年到 2000 年,发展中国家人数超过 10 万的城市群增长了 185%,几乎增加了两倍[①]。可以说,城市群不仅已经成为发达国家的空间经济发展的重要表现,也是发展中国家空间经济增长的重要特征。

表 6-1 一些国家城市群发展的基本情况

城市群	国家	人口(百万)	人均 GDP (PPP)(千美元)	占国家GDP的比重%	就业率%	劳动生产率(千美元)
纽约	美国	18.7	52.8	8.5	94.9	119.2
伦敦	英国	7.4	46.2	19.9	92.8	102.7
巴黎	法国	11.2	42.7	27.9	90.7	102.0
都柏林	爱尔兰	1.6	38.9	47.6	95.9	79.7
维也纳	奥地利	2.2	37.6	33.7	92.4	82.6
斯德哥尔摩	瑞典	2.2	36.7	31.5	94.3	71.7
米兰	意大利	7.4	35.6	17.2	95.8	77.5
悉尼	澳大利亚	4.2	35.0	23.5	95.3	70.5
奥斯陆	挪威	1.7	35.0	36.5	95.7	68.5
布鲁塞尔	比利时	3.8	35.0	44.4	91.9	84.4
多伦多	加拿大	4.7	34.9	17.7	93.0	59.1
赫尔辛基	芬兰	1.8	34.0	42.1	93.2	68.1
哥本哈根	丹麦	2.4	33.5	49.5	94.9	65.3
苏黎世	瑞士	2.5	33.4	33.1	97.7	68.1
兰斯塔德荷兰区	荷兰	7.5	32.9	51.3	95.5	64.7

---

① J. Vernon Henderson, Anthony J. Venables, "The dynamics of city formation." *Review of Economic Dynamics*, 2009, 12, 2: 233-254.

续 表

奥克兰	新西兰	1.2	31.2	36.1	96.2	58.8
东京	日本	34.2	29.3	30.4	95.2	59.3
马德里	西班牙	5.6	29.0	16.7	93.3	60.5
莱茵-鲁尔	德国	13.4	27.4	16.4	90.2	67.4
里斯本	葡萄牙	2.7	27.1	37.9	92.4	57.6
布拉格	捷克	2.3	25.6	34.7	95.4	51.4
布达佩斯	匈牙利	2.8	23.5	45.6	95.5	54.3
华沙	波兰	3.0	23.1	16.2	88.5	60.7
雅典	希腊	3.9	20.1	37.6	90.9	48.9
首尔	韩国	23.5	19.1	48.6	95.8	41.1
墨西哥城	墨西哥	18.4	14.3	26.7	98.3	37.0
伊斯坦布尔	土耳其	11.4	10.9	27.1	87.9	30.7

数据来源:OECD Territorial Reviews:Competitive Cities in the Global Economy. http://www.oecd.org.

通过综合比较和分析,我们可以发现,大城市、城市群发展模式是当今世界主要国家和地区空间城市化的主体形态,是国家和区域经济社会发展的增长极。无论从何种角度来看,大城市、城市群发展模式都要比小城镇发展模式更具优势,理应是空间城市化的最优发展模式选择。

三、空间城市化的金融支持

空间价值的实现有赖于空间集聚效应的发挥,而大城市、城市群发展模式则是发挥空间集聚效应的最优途径。所以,金融支持空间城市化的作用机制主要在于金融体系发挥金融功能,通过支持空间发展的大城市化和城市群化,形成大城市、城市群为主体的空间城市化发展模式,强化空间集聚效应,进而提升空间价值,促进空间城市化的发展(图6-1)。

```
金融支持 ──┬── 大城市化 ──┐
          │              ├── 空间集聚效应 ── 空间价值 ── 空间城市化
          └── 城市群化 ──┘
```

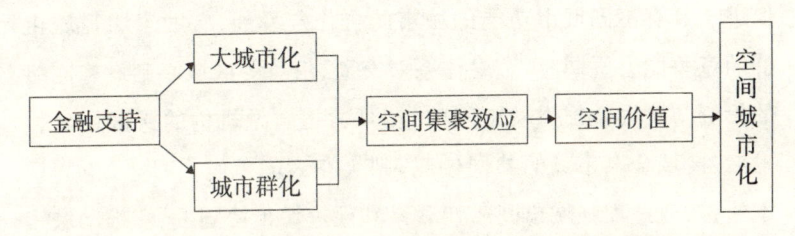

图6-1　金融支持空间城市化的内在机理

一方面,金融支持大城市化发展。金融支持大城市化发展直接表现为金融体系通过资本供给机制给予城市规模扩张方面的资金支持。资本天生就具有逐利性,良好的金融体系能够动员和鼓励空间社会储蓄并为储蓄带来合理的回报,而大城市由于人口和产业集聚水平较高,所形成的社会储蓄和投资收益都明显高于小城镇,金融机构和金融市场的运营成本却低于小城镇。在这种情况下,金融体系会发挥金融功能,不断加大对城市发展的支持,促进小城市向中等城市转变,中等城市向大城市转变,大城市向国际性大都市转变,支持不同规模水平的城市在原有基础上实现人口和产业的扩大和加速集聚。

另一方面,金融支持城市群化发展。金融支持城市群化发展直接表现为金融体系通过资本配置机制促进人口和产业在空间上的优化配置。城市群化发展是城市由单个形态向组合形态演变的过程,在一定的地理空间范围内,有多个城市同时存在,金融体系将会按照不同城市的发展水平和潜力决定资本配置的方向和重点,会促进不同类型的人口和产业按照市场的原则在不同的城市进行集聚,依据自身的比较优势承担不同的分工和职能,使得人口和产业集聚呈现空间上的层次性和等级性。这种层次性和等级性构成了城市间的分工协作体系，形成了城市之间的紧密经济联系，促进了具有不同城市功能的城市的合作与发展，有助于增强城市群的竞争能力。同时，金融体系对交通、信息等区域基础设施网络的投资与建设会加强城市间的空间联系，金融机构的跨区域延伸发展、区域金融市场的共同创建，则会在大的范围内，形成空间资本纽带，通过加强城市间密切联系和促进城市协同发展，推动城市群的成长与壮大。

总的来看，金融支持空间城市化的过程，主要是金融体系在空间层面上发挥金融功能支持大城市化、城市群化发展的过程，其核心在于空间上的资本供给和空间上的资本配置。通常情况下，一个国家或区域的金融发展水平越高、金融机构越发达、金融市场越完善，对空间上大城市化、城市群发展的金融支持力度越大，空间集聚经济效应也就越强，相应的空间价值也越大。

第三节　中国空间城市化进程及模式选择

中国的空间城市化进程是空间城市化发展模式的选择与探索过程。认识和了解中国空间城市化发展的历史进程，明确中国空间城市化发展模式的最优选择，并依据空间城市化最优模式提出中国空间城市化发展的金融支持路径，对于促进中国空间城市化持续健康发展具有重要的意义。

一、中国空间城市化进程

与人口城市化和产业城市化总体发展历程相类似，伴随着中国政治经济体制改革的推进,中国空间城市化的发展也经历了较大的起伏。建国之初,全国仅有城市 132 个。1953～1957 年,中国经济发展重点放在了重工业上并实施了第一个五年计划,随着"一五"计划的完成,原有的工业城市得到了发展,而且涌现了一批新兴的工业城市,中国城市数量增加到了 176 个,比 1949 年增加 33.3%,平均年增长率达 10%;随后而来的"大跃进",促使中国城市数量大幅增长,城市数量由 1957 年 176 个增加到 1961 年的 208 个,增长 18.2%;1962 年后,国家撤销了一批城市,到 1965 年,全国城市数量急剧下降到 168 个,已低于"一五"计划后期的水平。接着,1966 开始的文化大革命使中国空间城市化陷入了长达十年的停滞期,十年期间,全国仅增加城市 26 个,平均每年仅增加 2 个,中国空间城市化进程非常缓慢[①]。改革开放以后,中国空间城市化进程实现了历史性飞跃,在经济体制改革的推动下,城市发展布局和结构日趋合理,呈现出了许多新的变化。一般来看,改革开放后中国空间城市化大致可以分为三个主要阶段:空间城市化的加速发展阶段(1978～1991 年)、空间城市化的深化发展阶段(1992～2001 年)和空间城市化的提升发展阶段(2002 年至今)。

(一)空间城市化的加速发展阶段(1978～1991 年)

空间城市化加速发展阶段的突出特征是小城镇的迅速发展。改革之初,农村经济的快速发展促进了小城镇的加速成长,而 1980 年的全国城市规划工作会议确定了"控制大城市规模,合理发展中等城市,积极发展小城市"的政策方针,进一步推动了小城

---

① 参见国家统计局综合司编:《新中国成立 60 周年系列报告之十:城市社会经济发展日新月异》,http://www.stats.gov.cn/tjfx/ztfx/qzxzgcl60zn/t20090917_402587821.htm。

镇的发展。80年代中期以来,以城市为重点的经济体制改革则再次掀起了空间城市化新浪潮。对外开放战略使得靠近大中城市的沿海地区的乡镇企业异军突起并通过产业集聚形成了大量的小城镇,而全国小城镇建设也如火如荼展开。此时政策层面的鼓励也推动了这一发展趋势,1984年和1986年国家先后两次放宽建制市镇的标准,1989年《中华人民共和国城市规划法》进一步强调"严格控制大城市规模,积极发展中等城市和小城市",一系列的鼓励政策也促使中国小城镇得到极大发展。

(二)空间城市化的深化发展阶段(1992～2001年)

随着社会主义市场经济体制改革目标的确定,1992年以后,人口城市化和产业城市化都获得了飞速的发展,人口与产业的空间集聚也不断加快,使得中国的空间城市化也进入到深化发展阶段。这一时期,空间城市化的政策出现了相应的变化和调整。1993年,建设部确定了以小城镇建设为重点的村镇建设工作方针,提出了到20世纪末中国小城镇建设发展目标。1998年中共十五届三中全会通过了《中共中央关于农业和农村工作若干重大问题的决定》指出"发展小城镇,是带动农村经济和社会发展的一个大战略",进一步提升了发展小城镇的重要地位。尽管发展小城镇仍然是国家空间城市化发展的主体政策,但这一时期,以发展小城镇为主体推进城市化的政策导向也出现了调整迹象,那些严格控制大城市的提法已经逐渐淡出政府文件。例如,《中华人民共和国国民经济和社会发展第十个五年计划纲要》就提出要"形成合理的城镇体系、推进城镇化要遵循客观规律,与经济发展水平和市场发育程度相适应、循序渐进、走符合我国国情、大中小城市和小城镇协调发展的多样化城镇化道路,逐步形成合理的城镇体系。有重点地发展小城镇、积极发展中小城市、完善区域性中心城市功能、发挥大城市的辐射带动作用、引导城镇密集区有序发展",不在单独强调小城镇的重要作用,而突出了空间城市化的多样性。

(三)空间城市化的提升发展阶段(2002年至今)

2003年,中共十六届三中全会提出了以人为本,全面、协调、可持续的发展观。在空间城市化发展方面也更加注重统筹兼顾,为空间城市化发展提升形成了新的指导思想。2007年,节约土地、以大带小、以城带乡、以特大城市为依托,形成城市群,培育新的经济增长极等提法被写进党的十七大报告,表明中国空间城市化进入到了发展的新阶段。2008年开始实施的《城乡规划法》中已不再有"控制大城市规模"的规定。中国开始走上了以大城市为依托、以增强综合承载能力为重点,大中小城市和小城镇协调发展的有中国特色的城市道路。截至2008年,中国已拥有建制城市655座,其中市区总人口100万以上人口城市达122个,50～100万人口城市达118个,50万以下人口城市415个,初步形成以大城市为中心、中小城市为骨干、小城镇为基础的多层次的城市体系①。同时,中国城市群经过多年的发展,也逐渐从幼稚走向成熟,城市群自组织功能不断完善,城市群内部结构不断优化,城市群整体的经济效益和对外服务能力得到了大幅度的提升,区域资源配置趋于最优化,经济总体效率也在不断提高。

总的来看,中国空间城市化进程在相当长的一段时间内是由小城镇发展模式主导的,并经历了一个从小城镇发展模式为主向

---

① 参见国家统计局综合司编:《新中国成立60周年系列报告之十:城市社会经济发展日新月异》,http://www.stats.gov.cn/tjfx/ztfx/qzxzgcl60zn/t20090917_402587821.htm.

大城市、城市群发展模式为主的过渡阶段。在这一过程中,尽管长期以来大城市和城市群发展并没有得到足够的重视,但中国空间城市化的整体绩效仍然有很大提升。从衡量空间价值的人均国内生产总值指标上看,1978 年,中国的人均 GDP 仅 381.2 元,到 1987 年,中国的人均 GDP 突破一千元,达 1112.4 元,2003 年这一指标则突破一万元,达 10542 元,自 2003 年以来人均国内生产总值保持了两位数的年增长率,2008 年达 22698 元,突破两万元大关,相较 1978 年增长了近 60 倍,年均增长率达 14.6%,整体上呈不断上升趋势(表 6-2、图 6-2)。

表 6-2 1978~2008 年中国人均国内生产总值表

单位:元

年	人均 GDP	年	人均 GDP
1978	381	1994	4044
1979	419	1995	5046
1980	463	1996	5846
1981	492	1997	6420
1982	528	1998	6796
1983	583	1999	7159
1984	695	2000	7858
1985	858	2001	8622
1986	963	2002	9398
1987	1112	2003	10542
1988	1366	2004	12336
1989	1519	2005	14053
1990	1644	2006	16165
1991	1893	2007	19524
1992	2311	2008	22698
1993	2998		

资料来源:国家统计局:《中国统计年鉴 2009》,中国统计出版社 2009 年版。

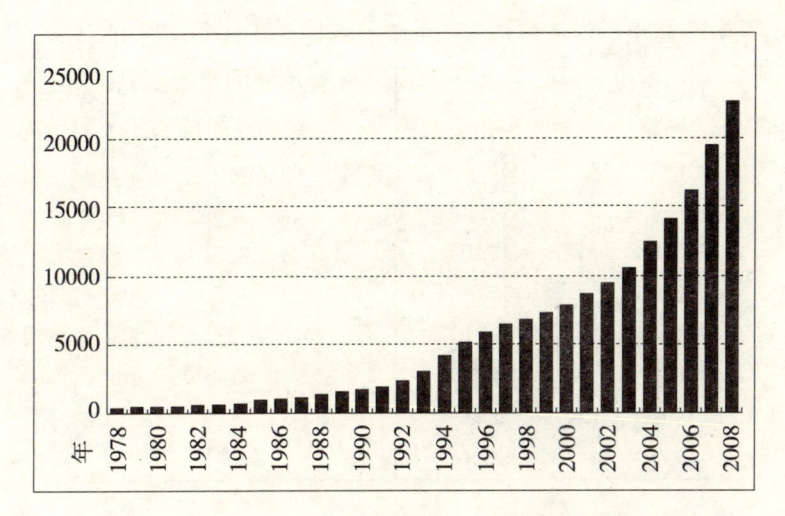

图 6-2　1978~2008 年中国人均 GDP 变化情况

更值得注意的是,1978~2008 年,中国的地均国内生产总值也保持了高速增长。1978 年,地均 GDP 仅 3.8 万元/平方公里,1994 年突破 50 万元/平方公里,达 50.2 万元/平方公里,2000 年、2006 年、2008 年分别突破 100 万元/平方公里、200 万元/平方公里、300 万元/平方公里,达 313.250 万元/平方公里,相较 1978 年增长了近 82.5 倍,年均增长率达 15.8%,增长态势十分明显(表 6-3、图 6-3)。

表 6-3　1978~2008 年中国地均国内生产总值表

单位:万元/平方公里

年	地均 GDP	年	地均 GDP
1978	3.8	1994	50.2
1979	4.2	1995	63.3
1980	4.7	1996	74.1
1981	5.1	1997	82.3
1982	5.5	1998	87.9
1983	6.2	1999	93.4

续表

1984	7.5	2000	103.3
1985	9.4	2001	114.2
1986	10.7	2002	125.3
1987	12.6	2003	141.5
1988	15.7	2004	166.5
1989	17.7	2005	190.9
1990	19.4	2006	220.8
1991	22.7	2007	268.0
1992	28.0	2008	313.2
1993	36.8		

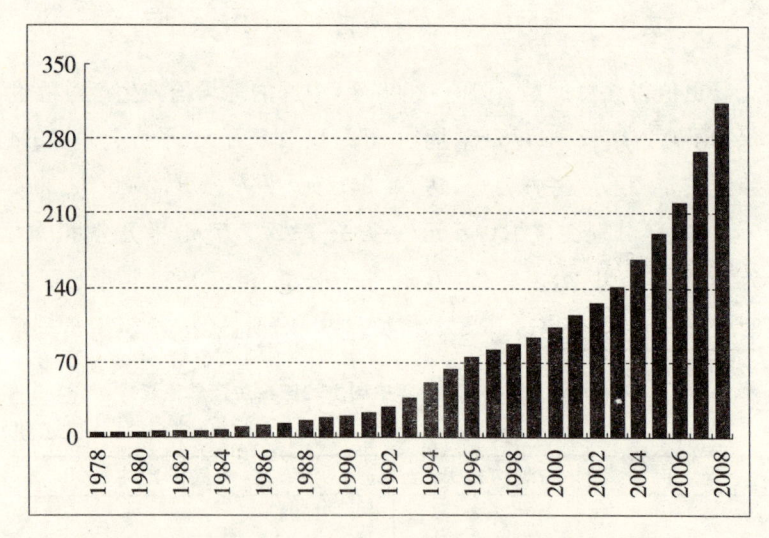

图 6-3　1978～2008 年中国地均 GDP 变化情况

二、中国空间城市化发展模式选择

中国在空间城市化发展模式问题上一直有两派之争。改革开放之初,理论界就围绕发展大中城市还是发展小城镇展开过激烈的讨论。一些学者认为发展以乡镇工业为基础的小城镇是我国农业剩余人口转移的最广阔的途径,也是改变我国城镇现有结构不合理状况的必由之路,应大力发展小城镇以吸收和容纳大量剩余劳动力[1]。而另一些学者则持有不同意见,认为"离土不离乡、进厂不进城"的小城镇发展是违反空间经济发展规律的,而解决人口流动问题的首要任务是采取以迁移自由为目的的有控制的人口流动和移居政策[2]。随着中国城市化进程的加快,关于城市化道路选择的问题一直有所争议。总的来看,支持中国城市化发展走小城镇道路的观点认为,小城镇是"乡之首,城之尾",是城乡结合的政治、经济中心,具有连接城市、辐射乡村的综合功能,能够大量吸纳农村剩余劳动力,实现农业现代化和农村发展,是具有中国特色的城市化发展道路。而支持中国城市化发展走大城市道路的观点则认为大城市超前发展是世界各国城市化发展的普遍规律,小城镇不符合现代城市发展的趋势,具有不可持续性,大城市及以大城市为核心的城市群则具有显著的规模经济和聚集效应,能够集约利用土地,集中处理污染,形成更多的就业机会和更大带动作用,比小城镇具有更多的发展优势,促进大城市、城市群发展是符合我国国情的城市化道路[3]。

客观地讲,从发展的角度看,小城镇模式的形成有特定的历史

---

[1] 杨重光、廖康玉:《试论具有中国特色的城市化道路》,《经济研究》1984 年第 8 期。王向明:《农业剩余人口的转移与经济发展》,《经济研究》1985 年第 2 期。
[2] 伍晓鹰:《人口城市化:历史、现实和选择》,《经济研究》1986 年第 11 期。
[3] 王小鲁、夏小林:《优化城市规模,推动经济增长》,《经济研究》1999 年第 9 期。安虎森、陈明:《工业化、城市化进程与我国城市化推进的路径选择》,《南开经济研究》2005 年第 1 期。

背景,是中国转轨这一特定历史时期的产物,也是改革开放以来"三元经济结构"①的产物,这一模式在改革开放初期有一定的合理性、必然性。但其负面作用也是非常明显的,小城镇模式往往滋生了准城市化或半城市化现象,与大城市相比,小城镇无论在空间承载能力还是聚集能力方面都是低水平的城市化模式。随着经济社会的不断发展,这一模式已逐渐过时并带来了许多大问题,并终究会被大城市及城市群发展所代替。

(一)中国大城市承载能力优于小城镇

高效率的城市化总是首先发展那些承载能力高的城市。中国自然资源总类繁多,资源绝对数量可观,按资源总量计算,我国耕地、森林、草地、淡水、矿产等自然资源都位居世界各国的前列。但由于庞大的人口基数,我国资源环境各要素的人均拥有量则明显不足。以土地资源为例,中国人地矛盾突出,人均资源占有量少,适宜于人类生存的空间相对不足。目前,中国人均土地仅 0.8 公顷,只及世界平均水平的 1/3,人均耕地也是世界平均的 1/3。而且,中国 70% 以上的耕地为中低产田,大部分耕地有机质含量低,有的干旱缺水,有的滞涝,有的盐碱化或沙化,实际可用土地很少。同时,改革开放以来,中国经济维持了长达 30 多年的高速增长,成为令世界瞩目的新兴经济体。但中国经济增长是建立在大量投入资源和环境污染的基础上的,由于过多地依靠扩大投资规模和增加物质投入,有限的自然供给能力和生态环境承载能力与日益增长的需求之间的矛盾日益突出。

---

① "三元经济结构"主要是指我国改革开放后农村工业发展所构成的由农业部门经济、农村工业部门经济和城市部门经济所组成的经济体系。详见李克强:《论我国经济的三元结构》,《中国社会科学》1991 年第 3 期。

自然资源枯竭、环境污染已经成为制约中国经济长期增长的主要障碍。中国的城市化和中国经济增长方式类似,相当大程度上是建立在投入大量资源和污染环境的基础上的,城市化发展同资源、环境之间的矛盾也在不断加深。以土地资源为例,现实中,在城市化进程中,城市发展的内在需求加大了对土地的需求,而20世纪90年代中期以来,随着城市化进程加速和城市土地出让市场化,特别是地方政府出于在区域竞争中突出政绩的需要,使得地方政府通过扩大农地转非农地规模以增加预算外财源的动机和行为有增无减,城镇土地面积、建城区面积增长很快,由于开发过多、占用过多,非农业建设用地产出率低,造成了大量土地资源的浪费。据国家统计局和国土资源部资料显示,近年来,中国耕地面积减少迅速趋缓,但减少的总量仍在增加(表6-4)。各类重复建设、形象工程等也严重威胁着赖以生存和发展的自然生态环境。随着中国城市化的加速推进,中国耕地面积仍然存在减少的趋势,耕地保护仍面临严峻挑战。

表6-4 2005~2008年中国耕地面积及其减少量

单位:千公顷

年	2005	2006	2007	2008
耕地面积	122082.7	121775.9	121735.2	121715.9
耕地面积减少量	361.6	306.8	40.7	19.3

资料来源:国家统计局:《中国统计年鉴》,中国统计出版社2006~2009年版。

中国的资源环境条件决定城市化需要走集约型道路,通过集约化发展,城市的空间布局将得到优化,从而增强要素和经济活动空间聚集与环境生态承载力禀赋格局的适应性。具体看,集约既体现在单个城市的紧凑布局上,又体现在人口更多地集中于规模较大的城市和城市群上。以小城镇为主的城市化模式在空间承载能力方面是一种低水平的城市化模式。小城镇规模较小,发展又往往表现出很大的盲目性和无序性,不仅容易占用大量土地造成耕地的锐减,而且由于其空间承载能力非常有限,还容易造成资源浪费、生态环境恶化等问题,使城市化的可持续能力大打折扣。

(二)中国大城市聚集能力优于小城镇

以小城镇为主的城市化模式强调城市化过程中着重发展城市空间体系中的小城镇,使空间结构配置效率降低,进而导致聚集效应较弱。众多的小城镇大多数只是城而非"市",城镇规模过小,基础设施不完善,既无区位要素优势也无市场优势,在吸纳非农业人口方面远逊于大城市(表6-5)。同时,城市功能不健全的小城镇常常缺少富有竞争力的支柱产业支撑,在区域城市体系中缺乏鲜明的城市定位,往往表现为"走了一村又一村,村村像城镇;走了一镇又一镇,镇镇像农村",发展缺乏内在动力和可持续性,更难以发挥对周边地区经济的带动作用。

(三)中国大城市、城市群已经成为城市化发展的主要空间形态

以大城市为依托的城市群已经是中国最重要的经济增长极,体现出来巨大的空间竞争力,是中国城市发展的主要空间形态。例如,我国长三角、珠三角以及京津冀沿海三大城市群已经是我国国民经济重要的拉动力量,其经济规模、产业结构和对外开放等主要经济指标均领先于全国平均水平(表6-6)。其中,珠三角城市群坐拥港澳开放优势,拥有深圳特区和众多国家级经济开发区,凭借税收等方面的优惠待遇和灵活的制度安排,大力发展外向型经济,一直保持着快速的发展。长三角城市群是我国最大的城市群,

该城市群商品经济发达,农副产品丰富,工业基础雄厚,外向型经济发达,目前形成以上海为核心,以杭州、南京等为中心的"一核心、多中心"的空间格局,以全球制造业基地为特征的全球化巨型城市网络雏形已经显现。京津冀城市群位于华北平原北部,空间地域范围涉及两市一省,以北京为中心,正在打造首都经济圈,已经形成了相对完善产业体系,城市群综合实力也非常强劲。

表6-5 不同规模城市在吸纳非农人口方面的贡献

年	1957—1965	1965—1975	1975—1985	1985—1998
城镇非农人口的增加	1076	321	3610.76	4389.32
超大城市非农人口的增加	476	−141	1472.96	2006.41
特大城市非农人口的增加				1614.75
大城市非农人口的增加	−131	626	527.11	822.99
中等城市非农人口的增加	326	243	903.20	1315.56
小城市非农人口的增加	411	−413	707.49	−1370.40
依各类城市对总城市非农人口增加的贡献排序				
超大城市	1	3	1	1
特大城市				2
大城市	4	1	4	4
中等城市	3	2	2	3
小城市	2	4	3	5

数据来源:陈甬军、陈爱民:《中国城市化:实证分析与对策研究》,厦门大学出版社2002年版,第82页。

表6-6 三大城市群经济发展状况

指标	京津冀城市群	珠三角城市群	长三角城市群
GDP(万元)	269964283	297455763	519907047
财政收入(万元)	3301767	2497959	3764642
人均可支配收入(元)	19787	22648	21668
三次产业比重	6:44:50	3:50:47	3:54:43
进出口额(万美元)	4198775	7298133	5818595

资料来源:国家统计局城市社会经济调查司:《中国城市统计年鉴2008》,中国统计出版社2009年版。
注:此处珠三角城市群数据未包含香港特别行政区和澳门特别行政区。

从全国的角度看,在中国的空间版图上,长三角、珠三角、京津冀三大城市群及辽中南、中原、武汉、长株潭、成渝、闽东南、山东半岛、关中天水、北部湾等众多城市群正在不断发展(表6-7)。这些城市群以不到全国1/10的土地面积,承载了全国1/3以上的人口,创造了全国一半以上的GDP,这些城市群通常以某个或多个大型城市为核心,周围簇拥着许多中小城镇,每个城市功能不同,定位各异,彼此之间相互补充,互通有无,形成了网络状的城镇发展新格局。这种城市群发展格局聚集效应明显,不断兴起和发展的城市群区域不但聚集着全国最好的发展资源,也以快于全国的发展速度引领区域快速发展,具有小城镇所难以企及的创富能力和竞争优势。伴随着中国经济的发展,全国性和区域性基础设施网络的建设步伐会进一步加快,通过城市轨道交通、城际高速铁路建设,会进一步推动资源和要素向大都市集中,改善内陆地区城市外部联系,促进城市大型化、带状化和网络化发展。

表6-7 中国主要城市群的分布状况表

名称	范围	核心城市
长三角城市群	上海、杭州、嘉兴、湖州、绍兴、宁波、舟山、南京、扬州、常州、泰州、镇江、无锡、南通、苏州	上海、南京
珠三角城市群	香港、广州、佛山、江门、深圳、惠州、肇庆、珠海、东莞、中山、澳门	香港、广州
京津唐城市群	北京、天津、唐山、保定、沧州、张家口、秦皇岛、廊坊、承德	北京、天津
海峡城市群①	台北、基隆、新竹、台中、台南、高雄、泉州、漳州、厦门、宁德、福州、莆田	台北、厦门、福州
山东半岛城市群	青岛、济南、潍坊、烟台、淄博、威海、东营、日照	青岛、济南
辽中南城市群	沈阳、鞍山、抚顺、本溪、丹东、营口、铁岭、盘锦、辽阳、大连、锦州、阜新	沈阳、大连
中原城市群	郑州、新乡、洛阳、平顶山、焦作、许昌、开封、漯河、济源	郑州
武汉城市群	武汉、黄冈、黄石、孝感、咸宁、鄂州、潜江、天门、仙桃	武汉
成渝城市群	成都、重庆、南充、绵阳、乐山、德阳、眉山、内江、遂宁、资阳、广安	成都、重庆
长株潭城市群	长沙、株洲、湘潭、邵阳、衡阳、益阳、娄底、常德	长沙
关中城市群	西安、咸阳、渭南、宝鸡、铜川、杨凌	西安
皖江淮城市群	马鞍山、滁州、芜湖、铜陵、安庆、池州、宣城、巢湖、合肥、六安、蚌埠、淮南	合肥、芜湖
长春城市群	长春、吉林、四平、松原、辽源	长春

资料来源:各地规划材料汇总整理。

---

① 海峡城市群包括现有海峡西岸城市群和海峡东岸城市群,尽管目前海峡西岸城市群经济实力与海峡东岸城市群相比略呈弱势,但二者从空间维度上具有天然的统一性与联系性,且伴随着两岸经贸往来的日益频繁,共同构建国家级城市群的现实基础和有利条件将不断凸显,故称为海峡城市群较为妥当。

同时,近年来新的区域规划不断出台,为许多区域提供了前所未有的政策空间和发展平台,更持续助力城市规模的扩张,加快了空间城市化的步伐(表 6-8)。例如,在新的区域规划安排下,2009 年,珠海经济特区就已将横琴岛纳入区域范围,面积骤增到 207 平方公里。而按照新的规划,重庆两江新区将包括原有的江北、渝北、北碚三个行政区的部分区域,规划总控制范围 1200 平方公里,其中建成区 150 余平方公里,水域、不可开发利用的山地及原生态区共 650 平方公里,可供开发建设用 400 平方公里左右,人口将由现在的 130 万增长到 400 万左右。

表 6-8　2009 年经批准的主要区域规划和地区性规划调整文件

规划时间	规划文件	规划目标
2009 年 1 月	《珠江三角洲地区改革发展规划纲要(2008~2020 年)》	深化改革先行区,扩大开放的重要国际门户,世界先进制造业和现代服务业基地,全国重要的经济中心
2009 年 5 月	《关于支持福建省加快建设海峡西岸经济区的若干意见》	服务周边地区发展新的对外开放综合通道,东部沿海地区先进制造业的重要基地,中国重要的自然和文化旅游中心
2009 年 6 月	《江苏沿海地区发展规划》	新亚欧大陆桥东方桥头堡,中国重要的综合交通枢纽、沿海新型工业基地、重要的土地后备资源开发区,生态环境优美、人民生活富足的宜居区,中国东部地区重要的经济增长极
2009 年 6 月	《关中—天水经济区发展规划》	全国内陆型经济开发开放战略高地,统筹科技资源改革示范基地,全国先进制造业重要基地,全国现代农业高技术产业基地

续表

2009年7月	《辽宁沿海经济带发展规划》	东北亚重要的国际航运中心,具有国际竞争力的临港产业带,生态环境优美和人民生活富足的宜居区,中国沿海地区新的经济增长极
2009年8月	《横琴总体发展规划》	区域共建的"开放岛",经济繁荣、宜居宜业的"活力岛",知识密集、信息发达的"智能岛",资源节约、环境友好的"生态岛"
2009年8月	《中国图们江区域合作开发规划纲要》	面向东北亚开放的重要门户,东北亚经济技术合作的重要平台,培育形成东北地区新的重要增长极
2009年9月	《促进中部地区崛起规划》	重要粮食生产基地,能源原材料基地,装备制造业基地,综合交通运输枢纽
2009年12月	《黄河三角洲高效生态经济区发展规划》	重要的现代农业经济区、现代物流区、技术创新示范区,全国重要的高效生态经济区
2009年12月	《甘肃省循环经济总体规划》	全国循环经济发展示范区
2009年12月	《国务院关于推进海南国际旅游岛建设发展的若干意见》	世界一流海岛休闲度假旅游目的地,全国生态文明建设示范区,国际经济合作和文化交流重要平台,南海资源开发和服务基地,国家热带现代农业基地
2009年12月	《鄱阳湖生态经济区规划》	全国生态文明与经济社会发展协调统一、人与自然和谐相处的生态经济示范区和中国低碳经济发展先行区

资料来源:各地规划材料汇总整理。

在新的区域规划指引下,城市群的发展也被赋予了更加丰富的内涵,以城市群促进区域经济发展已经成为国家和地方发展的共识,大多数城市群与区域规划范围重合或叠加,空间定位和发展目标得到了进一步明确。可以预测,中国城市间的联系会更加紧密,城市群的发展也将更加迅速,网络化和集中化趋势会更加明显。按照目前的发展态势,中国在不久的将来会逐渐形成东部连片、中部东北成带、西部成群的空间结构体系。在这种形势下,分散发展的小城镇如果不努力扩大规模、增强自身承载和辐射能力,成为大城市、城市群发展的一部分,则将面临被边缘化的危险。

三、中国空间城市化的主要问题

大城市、城市群是我国空间城市化发展的主要形态。但同时,我们也应该看到,中国空间城市化的发展还存在着一些问题,城市体系还不健全,大城市服务功能不完善,中等城市带动作用不强,小城镇相对分散,各类城市未能完全按照市场原则特别是产业链和价值链的规律来形成差异化功能定位格局,城市自身发展质量不高,带动力不足的局面仍然存在,城市群则多因行政区划安排而形成,缺乏内在的经济统一性和联系性。与西方发达国家大城市和城市群相比,我国大城市和城市群对国家财富积累和经济发展的贡献率还比较低,无论在发展质量还是综合竞争力上都还存在一定的差距。

(一)大城市发展中存在的主要问题

我国大城市发展迅速,对国民经济的持续增长发挥了不可替代的作用,也是空间城市化发展的必然趋势。从不同规模城市之间人口承载比率的变化趋势上看,中国不同规模的城市承载力总体上呈"一高、一升、一降"发展态势。不同规模的城市承载力有所不同,总的来看,大城市承载力始终相对较高,中等城市、小城市承载力近年来逐渐增大,存在大城市化倾向。而超大城市、特大城市的承载能力呈倒"U"型曲线分布,近年来承载力有所下降(表6-9)。这充分说明了大城市在承载能力方面的优势,同时也反映近年来超大城市、特大城市发展中所存在的问题。

表 6-9 2000~2007 年中国城市规模与承载力比较表

单位:万人/平方公里

年	2000	2001	2002	2003	2004	2005	2006	2007
全国	1.730	1.488	1.356	1.194	1.123	1.105	1.923	1.835
超大城市	1.819	1.702	1.495	1.338	1.281	1.391	1.658	1.552
特大城市	1.463	1.381	1.337	1.292	1.363	1.327	1.461	1.492
大城市	1.375	1.356	1.379	1.247	1.163	1.065	2.425	2.339
中等城市	1.916	1.640	1.432	1.198	1.195	1.127	2.150	1.980
小城市	1.837	1.353	1.181	0.982	0.911	0.882	1.487	1.619

资料来源:住房和城乡建设部综合财务司:《中国城市建设统计年鉴》,中国建筑工业出版社 2000~2008 年版。

目前,中国大城市发展面临的最大阻碍在于形形色色的"城市病"。许多大城市发展存在"大跃进"和"贵族化"倾向,片面追求城市发展的速度,注重城市华丽的外表和国际化风貌,而忽视了城市化发展的本意与内涵,缺乏对人的需要和产业发展的足够重视,缺少对自然环境和历史人文的尊重,公共设施不健全,公共服务功能不完善,在社会发展、教育促进、文化传承等方面的投入长期不足,使得大城市应有的集聚效应并没有得到充分的发挥,直接束缚了大城市的承载能力。

(二)城市群发展中存在的主要问题

一方面,城市群内部体系还不完善。从城市群发展的实践来看,发达的城市群一般都具有由金字塔式的多级城市组成的完整的城市规模等级,拥有范围广阔的经济腹地和除中心城市外的众多其他城市,中心城市和其他众多城市按规模等级由大到小形成圈层结构,各规模等级城市之间能够保持合理的结构比例关系。如美国纽约城市群拥有波士顿、华盛顿等次级中心城市,经济腹地达13.8万平方公里,占美国国土面积的1.5%,城市化率达到90%。但是,我国城市群的内部体系还不完善,往往中心城市发展较快,经济腹地和其他城市发展较慢,各规模等级城市的发展很不均衡。

另一方面,城市群联系性不够紧密。在成熟的城市群内部,各城市间有着密切的社会、经济联系,高速公路、高速铁路、航道、通讯干线、运输管道、电力输送网和给、排水管网体系所构成的区域性基础设施网络完善便捷,人流、物流、信息流、资金流等各种经济要素高度关联,形成合理的社会、经济职能分工网络,城市的职能作用能够通过城市网络依次有序地逐级扩散到整个体系,具有较强的一体化倾向。但从我国城市群的发展情况来看,许多城市群的形成并不是市场自发作用的结果,行政色彩浓厚,内部联系性不够紧密。

第四节 中国空间城市化进程的金融支持路径

中国的城市化是后发式的城市化。要在现有资源条件约束下,短期内走完发达国家在很长时间内才走完的道路,这要求中国必须实施跨越式发展战略,在保持城市经济高速增长的同时加快经济结构转型,实现又好又快的发展。大城市、城市群发展能够更好地促进生产要素按照市场规律在更大范围、以更快速度进行集中配置,在空间结构上提高资源的配置效率,已经是我国空间经济版图的主要组成部分,不仅是目前我国城市化发展的主要空间形态,也是未来我国空间城市化发展的基本方向。金融支持中国空间城市化发展,也特别需要选择合理的空间城市化发展模式,围绕大城市、城市群的发展需要,充分发挥金融支持作用,促进大城市、城市群发展,推动人口和产业在空间上的高水平、高质量聚集,以实现空间城市化的健康持续发展。

一、金融支持中国空间城市化的重点领域

大城市、城市群发展模式是中国空间城市化的最优选择。金融支持中国空间城市化发展,就是要发挥金融体系的金融功能,形成大城市、城市群为主体的城市化空间结构,实现空间集聚效应,进而推动空间价值的全面提升。

第一,金融支持大城市发展。中国城市众多,由于自然资源禀赋的差异性和社会资源配置的非均匀性,存在城市经济社会发展的区域空间差异,经济发展基础和水平不一,未来发展潜力难以在同一时期内发挥,要进一步推进空间城市化进程必须走非均衡发展道路。相对小城镇而言,大城市的人口规模、经济规模均在区域内占较大比重,对周边城市和地区有较强的吸引力和辐射力。金融支持空间城市化需充分考虑中国空间经济发展历史与现状,依据城市的不同等级、规模,着力提升中国城市的扩张质量和承载能

力,应重点支持大城市发展,加快培养平均人口规模较大、控制地区经济命脉、对区域的带动作用强大的大城市率先崛起,积极培育能够参与全球竞争,体现国家竞争力的国际性大都市,加快中国城市在全球经济中的参与力度。同时,金融应重点支持中小城市发展,加大对中小城市基础设施建设和产业发展投入,夯实中小城市发展基础,改善中小城市的发展环境,增长中小城市发展动力,提升中小城市承载能力,支持中小城市做大做强,促进其规模扩张与质量提升并举,实现其在推动经济发展和城市化过程中的"领头羊"作用。

第二,金融支持城市群发展。城市群是空间城市化发展的主要形态。城市群的培育与开发是一个综合运用多种经济手段的系统工程,而金融支持是其中的重要手段,城市群发展的各个方面都离不开金融体系的构建及金融功能的完善。金融应加大对城市群的支持力度,根据城市群的经济结构和地域分工,调整和优化城市群金融体系结构,在有形的方面着力加强城市群网络化基础设施建设,促进城市群内部和城市群之间交通运输网络、通讯网络等基础设施的互通互联,在无形的方面通过金融市场一体化建设促进城市群人流、物流、信息流的融合,对城市群内人才、产业等要素实现空间和功能的合理集聚,形成了人流、物流、资金流、信息流等多种流态的集聚与辐射形式,增强区域内部的互动能力,密切城市群内城市的经济、社会联系,并通过金融制度和产品的创新,协调城市群关系,促进资金的积累和优化配置,发挥集聚辐射功能,扩大发展规模,提高发展质量,增进发展效益,推动城市群的健康发展。

同时,需要注意的是,我国空间城市化发展同经济发展一样,存在着较为显著的区域差异。中国西部地区包括重庆、四川、贵州、云南、西藏、陕西、甘肃、青海、宁夏、新疆、内蒙古、广西12个省区市,面积共计685万平方公里,占全国的71.4%,人口约占全国人口的1/3,空间广阔,人口、民族众多,资源丰富,战略地位十分重要。由于自然、历史、社会等原因,改革开放后,与东部发达地区相比,中国西部地区整体发展水平相对落后。相应的,东部、中部和西部地区空间城市化发展水平有所不同。近年来,中国区域城市化已经逐渐呈"东稳西快"态势,东部地区经济基础较好,区域城市化水平总体较高,整体发展较为平稳。西部地区受国家西部大开发战略的影响,城市化发展的后发优势在逐渐凸显。但总体而言,西部城市化水平仍然远远滞后于东部地区。同样的,我国区域金融发展不平衡现象也十分突出。改革开放以来,东部沿海地区以其历史上坚实的经济基础和优越的地理条件吸收了大量的投资,拥有了良好的金融环境和充足的资金条件。而广大中西部地区经济发展长期滞后,经济基础薄弱,资本积累速度相对较慢,在存贷款规模、金融机构数量等方面都相对落后。发挥金融对空间城市化的支持作用也要充分考虑这种现实情况,区别对待,重点支持。根据不同区域空间城市化的发展程度,对于东部地区而言,应结合自身基础条件,充分利用市场机制,鼓励和促进商业性金融体系支持空间城市化发展,发展高水平、多元化的金融机构和金融市场,促进东部地区大城市和城市群的发展,发挥其对国家整体空间城市化发展的良好的示范和带动作用。同时,政策性金融应更多地关注中西部落后地区空间城市化发展,应对落后地区发展给予直接金融支持或金融政策倾斜,着力营造有利于落后地区城市发展的金融环境,支持落后地区中小城市发展壮大,有重点地培育和发展大城市和城市群,提高落后地区的空间城市化水平。

二、金融支持空间城市化的典型方式：
城市群金融控股公司

在经济全球化的浪潮中，金融控股公司已成为金融业发展的一种主流趋势。而金融支持城市群发展，也需要城市群内各金融资源最优化组合和充分发挥，形成一个能够以城市群整体发展目标为核心，引领区域内金融业协调发展，共同进步的组织机构。城市群金融控股公司是立足城市群发展需要，以区域性金融控股公司为载体，以资本运作为手段，通过金融控股的形式，整合城市群金融资源区域金融企业集团。它主要通过资本的纽带对城市群现有金融资产进行整合重组，合理配置，可以将不同地区、不同金融品种之间的优势加以组合利用，有效地实现资源优势互补，既可以有效地促进城市群的发展，同时也有助于推进区域金融机构和金融市场发展，是可以实现城市群发展与区域金融发展"双重目标"的金融支持方式。

一方面，城市群金融控股公司有助于实现城市群发展目标。城市群金融控股公司一般会设在城市群范围内，金融机构较多，金融市场相对发达，金融体系相对完善的中心城市，其可以充分发挥资本的流动性优势，以资本控股为途径，收购、兼并、重组城市群内不同城市层级的金融机构，将中心城市、次中心城市、中小城市、小城镇的金融资源进行整合，形成发展目标一致，但规模不同、等级不同、功能不同的金融网络。这一金融网络跨区域整合相对独立的城市金融资源，加强城市群内部经济联系，符合城市群发展所需资金规模大、系统整体性强的金融需求，有助于城市群的成长壮大。

另一方面，城市群金融控股公司有助于实现区域金融发展目标。城市群内各城市金融机构往往带有很强的行政性特征，而通过城市群金融控股公司形成的股权集中、经营分散的运作实体，对城市群区域内的商业性金融机构联合与重组实质是金融资源在不同行政区域间进行的再配置，其通过资本运作形成城市群内部金融机构之间内在联系的利益驱动和有效的机制约束，从资产保值和增值的角度来对各城市商业性金融机构的经营活动进行方向性影响，可以相对灵活地改造城市群内部分散的金融机构，促进城市群内部金融机构的分工与协作，有助于推动金融体制改革，扩大区域金融规模，完善区域金融体系，推动区域金融发展。

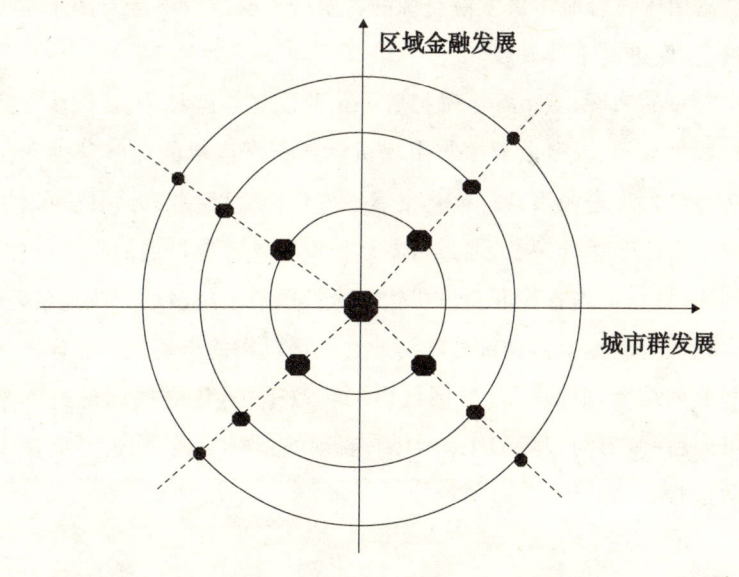

注：⬢ 城市群金融控股公司　● 次中心城市金融机构　● 中小城市金融机构　● 小城镇金融机构　--- 控股路径

图 6-4 "双重目标"导向的城市群金融控股公司

现阶段,城市群金融控股公司组织与运营具体操作模式可以进行如下安排:

1. 由城市群内中心城市地方政府出资,组建或重组设立城市群金融控股公司,并按照一定比例吸收社会资本,扩大城市群金融控股公司总资本规模。

2. 城市群金融控股公司注资于城市群内其他城市及腹地的地方性存款类金融机构(如地方性商业银行、农村信用社等),作为母公司实现金融控股,各被控股金融机构继续保持法人地位。

3. 城市群金融控股公司通过信贷政策和业务指导,利用控股方式从事各被控股金融机构的产权管理和经营,规定和指引新增贷款用于符合城市群发展目标的特定城市群建设项目及产业项目融资,促进城市群发展。

总的来看,城市群金融控股公司的设立与运营,主要以城市群区域为空间、以自由资本与市场机制结合所形成的经济基础和经济力量来推进城市群一体化发展。城市群金融控股公司既可以扮演一个战略者的角色,通过资本运作实现城市群发展的整体目标,同时,城市群内各控股金融机构完全按照市场经济的原则经营,可以把政府的组织协调优势和商业性金融机构的市场优势和体制优势有效结合,消除城市群区域内的行政壁垒,建立共同的进入市场,发挥政府与市场的整体力量,实现城市群发展,推进空间城市化进程。

第七章　金融支持中国城市化的测度与分析

　　前文已经对金融支持城市化的概念内涵和内在机理等问题作了较为详细的理论阐释,本章内容将转入实证部分,以期通过实证检验,对前文理论部分的研究进行必要的验证和进一步的补充说明。本章首先构建金融支持城市化的变量模型,建立指标体系,形成金融支持度和城市化的指标框架;然后,通过指标评分和指数合成,对1978～2008年我国的金融支持度指数和城市化指数进行实际测度;最后,对测度得到的金融支持度指数和城市化指数时间序列作相关性和格兰杰因果关系检验。同时,除了从全国角度考察金融支持水平和城市化的关系之外,本章还将研究延伸至区域层面,分别检验我国东部、中部、西部三个区域金融支持和城市化的关系。

第一节　金融支持与城市化指标体系的研究回顾

　　金融是现代经济的核心,城市化是经济社会发展的必然结果和重要动力,理论界对这两个领域的研究已经较为深入和广泛,也从不同的角度设计了相应的测度指标体系,对金融和城市化的发展水平进行了评价分析。对这些已有成果的合理借鉴,是本文构建金融支持和城市化测度指标体系的基础。

就金融支持测度指标体系而言,目前的研究主要体现在金融与经济增长的关系、金融市场化、金融环境等三个方面。

第一,从金融发展与经济增长关系角度设计指标体系进行评价分析。一些学者侧重利用相关金融指标研究金融发展与区域经济增长的关系。例如,周立、胡鞍钢通过对中国各地区1978～1999年金融资产相关比率(FIR)及其他指标的计算发现,中国各地区金融差距具有先缩小,后扩大的特征[1]。沈坤荣、张成利用跨地区工具变量估计和动态聚合估计两种计量经济学工具,对29个省市的1978～1998年的数据进行聚合回归,分析了金融与经济增长和地区金融效率问题[2]。同时,一些学者利用相关金融指标研究了金融发展与国家经济增长的关系。例如周诚、毛伟从金融深化角度利用利率和汇率对GDP增长率贡献进行分析[3]。李广众和陈平利用中国1952～1999年的相关时间序列数据分析了金融中介发展水平的合理度量、金融中介发展与经济增长之间的因果关系问题[4]。

第二,从金融市场化的角度设计指标体系进行评价分析。国

---

[1] 周立、胡鞍钢:《中国金融发展的地区差距分析:1978～1999》,《清华大学学报》(社科版),2002年第2期。

[2] 沈坤荣、张成:《金融发展与中国经济增长——基于跨地区动态数据的实证研究》,《管理世界》2004年第7期。

[3] 周诚、毛伟:《我国经济发展中金融深化效应的实证分析》,《数量经济技术经济研究》2002年第7期。

[4] 李广众、陈平:《金融中介发展与经济增长:多变量VAR系统研究》,《管理世界》2002年第3期。

际上,美国传统基金会(Heritage Foundation)和加拿大弗雷泽研究所(Fraser Institute)在对经济自由度指数进行评估和测度时都设计了相关金融评价指标,其中传统基金会选择的研究指标包括货币政策、银行和金融等方面,弗雷泽研究所选择的研究指标有货币政策的合理性、信贷管制等方面,均强调金融自由度是经济自由度的重要体现。国内方面,卢中原、胡鞍钢在测度全国市场化水平时,就设计了有关投资市场化的评价指标[1]。常修泽,高明华则将金融市场纳入要素市场范围,设计了评价金融市场化程度的指标体系[2]。李晓西等将金融参数合理化作为市场化测度体系的重要组成部分,设计了非国有银行资产占全部银行资产比重、非国有金融机构存款占全部金融机构存款的比重、三资乡镇个体私营企业短期贷款占金融机构全部短期贷款的比重、最近五年通货膨胀率的平均值、各种金融机构一年期贷款利率全距系数、资本项下非管制的项目占项目总数的比例、人民币对美元汇率与新加坡无本金交割远期汇率月平均绝对差偏离度等指标,构建了目前最完整的金融市场化测度指标体系[3]。樊纲、王小鲁等则从地区层面,构建了银行业竞争、信贷资金分配的市场化指标,为研究区域金融市场化提供了理论支持[4]。

---

[1] 卢中原、胡鞍钢:《市场化改革对我国经济运行的影响》,《经济研究》1993年第12期。
[2] 常修泽、高明华:《中国国民经济市场化的推进程度及发展思路》,《经济研究》1998年第11期。
[3] 北京师范大学经济与资源管理研究院:《2010中国市场经济发展报告》,北京师范大学出版社2010年版,第250页。
[4] 樊纲、王小鲁、张立文、朱恒鹏:《中国各地区市场化相对进程报告》,《经济研究》2003年第3期。

第三,从金融环境的角度设计指标体系进行评价分析。国际上,设于瑞士日内瓦的世界经济论坛(WEF)于 2008 年首次发布世界金融发展指数报告,从金融机构环境、商业环境、金融稳定性、银行机构、非银行机构、金融市场和金融体系的规模、深度与使用七个方面对全球主要的 52 个国家或经济体的金融体系进行综合研究与评定。① 而国内从金融环境角度设计指标体系进行评价分析主要体现在金融生态研究方面。其中,李扬认为金融生态系统主要是由金融主体及其赖以存在和发展的金融生态环境构成,并运用经济基础、企业诚信、地方金融发展、法治环境、诚信文化、社会中介发展、社会保障程度、地方政府公共服务、金融部门独立性等九大类别指标对全国地级以上城市的金融生态环境状况做了分析评价,在金融生态评价指标体系构建方面颇具有代表性。②

就城市化测度指标体系而言,由于人口城市化是城市化的一个核心组成部分,因此,长期以来人口比重指标法在判断城市化水平中居于主要地位。现有的文献也大多从人口城市化的角度出发,采用传统的单一指标评价方法,用某一国家或地区内的城市人口占总人口的比重来表示该地区城市化水平。同时,还有一些学者从其他角度进行了城市化指标建立的尝试,例如,辜胜阻就对单一的人口城市化指标进了修正,立足于城市化和非农化、工业化的相互关系,测度了中国城市化水平。③ 吕萍、周滔等则对土地城市

---

① WEF, *Financial Development Report 2008*. http://www.weforum.org/en/media/publication.
② 李扬、王国刚、刘煜辉:《中国城市金融生态环境评价》,人民出版社 2005 年版,第 33~158 页。
③ 辜胜阻:《非农化与城市化研究》,浙江人民出版社 1991 年版,第 114~118 页。

化的内涵和影响因素进行分析,建立了土地利用结构变化、土地利用景观变化、土地利用程度变化、土地资本投入变化和土地利用效益水平变化五类指标来衡量土地城市化的水平①。

由于城市化是一个综合系统,内涵十分丰富,同时理论界和实践中对于城市人口、空间范围等的定义长期以来并没有形成完全固定统一的标准,所以单纯使用单一指标评价方法往往只能反映城市化发展丰富内涵的一个侧面,不能全面反映城市化发展状况,也缺乏不同国家和区域之间的可比性。为更加全面、真实地反映城市化水平,国内外一些学者和研究机构还将人口、土地、环境等多因素纳入城市化指标体系,从不同的角度建立了一系列城市化复合指标体系。例如,丁健分析了城市化构成的要素,从人口聚集规模及人口构成、经济聚集规模及构成、基础设施发达水平、社会服务水平、社会保障及安全保障、生态环境质量和市民意识等七个方面选取若干项指标共同构成衡量城市化程度的指标体系②。都沁军、于开宁认为城市化过程是人类生产方式、生活方式、居住方式全面转变的过程,他们从经济、人口、地域景观、生活方式以及环境状态等五方面,选取 29 个指标来考察城市化发展水平③。李晓西等用绝对指标和相对指标分别反映中国城市化的发展水平,总量指标即"中国城市人口的数量及其在世界城市人口中的比例",相对数指标即"城市人口占总人口的比重"和"二、三产业就业量占

---

① 吕萍、周滔、张正峰、田卓:《土地城市化及其度量指标体系的构建与应用》,《中国土地科学》2008 年第 8 期。
② 丁健:《现代城市经济》,同济大学出版社 2001 年版,第 26～29 页。
③ 都沁军、于开宁:《城市化水平评价的指标体系研究》,《统计与决策》2001 年第 3 期。

总就业量的比重",然后用中国的数据分别除以高收入国家和下中等收入国家的相应指标,得出中国的城市化指数[①]。陈明星、陆大道等从人口、经济、社会、土地四个方面,构建中国城市化水平的综合评价指标体系,并基于熵值法,对1981~2006年的中国城市化进行综合测度[②]。国家统计局福建省城调队课题组研究了城市化质量问题,构建了包括经济发展质量、生活质量、社会发展质量、基础设施质量、生态环境质量、统筹城乡和地区协调发展质量等六个领域、31个指标的城市化质量评价体系,并依此监测和评价我国城市化进程中数量扩张和质量转变的过程,对我国主要地区城市化质量进行评价[③]。

可以看出,在金融支持和城市化测度指标体系方面,国内外学者从不同的角度进行了研究,这对本书相关指标体系建设具有极大的启发意义和参考价值。同时,从第二章的文献综述来看,由于主要发达国家城市化水平已经较高,所以金融支持城市化的研究已经细化至具体层面,而中国学者在对金融支持和城市化关系的实证研究方面进行了积极而有价值的探索的同时,总体研究还大多停留在局部层面,缺乏整体性和系统性,即使是对两者关系总体水平的研究,考察的指标因素也较为单一,这在一定程度上影响了结果的准确性,不能全面反映金融对城市化的支持作用。基于此,本文将结合金融支持城市化发展的系统分析框架,力求用更加丰

---

① 李晓西等编:《新世纪中国经济报告》,人民出版社2006年版,第57~58页。
② 陈明星、陆大道、张华:《中国城市化水平的综合测度及其动力因子分析》,《地理学报》2009年第4期。
③ 国家城调总队福建省城调队课题组:《建立中国城市化质量评价体系及应用研究》,《统计研究》2005年第7期。

富的数据资料,构建金融支持度指数和城市化指数,以全面地反映金融支持程度和城市化发展水平的关系。

第二节 金融支持城市化的指标体系构建

在借鉴国内外研究者相关研究成果的基础上,依据金融支持城市化发展的系统框架,本书力图构建一个较为全面、合理的金融支持城市化的指标体系,以便进一步衡量改革开放以来金融支持对城市化发展的促进作用,这既是对前文理论阐述的必要补充,也为进一步深入研究两者之间的关系提供了分析基础。

一、指标体系设计的基本原则

通过对国内外关于金融支持城市化的理论和实证研究的回顾可以发现,由于每个研究者的出发点、关注的问题不同,在构建金融支持城市化的指标体系和模型时,指标的设计和选择往往存在一定程度的差别,且多数指标体系仅从金融发展对城市化进程中具体领域或行业的资金推动作用角度出发,度量的范围较窄,层次比较单一,尚不能全面系统地反映金融对城市化发展的支持作用。在这里,为了能够更加深入地探寻金融发展与城市化水平的总体关系,分析金融支持城市化的进程,在具体选择评价指标时,我们主要遵循了以下几项基本原则。

第一,科学性和兼容并包性原则。一项评价活动是否科学在很大程度上依赖于其评价指标体系是否科学。金融支持城市化的指标体系构建力求在理论研究的基础上,提取出重要的、具有本质特征和有代表性的指标因素,使指标体系能够在逻辑结构上严谨、合理、充分,对客观实际抽象描述清楚、简练、符合实际,体现金融支持城市化发展的普遍规律和特征。同时,本书所设计的指标体系并非凭空想象,而是在已有研究文献基础上形成的,特别注重借鉴和吸收前人研究成果的思想精华,始终坚持兼容并包性原则。

第二,系统优化和可操作性原则。金融支持度和城市化水平是相关要素系统发展的集成结果,必须用若干指标对评价对象进行衡量,指标数量的多少及其体系的结构形式要坚持系统优化的原则,即尽量以较少的指标(数量较少,层次较少)较全面系统地反映评价对象的内容。在指标设计时,既要避免指标体系过于庞杂,又要避免由于指标过于单一而影响测评的价值,以达到评价指标体系的总体最优或满意。同时由于存在相关资料和数据搜集的现实困难,指标的选取必须具有可操作性,即指标数据与现行统计资料相衔接,容易获取,便于收集整理和经常性动态监测。

第三,可比性和一致性原则。本书力求所选指标的优劣程度具有明显的可度量性,以保证所选指标能够进行比较与分析,并充分考虑到不同指标的差别对评价结果合理性的影响。同时,在设计指标体系时,我们尽可能采用国际通用或者相对成熟的指标,尽量使所用的指标能以易于理解和应用的方式来表示,做到指标体系中各指标涵义准确、统计范围、统计方法科学、统一,以求在长时期内反映被评价对象的发展规律和根本属性。

二、金融支持度和城市化的指标体系

依据指标体系设计的基本原则,在金融支持城市化的理论分析的基础上,本文构建了由六大类、15个指标组成的金融支持度指标体系和城市化指标体系。

(一)金融支持度指标体系

城市化进程中的金融支持是金融体系发挥金融功能影响城市化系统发展的过程。城市化进程中的金融支持强调金融体系动员、利用和优化配置资本的能力,核心是实现金融对城市化进程的推动作用。金融支持度用以衡量金融对城市化的支持作用,反映了金融支持城市化发展的水平和程度。本书中我们主要从金融支持规模、金融支持结构和金融支持效率三个方面构建金融支持度指标体系(表7-1)。

表7-1 金融支持度指标体系表

总指数	类因素	指标
金融支持度	金融支持规模	货币存量占国内生产总值的比重
		全部金融资产占国内生产总值的比重
		金融机构各项存、贷款余额占国内生产总值的比重
	金融支持结构	非国有银行资产占全部银行资产比重
		非国有金融机构存款占全部金融机构存款的比重
		直接融资占全部金融资产的比重
	金融支持效率	乡镇企业贷款、三资企业贷款、私营企业及个体短期贷款之和占国内生产总值的比重

金融支持规模:金融支持规模是金融发展水平的体现。按照金融发展理论的思路,金融支持规模可以主要采用全部金融资产占一国国民财富的比重和货币存量与国民生产总值的比重来衡量。另外,根据我国金融市场发展的现实情况,由于以银行业为主的间接融资体系在我国占据主导地位,所以金融机构存贷款余额也是衡量金融支持规模的重要指标。综合以上因素,我们用以衡

量金融支持规模的指标有三个:货币存量占国内生产总值的比重、全部金融资产占国内生产总值的比重、金融机构各项存贷款余额占国内生产总值的比重。

金融支持结构:金融支持结构有两层含义,一是银行业的结构,即信贷资产在不同规模等级的银行间的分布状况;一是金融市场的融资结构,即金融资产在银行和股票市场之间的分布状况,也就是直接融资和间接融资之间的比例关系。前者我们用非国有银行资产占全部银行资产比重、非国有金融机构存款占全部金融机构存款的比重两个指标来度量;后者则主要用直接融资占全部金融资产的比重来度量。

金融支持效率:一般而言,非国有企业的整体经济效率明显高于国有企业,而金融支持整体经济效率较高的非国有企业也往往被认为是有效率的表现,因此金融支持效率通常用非国有经济获得金融机构的贷款比重来衡量。通过这一指标可反映出金融机构的商业化程度及整体配置效率的提高。由于我国的金融年鉴尚未披露金融机构长期贷款结构的相应数据,而金融机构的短期贷款一直占全部贷款余额的大部分,因此我们采用短期贷款中的乡镇企业贷款、三资企业贷款、私营企业及个体贷款之和占国内生产总值的比重来度量金融效率。

(二)城市化指标体系

城市化是一个动态系统的演进过程,其核心在于人口、产业和空间的城市化,关键是通过人口迁移和转换能力的提升,产业结构的优化升级和空间集聚效应的发挥,实现人口、产业和空间的动态平衡发展。我们也主要从人口城市化、产业城市化和空间城市化三个方面构建城市化指标体系(表7-2)。

表 7-2 城市化指标体系表

总指数	类因素	指标
城市化	人口城市化	非农业人口占总人口比重
		城镇人口占总人口比重
	产业城市化	非农产业增加值占国内生产总值比重
		非农产业从业人员比重
		三产增加值占国内生产总值比重
		三产从业人员比重
	空间城市化	地均国内生产总值
		人均国内生产总值

人口城市化：现行统计提供了按"农业与非农业"以及"城镇与乡村"两种口径的人口统计数据，由于存在城乡分割的户籍制度和就业制度，以非农业人口占总人口比重计算的人口城市化水平容易造成对实际城市化水平的低估；相反，由于行政区划或其他外生因素的变化，以城镇人口占总人口比重来度量城市化水平，则容易造成对实际城市化水平的高估。为考虑评价的客观性，我们将"非农业人口占总人口比重"和"城镇人口占总人口比重"均纳入指标体系，用以度量人口城市化水平。

产业城市化：产业城市化是指与人口城市化相协调的产业结构优化过程。产业城市化的本质在于通过促进产业结构合理化和产业结构高级化，推动产业结构的不断优化升级。由于中国统计部门2002年对三次产业划分和统计口径进行了较大的调整，造成2002年之前的服务业行业的数据与2002年之后的数据不可比，因此本文仅就"量"的角度来度量产业城市化水平，选择的指标有非农产业增加值占国内生产总值比重、非农产业从业人员比重、三产增加值占国内生产总值比重、三产从业人员比重。

空间城市化:空间城市化是人口和产业在空间集聚并创造空间价值的过程。空间城市化的最终目的是实现空间价值,空间价值是空间城市化在经济上的表现。衡量空间价值的量化标准主要是人均国内生产总值和地均国内生产总值。前者反映了空间聚集所带动经济增长和发展的宏观经济效果,后者则综合反映单位地理空间上的产出情况,体现了空间的集约化利用水平。

三、指标解释及数据来源

(一)金融支持度指标:解释及数据来源

为了更加准确地解释金融支持度指标体系中各测度指标的概念内涵,现将构成金融支持度指标体系的七个测度指标的具体代表含义和资料来源说明如下:

1. 货币存量占国内生产总值的比重

货币存量占国内生产总值的比重是衡量金融规模的货币化指标,其计算公式为 M2/GDP。其中,M2 指广义货币,包括货币(流通中的现金和活期存款)和准货币(定期存款、储蓄存款和其他存款);国内生产总值(GDP)指按市场价格计算的一个国家(或地区)所有常住单位在一定时期内生产活动的最终成果。

(资料来源:《中国统计年鉴(2009 年)》,1978~1989 年的 M2 无统计资料。)

2. 全部金融资产占国内生产总值的比重

本书中的金融资产指狭义金融资产,包括广义货币、债券余额以及股票资产,计算公式为金融资产=广义货币+债券余额+股票资产。其中广义货币即 M2;债券余额为政策性金融债券、其他金融债券、国家债券和企业债券发行余额的合计值;股票资产按当年最后一天的市价总值计算。国内生产总值(GDP)指按市场价格计算的一个国家(或地区)所有常住单位在一定时期内生产活动的最终成果。

(资料来源:《中国统计年鉴(2009年)》、《中国证券期货统计年鉴(2009年)》,1978~1989年的M2无统计资料;1978~1985年的债券余额无统计资料;1978~1991年的股票市价总值无统计资料。)

3. 金融机构各项存、贷款余额占国内生产总值的比重

金融机构各项存款包括企业存款、财政存款、机关团体存款、城乡储蓄存款、农业存款、信托及委托类存款、其他存款等科目,是银行信贷资金的主要来源。各项贷款包括短期贷款、委托及信托类贷款、其他类贷款等。国内生产总值指按市场价格计算的一个国家(或地区)所有常住单位在一定时期内生产活动的最终成果。

(资料来源:《中国统计年鉴(2009年)》、《新中国五十年统计资料汇编(1999年)》、《中国金融年鉴(2000~2009年)》。)

4. 非国有银行资产占全部银行资产比重

本书中的全部银行界定为国有独资商业银行、政策性银行、股份制银行、其他商业银行、外资银行、城市商业银行、农村商业银行、城市信用社和农村信用社,非国有银行是指除国有独资商业银行和政策性银行外的其他银行,包括股份制银行、其他商业银行、外资银行、城市和农村商业银行、城市和农村信用社。

(资料来源:《1949~2005年中国金融统计》、《中国金融年鉴(2009年)》、1978~1988年银行资产无统计资料。)

5.非国有金融机构存款占全部金融机构存款的比重

本书中的全部金融机构是指政策性银行、国有独资商业银行、其他商业银行、城市商业银行、农村商业银行、城市信用社、农村信用社、财务公司、信托投资公司、租赁公司、邮政储汇机构、外资金融机构,非国有金融机构是指除政策性银行、国有独资商业银行以外的所有其他金融机构,包括其他商业银行、城市商业银行、农村商业银行、城市信用社、农村信用社、财务公司、信托投资公司、租赁公司、邮政储汇机构、外资金融机构。

(资料来源:《1949~2005年中国金融统计(2008年)》、《中国金融年鉴(2009年)》)

6.直接融资占全部金融资产的比重

本书中的金融资产指狭义金融资产,包括广义货币、债券余额以及股票资产,计算公式为金融资产＝广义货币＋债券余额＋股票资产。其中广义货币即M2;债券余额为政策性金融债券、其他金融债券、国家债券和企业债券发行余额的合计值;股票资产按当年最后一天的市价总值计算。直接融资包括债券融资和股票融资,计算公式为直接融资＝债券余额＋股票资产。

(资料来源:《中国统计年鉴(2009年)》、《中国证券期货统计年鉴(2009年)》,1978~1989年的M2无统计资料;1978~1985年的债券余额无统计资料;1978~1991年的股票市价总值无统计资料。)

7.乡镇企业贷款、三资企业贷款、私营企业及个体短期贷款之和占国内生产总值的比重

该指标是指金融机构各项贷款的短期贷款中,三资企业贷款、私营企业及个体贷款和乡镇企业贷款所占的份额。GDP指按市

场价格计算的一个国家(或地区)所有常住单位在一定时期内生产活动的最终成果。

(资料来源:《1949~2005 年中国金融统计(2008 年)》、《中国金融年鉴(2009 年)》,1978~1980 年短期贷款无统计资料。)

(二)城市化指标:解释及数据来源

为了更加准确地解释城市化指标体系中各测度指标的概念内涵,现将构成城市化指标体系的八个测度指标的具体代表含义和资料来源说明如下。

1. 非农业人口占总人口比重

农业人口是指居住在农村或集镇,从事农业生产,以农业收入为主要生活来源的人口;总人口指一定时点、一定地区范围内有生命的个人总和。年度统计的年末人口数指每年 12 月 31 日 24 时的人口数。年度统计的全国人口总数内未包括香港、澳门特别行政区和台湾省以及海外华侨人数。非农业人口占总人口比重=1-农业人口/总人口。

(资料来源:《新中国五十年统计资料汇编(1999 年)》、《中国人口统计年鉴(2000~2009 年)》)

2. 城镇人口占总人口比重

城镇人口是指居住在城镇范围内的全部常住人口,乡村人口是除上述人口以外的全部人口;总人口指一定时点、一定地区范围内有生命的个人总和。年度统计的年末人口数指每年 12 月 31 日 24 时的人口数,未包括香港、澳门特别行政区和台湾省以及海外华侨人数。城镇人口占总人口比重=城镇人口/总人口。

(资料来源:《中国统计年鉴(2009 年)》)

3. 非农产业增加值占国内生产总值比重

我国的三次产业划分是：第一产业是指农业、林业、畜牧业、渔业和农林牧渔服务业；第二产业是指采矿业，制造业，电力、煤气及水的生产和供应业，建筑业；第三产业是指除第一、二产业以外的其他行业。非农产业增加值是指除第一产业之外的所有行业的增加值总和，计算公式为非农产业增加值＝第二产业增加值＋第三产业增加值。国内生产总值指按市场价格计算的一个国家（或地区）所有常住单位在一定时期内生产活动的最终成果。

（资料来源：《中国统计年鉴（2009 年）》）

4. 非农产业从业人员比重

从业人员是指在 16 周岁及以上，从事一定社会劳动并取得劳动报酬或经营收入的人员。农业产业从业人员是指从事农业生产，以农业收入为主要生活来源的从业人员，非农产业从业人员比重计算公式为非农产业从业人员比重＝1－农业产业从业人员/从业人员总数。

（资料来源：《中国统计年鉴（2009 年）》）

5. 三产增加值占国内生产总值比重

我国的三次产业划分是：第一产业是指农业、林业、畜牧业、渔业和农林牧渔服务业；第二产业是指采矿业，制造业，电力、煤气及水的生产和供应业，建筑业；第三产业是指除第一、二产业以外的其他行业。国内生产总值指按市场价格计算的一个国家（或地区）所有常住单位在一定时期内生产活动的最终成果。

（资料来源：《中国统计年鉴（2009 年）》）

6. 三产从业人员比重

从业人员是指在 16 周岁及以上，从事一定社会劳动并取得劳动报酬或经营收入的人员。三产从业人员是指从事服务业,以服务业收入为主要生活来源的从业人员。三产从业人员比重计算公式为三产从业人员比重=三产从业人员/从业人员总数。

(资料来源:《中国统计年鉴(2009年)》)

7. 地均国内生产总值

国内生产总值指按市场价格计算的一个国家(或地区)所有常住单位在一定时期内生产活动的最终成果。土地指陆地的表层部分,它主要由岩石、岩石的风化物和土壤构成。地均国内生产总值计算公式为地均国内生产总值=国内生产总值/土地面积。

(资料来源:《中国统计年鉴(2009年)》)

8. 人均国内生产总值

总人口指一定时点、一定地区范围内有生命的个人总和。年度统计的年末人口数指每年12月31日24时的人口数。年度统计的全国人口总数内未包括香港、澳门特别行政区和台湾省以及海外华侨人数。国内生产总值指按市场价格计算的一个国家(或地区)所有常住单位在一定时期内生产活动的最终成果。人均国内生产总值计算公式为人均国内生产总值=国内生产总值/总人口。

(资料来源:《中国统计年鉴(2009年)》)

第三节 金融支持城市化指数测度与分析

在分别构建了金融支持度和城市化指标体系后,本文将采用5分制评分法,对1978~2008年的各个指标数据进行打分,并根据指标体系中的指标类别,逐级合成其算术平均数,最后分别得到 1978~2008 年各年的金融支持度指数和城市化指数。

一、指标数据与指标分析

根据已构建的金融支持度和城市化指标体系,本文分别收集、整理了构成金融支持度指数和城市化指数的各个指标数据,拟先对这些指标数据进行分析,简要回顾改革开放以来我国的金融发展和城市化历程,在此基础上对各个指标数据进行打分,拟合 1978~2008 年各年的金融支持度指数和城市化指数。

(一)金融支持度指数:指标数据与指标分析

1. 货币存量占国内生产总值的比重

表 7-3 1990~2008 年中国货币存量占国内生产总值的比重表

单位:%

年	货币存量占国内生产总值的比重	年	货币存量占国内生产总值的比重
1990	81.92	2000	135.68
1991	88.84	2001	144.36
1992	94.35	2002	153.75
1993	98.71	2003	162.88
1994	97.36	2004	158.94
1995	99.93	2005	163.06
1996	106.91	2006	163.08
1997	115.22	2007	156.79
1998	123.81	2008	158.04
1999	133.7		

资料来源:国家统计局:《中国统计年鉴 2009》,中国统计出版社 2009 年版。

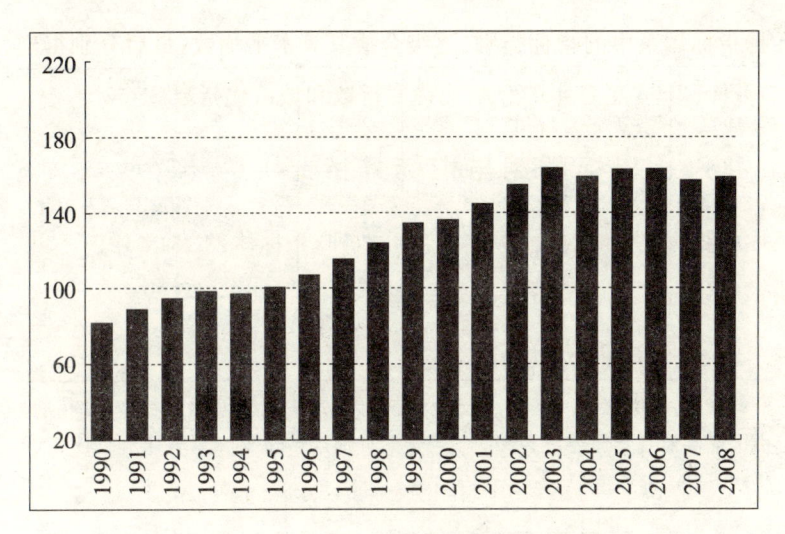

图 7-1　1990～2008 年中国货币存量占
国内生产总值的比重变化情况

根据表 7-3 和图 7-1 所示,1990～2008 年,中国货币存量占国内生产总值的比重总体上呈上升趋势,货币存量相较国内生产总值增幅更大、增速更快。1990 年货币存量占国内生产总值的比重为 81.92%,1996 年首次突破 100%,达 106.91%,此后该指标数值一直保持在 100% 以上,并于 2006 年达到历史最高值 163.08%,2007、2008 两年出现小幅下滑,货币存量占国内生产总值的比重分别为 156.79%、158.04%。

2. 全部金融资产占国内生产总值的比重

表 7-4　1992～2008 年中国全部金融资产占国内生产总值的比重表

单位:%

年	全部金融占国内生产总值比重	年	全部金融占国内生产总值比重
1992	106.59	2001	207

续　表

1993	115.65	2002	210.02
1994	111.37	2003	219.36
1995	114.95	2004	207.6
1996	131.23	2005	207.23
1997	149.65	2006	234.86
1998	162.99	2007	318.93
1999	183.03	2008	233.11
2000	205.58		

资料来源：国家统计局：《中国统计年鉴2009》，中国统计出版社2009年版；中国证券监督管理委员会：《中国证券期货统计年鉴2009》，学林出版社2009年版。

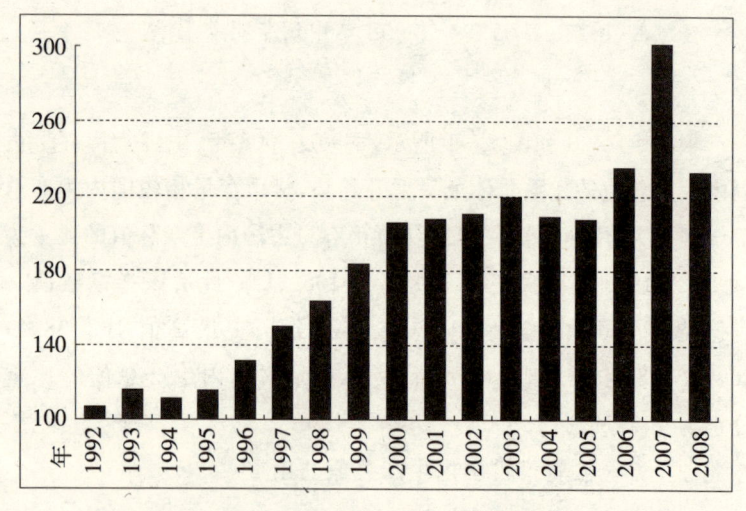

图7-2　1992～2008年中国全部金融资产占国内
生产总值的比重变化情况

根据表7-4和图7-2所示，1992～2008年，中国全部金融资产占国内生产总值的比重增长很快，金融资产规模持续扩大，增速远超国内生产总值。1992年全部金融资产占国内生产总值的比重为106.59%,2007年增至318.93%,增幅达212.34个百分点,2008年由于国内外经济环境的改变,尤其是受国际金融危机影响,该指标数值回落至233.11%,与2006年水平基本持平。

3. 金融机构各项存、贷款余额占国内生产总值的比重

表7-5 1978~2008年中国金融机构各项存、贷款余额占国内生产总值的比重表

单位:%

年	金融机构各项存、贷款余额占国内生产总值比重	年	金融机构各项存、贷款余额占国内生产总值比重
1978	81.87	1994	166.97
1979	84.63	1995	171.77
1980	89.66	1996	182.3
1981	99.92	1997	199.19
1982	104.27	1998	215.9
1983	106.97	1999	225.82
1984	101.97	2000	224.94
1985	112.8	2001	233.4
1986	125.99	2002	251.15
1987	128.95	2003	270.24
1988	119.51	2004	276.31
1989	147.99	2005	276.75
1990	169.78	2006	276.79
1991	180.96	2007	263.81
1992	184.93	2008	265.57
1993	177.08		

资料来源:国家统计局:《中国统计年鉴2009》,中国统计出版社2009年版;国家统计局国民经济综合统计司:《新中国五十年统计资料汇编》,中国统计出版社1999年版;中国金融年鉴编辑部:《中国金融年鉴》,中国金融出版社2000~2009年版。

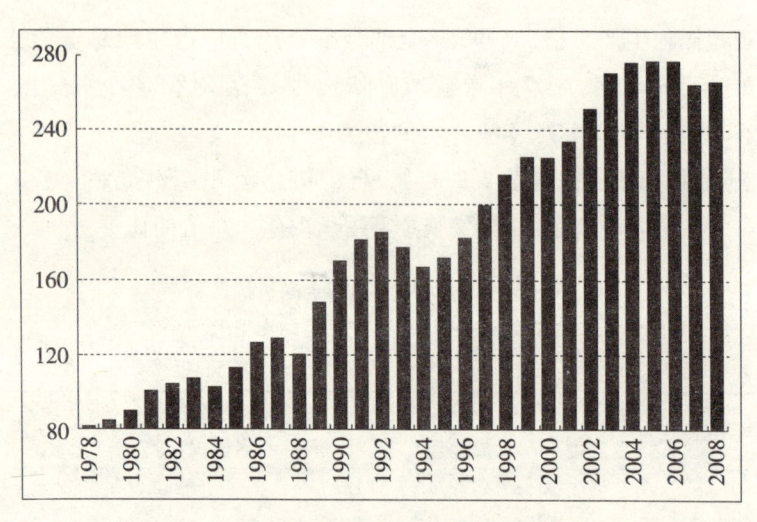

图 7-3　1978~2008 年中国金融机构各项存、贷款
余额占国内生产总值的比重变化情况

根据表 7-5 和图 7-3 所示,总体而言,1978~2008 年,中国金融机构各项存、贷款余额占国内生产总值的比重上升趋势明显,且增幅大、增速快。1978 年金融机构各项存、贷款余额占国内生产总值的比重为 81.87%,1982 年即超过 100%,达 104.27%,1998 年该指标数值突破 200%,达 215.9%,并于 2006 年达到历史最高值 276.79%,2007、2008 两年出现小幅下滑,金融机构各项存、贷款余额占国内生产总值的比重分别为 263.81%、265.57%。

4. 直接融资占全部金融资产的比重

表 7-6　1992~2008 年中国直接融资占全部金融资产的比重表

单位:%

年	直接融资占全部金融资产的比重	年	直接融资占全部金融资产的比重
1992	11.49	2001	30.26

续表

1993	14.64	2002	26.8
1994	12.58	2003	25.75
1995	13.06	2004	23.44
1996	18.53	2005	21.32
1997	23	2006	30.56
1998	24.04	2007	50.84
1999	26.95	2008	32.2
2000	34		

资料来源:国家统计局:《中国统计年鉴 2009》,中国统计出版社 2009 年版;中国证券监督管理委员会:《中国证券期货统计年鉴 2009》,学林出版社 2009年版。

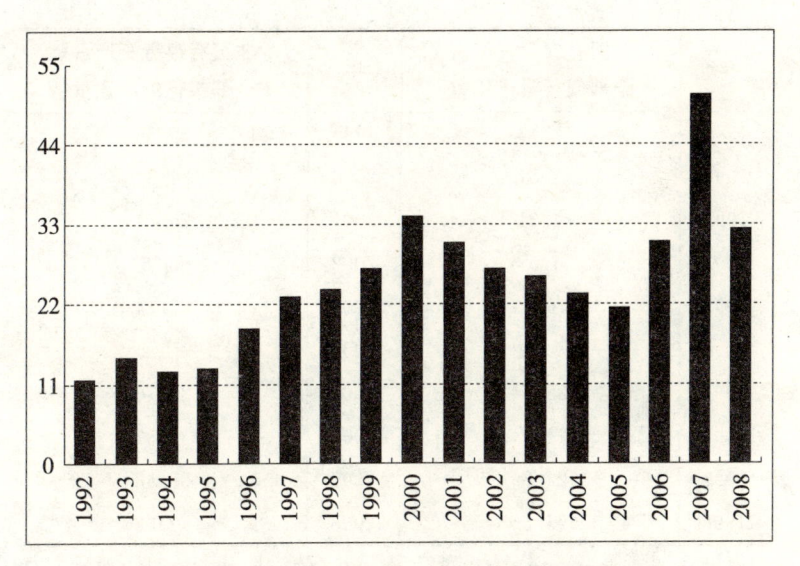

图 7-4 1992～2008 年中国直接融资占全部
金融资产的比重变化情况

根据表 7-6 和图 7-4 所示，1992～2008 年，我国资本市场从无到有、从小到大，发展迅速，直接融资的规模不断扩大，直接融资占全部金融资产的比重总体是上升的，但是由于资产价格的不稳定性等因素，该指标数值表现出较大的波动性。1992 年直接融资占全部金融资产的比重为 11.49%，刚刚超过 1/10，不足 1/5；2007 年该指标数值则达到 50.84%，即我国直接融资的规模历史上首次超过间接融资，占全部金融资产的一半以上；2008 年，随着资产价格泡沫的阶段性破灭以及国际金融环境的改变，该指标数值回落了 18.64 个百分点，为 32.2%。

5. 非国有银行资产占全部银行资产比重

表 7-7　1989～2008 年中国非国有银行资产占全部银行资产比重表

单位：%

年	非国有银行资产占全部银行资产比重	年	非国有银行资产占全部银行资产比重
1989	3.13	1999	25.56
1990	3.81	2000	24.32
1991	4.01	2001	26.74
1992	4.57	2002	26.5
1993	16.49	2003	27.14
1994	19.2	2004	31.2
1995	22.11	2005	31.76
1996	24.44	2006	32.87
1997	24.89	2007	38.43
1998	25.85	2008	42.63

资料来源：苏宁主编：《1949～2005 年中国金融统计》，中国金融出版社 2007 年版；中国金融年鉴编辑部：《中国金融年鉴 2009》，中国金融出版社 2009 年版。

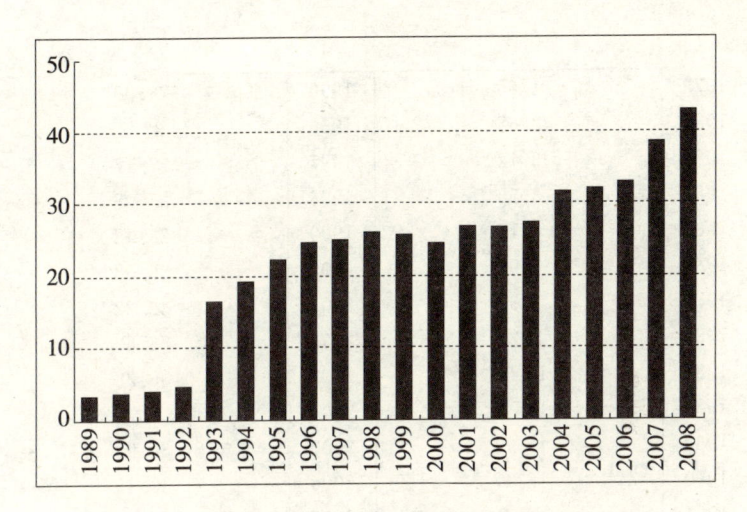

图 7-5　1989~2008 年中国非国有银行资产占
全部银行资产比重变化情况图

根据表 7-7 和图 7-5 所示,1989~2008 年,随着股份制银行、外资银行、城市商业银行等金融机构的不断发展以及国有银行改制的逐步推进,我国非国有银行资产占全部银行资产比重持续上升,非国有银行成为我国银行业的重要组成部分,对我国经济增长的贡献越来越突出。1989 年我国非国有银行资产占全部银行资产比重仅为 3.13%,经过 20 年的发展,2008 年这一比重达 42.63%,增长了 12.6 倍。表明我国金融结构不断优化,不同所有制结构的金融机构共同发展壮大。

6. 非国有金融机构存款占全部金融机构存款的比重

表 7-8　1978~2008 年中国非国有金融机构存款占全部金融机构存款的比重表

单位:%

年	非国有金融机构存款占全部金融机构存款的比重	年	非国有金融机构存款占全部金融机构存款的比重
1978	1.77	1994	27.52

续表

1979	1.65	1995	28.02
1980	2.67	1996	27.7
1981	3.12	1997	27.17
1982	3.55	1998	27.08
1983	4.13	1999	26.48
1984	7.94	2000	26.58
1985	6.91	2001	32.22
1986	8.22	2002	33.62
1987	10.03	2003	35.28
1988	15.45	2004	36.4
1989	15.71	2005	36.93
1990	16.42	2006	40.45
1991	17.2	2007	41.8
1992	18.3	2008	43.78
1993	21.59		

资料来源：苏宁主编：《1949~2005年中国金融统计》，中国金融出版社2007年版；中国金融年鉴编辑部：《中国金融年鉴2009》，中国金融出版社2009年版。

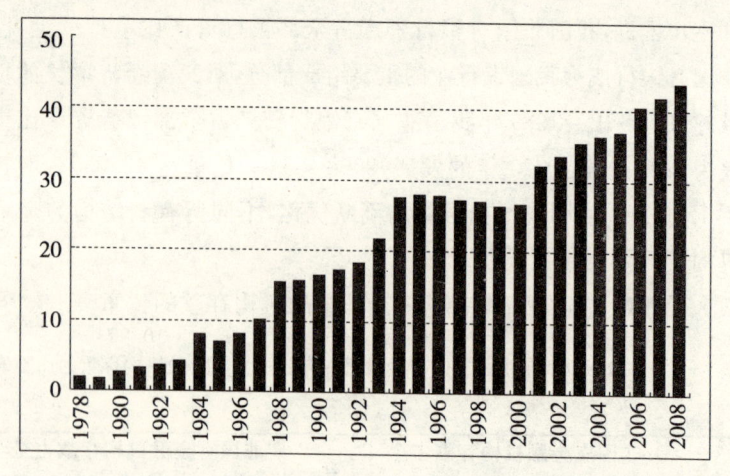

图7-6 1978~2008年中国非国有金融机构存款占全部金融机构存款的比重变化情况图

根据表7-8和图7-6所示,总体而言,改革开放以来,我国非国有金融机构存款占全部金融机构存款的比重不断上升的趋势明显,非国有金融机构存款的规模持续扩大,增速很快。1978年非国有金融机构存款占全部金融机构存款的比重仅为1.77%,这一比重2008年增至43.78%,接近一半,增长了23.7倍。这表明我国非国有金融机构发展很快,吸纳存款的能力不断增强,我国金融机构的结构不断调整、优化。

表7-9 1981~2008年中国乡镇企业贷款、三资企业贷款、私营企业及个体短期贷款之和占国内生产总值的比重表

单位:%

年	三资乡镇个体私营企业短期贷款占金融机构全部短期贷款的比重	年	三资乡镇个体私营企业短期贷款占金融机构全部短期贷款的比重
1981	0.08	1995	11.12
1982	0.1	1996	11.06
1983	0.14	1997	13.2
1984	0.66	1998	14.09
1985	0.64	1999	15.22
1986	1.74	2000	14.85
1987	3.4	2001	15.74
1988	4.3	2002	14.23
1989	9.79	2003	13.98
1990	9.67	2004	14.22
1991	10.25	2005	13.79
1992	11.31	2006	10.88
1993	11.92	2007	11.08
1994	10.95	2008	11.14

资料来源:国家统计局:《中国统计年鉴2009》,中国统计出版社2009年版;中国证券监督管理委员会:《中国证券期货统计年鉴2009》,学林出版社2009年版。

7. 乡镇企业贷款、三资企业贷款、私营企业及个体短期贷款之和占国内生产总值的比重

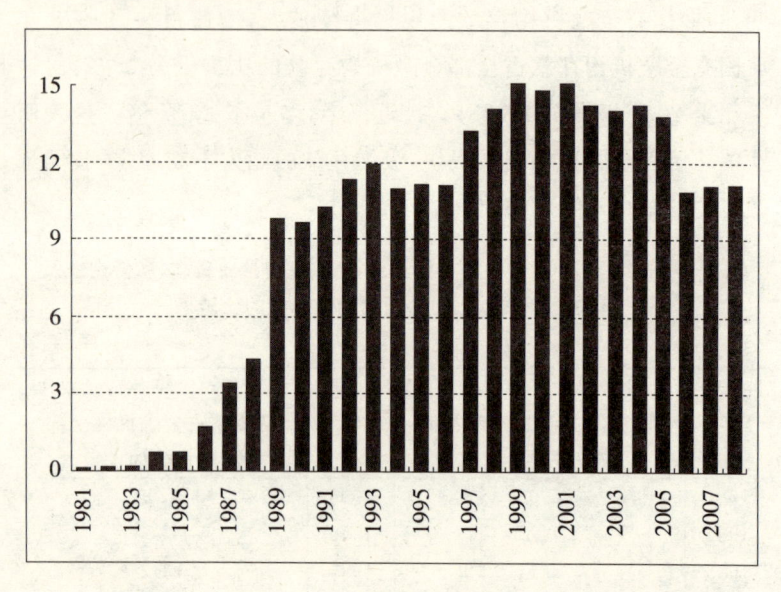

图 7-7　1981～2008 年中国乡镇企业贷款、三资企业贷款、私营企业及个体短期贷款之和占国内生产总值的比重变化情况

根据表 7-9 和图 7-7 所示，总体而言，1978～2008 年，我国乡镇企业贷款、三资企业贷款、私营企业及个体短期贷款之和占国内生产总值的比重呈先上升后稳定的趋势。1978 年，乡镇企业贷款、三资企业贷款、私营企业及个体短期贷款之和占国内生产总值的比重仅为 0.08%，1989 年跃升至 9.79%，1991 年突破 10%，达 10.25%，此后该指标数值一直稳定在 10% 以上，其中峰值出现在 2001 年，达 15.74%，2008 年指标数值稳定在 11.14%。

(二)城市化指数:指标数据与指标分析

1.非农业人口占总人口比重根据表7-10和图7-8所示,总体而言,1978~2005年,我国非农业人口占总人口比重呈稳步上升态势。改革开放之初,我国非农业人口占总人口比重为15.82%,也就是说,农业人口占我国总人口的绝大部分,城市化率很低。1988年,该指标数值超过20%,达20.34%。随着我国经济的快速发展,农村人口的迁移、转换持续加速,2005年我国非农业人口占总人口比重突破30%,达30.81%,虽然这一数值与国际水平比较仍不高,但是表明我国的城市化进程正加快推进。

表7-10 1978~2005年中国非农业人口占总人口比重表

单位:%

年	非农业人口占总人口比重	年	非农业人口占总人口比重
1978	15.82	1992	21.59
1979	16.59	1993	22.23
1980	17.02	1994	23.06
1981	17.82	1995	23.58
1982	18.04	1996	24.07
1983	18.25	1997	24.44
1984	19.27	1998	24.67
1985	19.29	1999	25.07
1986	19.74	2000	25.51
1987	19.75	2001	26.08
1988	20.34	2002	26.68
1989	20.74	2003	27.89
1990	20.89	2004	29.7
1991	21.32	2005	30.81

资料来源:国家统计局国民经济综合统计司:《新中国五十年统计资料汇编》,中国统计出版社1999年版;国家统计局人口与就业统计司:《中国人口统计年鉴》,中国统计出版社2000~2009年版。

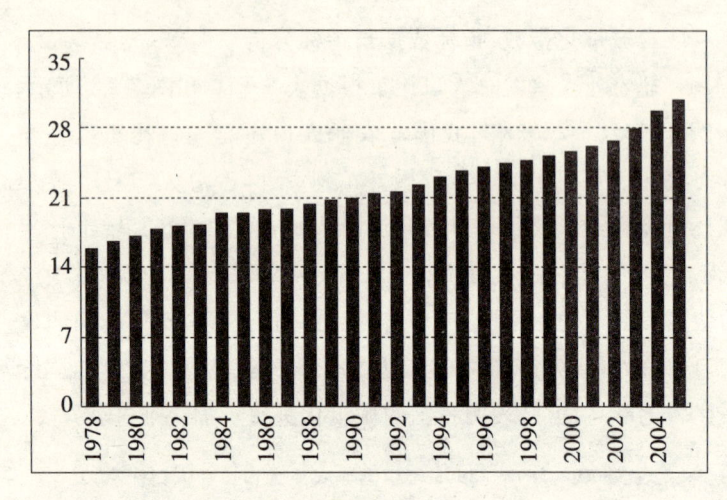

图 7-8　1978~2005 年中国非农业人口占总人口比重变化情况

2. 城镇人口占总人口比重

表 7-11　1978~2008 年中国城镇人口占总人口比重表

单位:%

年	城镇人口比重	年	城镇人口比重
1978	17.92	1994	28.51
1979	18.55	1995	29.04
1980	19.39	1996	30.48
1981	20.32	1997	31.91
1982	21.34	1998	33.35
1983	22.57	1999	34.78
1984	23.24	2000	36.22
1985	23.71	2001	37.66
1986	24.52	2002	39.09
1987	25.32	2003	40.53
1988	25.81	2004	41.76
1989	26.21	2005	42.99

续表

1990	26.41	2006	43.9
1991	26.94	2007	44.94
1992	27.46	2008	45.68
1993	27.99		

资料来源：国家统计局：《中国统计年鉴2009》，中国统计出版社2009年版。

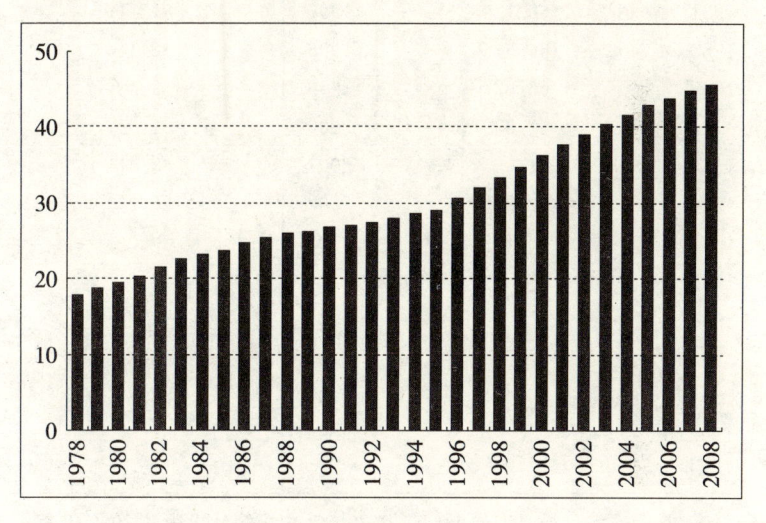

图7-9　1978～2008年中国城镇人口占总人口比重变化情况图

根据表7-11和图7-9所示，总体而言，1978～2008年，我国城镇人口占总人口比重基本呈直线、稳步上升态势。改革开放之初，我国城镇人口占总人口比重为17.92%，城镇人口总数不足全国总人口的1/5。1996年，该指标数值超过30%，达30.48%。2003年该指标数值突破40%，达40.53%，并于2008年达到历史最高值45.68%，接近人口总量的一半。从占总人口比重不到1/5到接近一半，短短30年，我国的城镇人口比重实现了飞速增长，城市化水平提高很快。

表 7-12　1978～2008 年中国非农产业增加值占国内生产总值比重表

单位:%

年	非农产业占 GDP 比重	年	非农产业占 GDP 比重
1978	71.81	1994	80.14
1979	68.73	1995	80.04
1980	69.83	1996	80.31
1981	68.12	1997	81.71
1982	66.61	1998	82.44
1983	66.82	1999	83.43
1984	67.87	2000	84.94
1985	71.56	2001	85.51
1986	72.86	2002	86.26
1987	73.19	2003	87.2
1988	74.3	2004	86.61
1989	74.89	2005	87.8
1990	72.89	2006	88.7
1991	75.47	2007	88.87
1992	78.2	2008	88.69
1993	80.29		

资料来源:国家统计局:《中国统计年鉴 2009》,中国统计出版社 2009 年版。

3.非农产业增加值占国内生产总值比重

根据表 7-12 和图 7-10 所示,改革开放以来,我国非农产业增加值占国内生产总值的比重变化可以分为两个阶段来分析。1978～1984 年,非农产业增加值占国内生产总值比重呈先下降后上升趋势,表现出一定的波动性。1978 年我国非农产业增加值占国内生产总值比重为 71.81%,1979 年降至 70% 以下,直到 1984 年该指标数值一直在 70% 以下。1985 年我国非农产业增加值占国内生产总值比重回到 70% 以上,达 71.56%,之后呈现稳步上升态势。1993 年首次突破 80%，达 80.29%，2008 年增至 88.69%。表明我国工业化水平不断提升,第二产业、服务业已经成为我国的支柱产业。

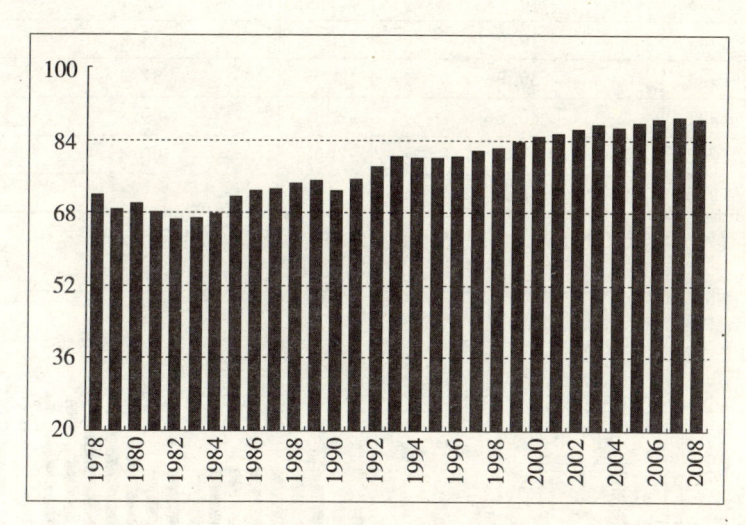

图 7-10 1978~2008 年中国非农产业增加值占国内生产总值比重变化情况

表 7-13 1978~2008 年非农产业从业人员比重表

单位:%

年	非农产业从业人员比重	年	非农产业从业人员比重
1978	29.5	1994	45.7
1979	30.2	1995	47.8
1980	31.3	1996	49.5
1981	31.9	1997	50.1
1982	31.9	1998	50.2
1983	32.9	1999	49.9
1984	36	2000	50
1985	37.6	2001	50

续表

1986	39.1	2002	50
1987	40	2003	50.9
1988	40.7	2004	53.1
1989	39.9	2005	55.2
1990	39.9	2006	57.4
1991	40.3	2007	59.2
1992	41.5	2008	60.4
1993	43.6		

资料来源：国家统计局：《中国统计年鉴 2009》，中国统计出版社 2009 年版。

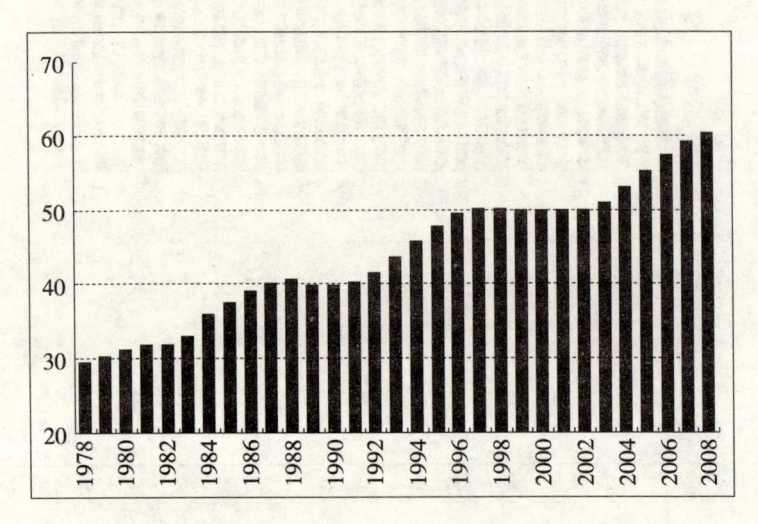

图 7-11　1978~2008 年非农产业从业人员比重变化情况

4. 非农产业从业人员比重

根据表 7-13 和图 7-11，1978~2008 年，我国非农产业从业人员比重变化虽然有一定的波动性，但逐步上升的趋势显著。1978 年我国非农产业从业人员比重仅为 29.5%，即全中国超过 2/3 的劳动人口仍在从事与农业有关的生产工作。2008 年该指标数值增至 60.4%,接近 2/3,即全中国从事农业相关劳动的人口不足 1/3,经过 30 年的发展,我国非农产业发展迅速,成为吸纳劳动力的支柱。

表 7-14 1978~2008 年中国三产增加值占国内生产总值比重表

单位:%

年	三产占 GDP 比重	年	三产占 GDP 比重
1978	23.94	1994	33.57
1979	21.63	1995	32.86
1980	21.6	1996	32.77
1981	22.01	1997	34.17
1982	21.85	1998	36.23
1983	22.44	1999	37.67
1984	24.78	2000	39.02
1985	28.67	2001	40.46
1986	29.14	2002	41.47
1987	29.64	2003	41.23
1988	30.51	2004	40.38
1989	32.06	2005	40.1
1990	31.55	2006	40
1991	33.69	2007	40.37
1992	34.76	2008	40.07
1993	33.72		

资料来源:国家统计局:《中国统计年鉴 2009》,中国统计出版社 2009 年版。

5. 三产增加值占国内生产总值比重

根据表 7-14 和图 7-12,改革开放以来,我国第三产业增加值占国内生产总值比重变化虽然有一定的波动性,但总体上升的趋势明显。1978 年,我国第三产业增加值占国内生产总值比重为 23.94%,不足 1/3。2008 年我国第三产业增加值占国内生产总值比重增至40.07%,超过2/5,30年间增幅达16.13个百分点,表明我国第三产业发展迅速,产业结构不断优化。

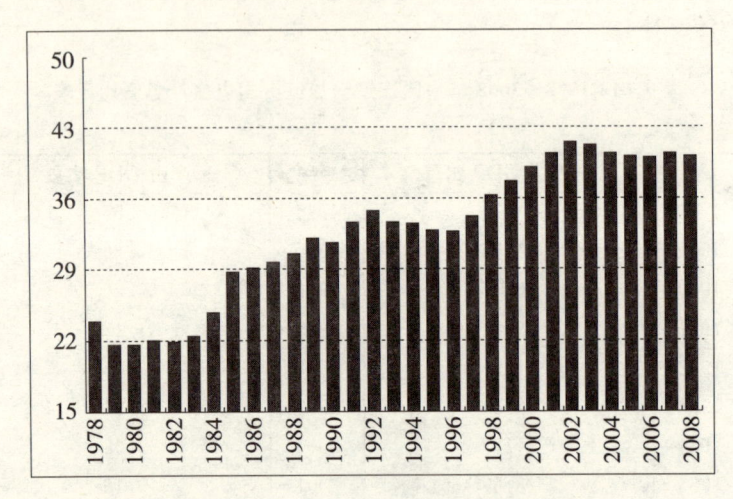

图 7-12　1978～2008年中国三产增加值占国内生产总值比重变化情况图

表 7-15　1978～2008年中国三产从业人员比重表

单位:%

年	三产从业人员比重	年	三产从业人员比重
1978	12.2	1994	23
1979	12.6	1995	24.8
1980	13.1	1996	26
1981	13.6	1997	26.4
1982	13.5	1998	26.7
1983	14.2	1999	26.9
1984	16.1	2000	27.5
1985	16.8	2001	27.7
1986	17.2	2002	28.6
1987	17.8	2003	29.3

续表

1988	18.3	2004	30.6
1989	18.3	2005	31.4
1990	18.5	2006	32.2
1991	18.9	2007	32.4
1992	19.8	2008	33.2
1993	21.2		

资料来源:国家统计局:《中国统计年鉴2009》,中国统计出版社2009年版。

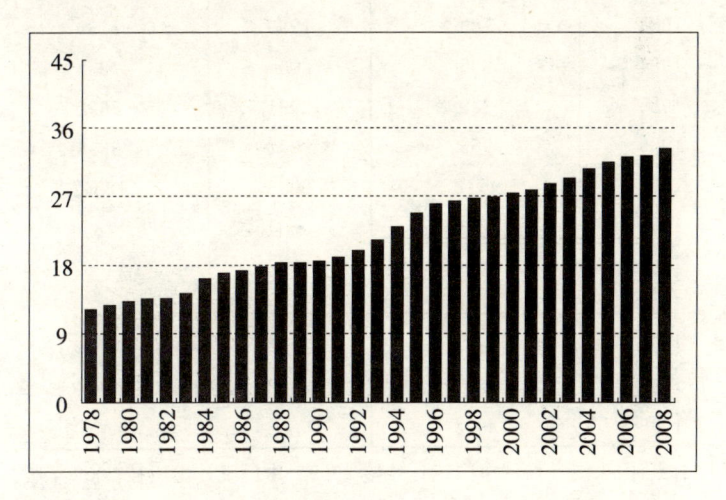

图7-13 1978～2008年中国三产从业人员比重变化情况

6. 三产从业人员比重

根据表7-15和图7-13所示,总体而言,1978～2008年,我国第三产业从业人员比重呈逐步上升的趋势。1978年中国第三产业从业人员比重仅为12.2%,1993年该指标数值首次突破20%,达21.2%,2004年则增至30%以上,达30.6%,2008年达历史最高值33.2%,近1/3。第三产业从业人员比重的不断增加表明我国第三产业规模持续扩大,逐步成为吸纳劳动力就业的重要力量。

表 7-16　1978~2008 年中国人均国内生产总值表

单位：元

年	人均 GDP	年	人均 GDP
1978	381	1994	4044
1979	419	1995	5046
1980	463	1996	5846
1981	492	1997	6420
1982	528	1998	6796
1983	583	1999	7159
1984	695	2000	7858
1985	858	2001	8622
1986	963	2002	9398
1987	1112	2003	10542
1988	1366	2004	12336
1989	1519	2005	14053
1990	1644	2006	16165
1991	1893	2007	19524
1992	2311	2008	22698
1993	2998		

资料来源：国家统计局：《中国统计年鉴 2009》，中国统计出版社 2009 年版。

7. 人均国内生产总值

根据表 7-16 和图 7-14，总体而言，1978~2008 年，我国人均国内生产总值呈快速上升的趋势，且增速不断加快。1978 年，中国的人均 GDP 仅 381 元，到 1987 年，中国的人均 GDP 突破一千元，达 1112 元，2003 年这一指标则突破一万元，达 10542 元，自 2003 年以来人均国内生产总值保持了两位数的年增长率，2008 年达 22698 元，突破两万元大关，相较 1978 年增长了近 60 倍，年均增长率达 14.6%。

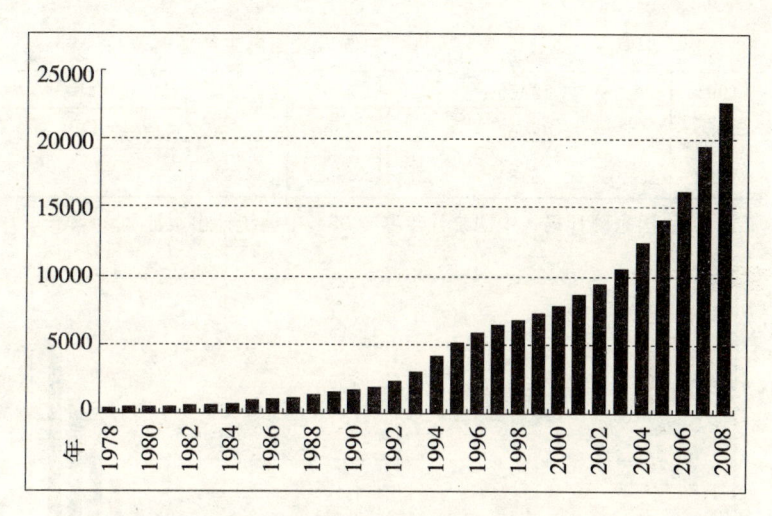

图 7-14　1978~2008 年中国人均国内生产总值变化情况

表 7-17　1978~2008 年中国地均国内生产总值表

单位:万元/平方公里

年	地均国内生产总值	年	地均国内生产总值
1978	3.8	1994	50.21
1979	4.23	1995	63.33
1980	4.74	1996	74.14
1981	5.1	1997	82.26
1982	5.55	1998	87.92
1983	6.21	1999	93.41
1984	7.51	2000	103.35
1985	9.39	2001	114.22
1986	10.7	2002	125.35
1987	12.56	2003	141.48
1988	15.67	2004	166.54
1989	17.7	2005	190.85
1990	19.45	2006	220.75

续 表

1991	22.69	2007	268.03
1992	28.05	2008	313.2
1993	36.81		

资料来源:国家统计局:《中国统计年鉴2009》,中国统计出版社2009年版。

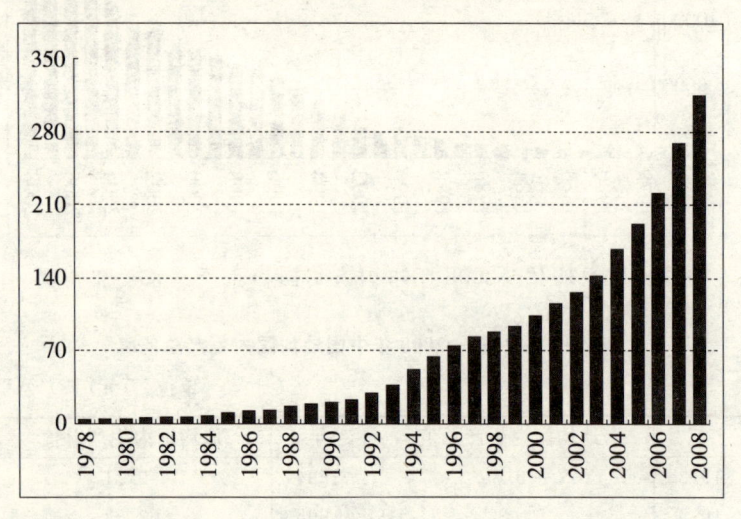

图7-15 1978~2008年中国地均国内生产总值变化情况

8. 地均国内生产总值

根据表7-17和图7-15,总体而言,改革开放以来,我国地均国内生产总值快速上升势头显著,且增速不断加快。1978年,我国地均GDP仅3.8万元/平方公里,1994年突破50万元/平方公里,达50.2万元/平方公里,2000年、2006年、2008年分别突破100、200、300万元/平方公里,达313.250万元/平方公里,相较1978年增长了近82.5倍,年均增长率达15.8%,增长态势十分明显。

二、指标评分与指数测度

在测度评分方法的选择上,本书主要借鉴了国际通行的5分制评分方法,按照金融支持度、城市化水平由高到低,将等级分为1分、2分、3分、4分及5分五个等级,由于选取的指标都是正向指标,因此,1分说明该项指标或因素反映的金融支持度或城市化水平最高,我们将1分所在的区间称之为评分的上限区间;而5分则说明该项指标或因素所反映的金融支持度或城市化水平最低,我们将5分所在的区间称之为评分的下限区间。

测度区间的临界值的确定标准,主要综合参考基础理论、经济运行中的实际情况以及数据的分布特征来确定。在确定了区间的上限和下限后,大部分指标采取等距的办法,中间三个区间是根据等距的形式来划分,确定区间的界限,个别指标根据数据的分布特征采取了不等距的分类法,这种不等距是由上限与下限的框架和本书对经济发展实际情况的研究为背景的。

金融支持度指数和城市化指数的得分是分级进行计算的,各层次指标的得分综合均采用简单算术平均的形式。即:在确定测度指标得分的基础上,对所有类因素内确定的测度指标得分进行简单算术平均处理,得到该类因素的得分;然后,对所有类因素得分进行简单算术平均处理,得到总指数的得分。该种指数合成方法强调了同一层次的指标和类因素的相对独立性及同等重要性。

(一)金融支持度指数测度:指标评分与指数合成

根据上述评分和计算方法,对金融支持度指标的评分及指数合成结果见表7-18、7-19、7-20。

表 7-18　金融支持规模指标评分及指数合成结果表

指标名称	金融支持规模	货币存量占国内生产总值的比重		全部金融资产占国内生产总值比重		金融机构各项存、贷款余额占 GDP 比重	
评分标准		300 以上为 1 分；(250, 300]为 2 分；(200, 250]为 3 分；(100, 200]为 4 分；100 及 100 以下为 5 分		450 以上为 1 分；(350, 450]为 2 分；(250, 350]为 3 分；(150, 250]为 4 分；150 及 150 以下为 5 分		300 以上为 1 分；(250, 300]为 2 分；(100, 250]为 3 分；(80, 100]为 4 分；80 及 80 以下为 5 分	
年	得分	指标值	得分	指标值	得分	指标值	得分
1978	4.67	—	5	—	5	81.87	4
1979	4.67	—	5	—	5	84.63	4
1980	4.67	—	5	—	5	89.66	4
1981	4.67	—	5	—	5	99.92	4
1982	4.33	—	5	—	5	104.27	3
1983	4.33	—	5	—	5	106.97	3
1984	4.33	—	5	—	5	101.97	3
1985	4.33	—	5	—	5	112.80	3
1986	4.33	—	5	—	5	125.99	3
1987	4.33	—	5	—	5	128.95	3
1988	4.33	—	5	—	5	119.51	3
1989	4.33	—	5	—	5	147.99	3
1990	4.33	81.92	5	—	5	169.78	3
1991	4.33	88.84	5	—	5	180.96	3
1992	4.33	94.35	5	106.59	5	184.93	3
1993	4.33	98.71	5	115.65	5	177.08	3
1994	4.33	97.36	5	111.37	5	166.97	3
1995	4.33	99.93	5	114.95	5	171.77	3

续表

1996	4.00	106.91	4	131.23	5	182.30	3
1997	4.00	115.22	4	149.65	5	199.19	3
1998	3.67	123.81	4	162.99	4	215.90	3
1999	3.67	133.70	4	183.03	4	225.82	3
2000	3.67	135.68	4	205.58	4	224.94	3
2001	3.67	144.36	4	207.00	4	233.40	3
2002	3.33	153.75	4	210.02	4	251.15	3
2003	3.33	162.88	4	219.36	4	270.24	2
2004	3.33	158.94	4	207.60	4	276.31	2
2005	3.33	163.06	4	207.23	4	276.75	2
2006	3.33	163.08	4	234.86	4	276.79	2
2007	3.00	156.79	4	318.93	3	263.81	2
2008	3.33	158.04	4	233.11	4	265.57	2

表7-19 金融支持结构指标评分及指数合成结果表

指标名称	金融支持结构	直接融资占全部金融资产的比重		非国有银行资产占全部银行资产比重		非国有金融机构存款占全部金融机构存款的比重	
评分标准		80以上为1分；(60,80]为2分；(40,60]为3分；(20,40]为4分；20及20以下为5分		70以上为1分；(50,70]为2分；(30,50]为3分；(10,30]为4分；10及10以下为5分		70以上为1分；(50,70]为2分；(30,50]为3分；(10,30]为4分；10及10以下为5分	
年	得分	指标值	得分	指标值	得分	指标值	得分
1978	5.00	—	5	—	5	1.77	5
1979	5.00	—	5	—	5	1.65	5
1980	5.00	—	5	—	5	2.67	5
1981	5.00	—	5	—	5	3.12	5

续 表

1982	5.00	—	5	—	5	3.55	5
1983	5.00	—	5	—	5	4.13	5
1984	5.00	—	5	—	5	7.94	5
1985	5.00	—	5	—	5	6.91	5
1986	5.00	—	5	—	5	8.22	5
1987	4.67	—	5	—	5	10.03	4
1988	4.67	—	5	—	5	15.45	4
1989	4.67	—	5	3.13	5	15.71	4
1990	4.67	—	5	3.81	5	16.42	4
1991	4.67	—	5	4.01	5	17.20	4
1992	4.67	11.49	5	4.57	5	18.30	4
1993	4.33	14.64	5	16.49	4	21.59	4
1994	4.33	12.58	5	19.2	4	27.52	4
1995	4.33	13.06	5	22.11	4	28.02	4
1996	4.33	18.53	5	24.44	4	27.70	4
1997	4.00	23.00	4	24.89	4	27.17	4
1998	4.00	24.04	4	25.85	4	27.08	4
1999	4.00	26.95	4	25.56	4	26.48	4
2000	4.00	34.00	4	24.32	4	26.58	4
2001	3.67	30.26	4	26.74	4	32.22	3
2002	3.67	26.80	4	26.5	4	33.62	3
2003	3.67	25.75	4	27.14	4	35.28	3
2004	3.33	23.44	4	31.2	3	36.40	3
2005	3.33	21.32	4	31.76	3	36.93	3
2006	3.33	30.56	4	32.87	3	40.45	3
2007	3.00	50.84	3	38.43	3	41.80	3
2008	3.33	32.20	4	42.63	3	43.78	3

表7-20 金融支持效率指标评分及指数合成结果表

指标名称	金融支持效率	三资乡镇个体私营企业短期贷款占金融机构全部短期贷款的比重	
评分标准		40以上为1分;(30,40]为2分;(20,30]为3分;(10,20]为4分;10及10以下为5分	40以上为1分;(30,40]为2分;(20,30]为3分;(10,20]为4分;10及10以下为5分
年	得分	指标值	得分
1978	5.00	0	5
1979	5.00	0	5
1980	5.00	0	5
1981	5.00	0.08	5
1982	5.00	0.1	5
1983	5.00	0.14	5
1984	5.00	0.66	5
1985	5.00	0.64	5
1986	5.00	1.74	5
1987	5.00	3.4	5
1988	5.00	4.3	5
1989	5.00	9.79	5
1990	5.00	9.67	5
1991	4.00	10.25	4
1992	4.00	11.31	4
1993	4.00	11.92	4
1994	4.00	10.95	4
1995	4.00	11.12	4
1996	4.00	11.06	4
1997	4.00	13.20	4
1998	4.00	14.09	4
1999	4.00	15.22	4
2000	4.00	14.85	4
2001	4.00	15.74	4

续 表

2002	4.00	14.23	4
2003	4.00	13.98	4
2004	4.00	14.22	4
2005	4.00	13.79	4
2006	4.00	10.88	4
2007	4.00	11.08	4
2008	4.00	11.14	4

(二)城市化指数测度:指标评分与指数合成

根据上述评分和计算方法,对城市化指标的评分及指数合成结果见表 7-21、7-22、7-23。

表 7-21 人口城市化指标评分及指数合成结果表

指标名称	人口城市化	非农人口比重		城镇人口比重	
评分标准		70 以上为 1 分;(50,70]为 2 分;(30,50]为 3 分;(20,30]为 4 分;20 及 20 以下为 5 分			
年	得分	指标值	得分	指标值	得分
1978	5.00	15.82	5	17.92	5
1979	5.00	16.59	5	18.55	5
1980	5.00	17.02	5	19.39	5
1981	4.50	17.82	5	20.32	4
1982	4.50	18.04	5	21.34	4
1983	4.50	18.25	5	22.57	4
1984	4.50	19.27	5	23.24	4
1985	4.50	19.29	5	23.71	4
1986	4.50	19.74	5	24.52	4
1987	4.50	19.75	5	25.32	4
1988	4.00	20.34	4	25.81	4
1989	4.00	20.74	4	26.21	4
1990	4.00	20.89	4	26.41	4
1991	4.00	21.32	4	26.94	4

续 表

1992	4.00	21.59	4	27.46	4
1993	4.00	22.23	4	27.99	4
1994	4.00	23.06	4	28.51	4
1995	4.00	23.58	4	29.04	4
1996	3.50	24.07	4	30.48	3
1997	3.50	24.44	4	31.91	3
1998	3.50	24.67	4	33.35	3
1999	3.50	25.07	4	34.78	3
2000	3.50	25.51	4	36.22	3
2001	3.50	26.08	4	37.66	3
2002	3.50	26.68	4	39.09	3
2003	3.50	27.89	4	40.53	3
2004	3.50	29.70	4	41.76	3
2005	3.00	30.81	3	42.99	3
2006	3.00	—	3	43.90	3
2007	3.00	—	3	44.94	3
2008	3.00	—	3	45.68	3

表 7-22 产业城市化指标评分及指数合成结果表

指标名称		非农产业占 GDP 比重		非农产业从业人员比重		三产占 GDP 比重		三产从业人员比重	
评分标准	产业城市化	95 以上为 1 分;(85,95]为 2 分;(75,85]为 3 分;(60,75]为 4 分;60 及 60 以下为 5 分		90 以上为 1 分;(80,90]为 2 分;(65,80]为 3 分;(40,65]为 4 分;40 及 40 以下为 5 分		90 以上为 1 分;(70,90]为 2 分;(45,70]为 3 分;(30,45]为 4 分;30 及 30 以下为 5 分		75 以上为 1 分;(60,75]为 2 分;(40,60]为 3 分;(20,40]为 4 分;20 及 20 以下为 5 分	
年	得分	指标值	得分	指标值	得分	指标值	得分	指标值	得分
1978	4.75	71.81	4	29.5	5	23.94	5	12.2	5
1979	4.75	68.73	4	30.2	5	21.63	5	12.6	5

续　表

1980	4.75	69.83	4	31.3	5	21.60	5	13.1	5
1981	4.75	68.12	4	31.9	5	22.01	5	13.6	5
1982	4.75	66.61	4	31.9	5	21.85	5	13.5	5
1983	4.75	66.82	4	32.9	5	22.44	5	14.2	5
1984	4.75	67.87	4	36	5	24.78	5	16.1	5
1985	4.75	71.56	4	37.6	5	28.67	5	16.8	5
1986	4.75	72.86	4	39.1	5	29.14	5	17.2	5
1987	4.75	73.19	4	40	5	29.64	5	17.8	5
1988	4.25	74.30	4	40.7	4	30.51	4	18.3	5
1989	4.25	74.89	4	39.9	4	32.06	4	18.3	5
1990	4.25	72.89	4	39.9	4	31.55	4	18.5	5
1991	4.00	75.47	3	40.3	4	33.69	4	18.9	5
1992	4.00	78.20	3	41.5	4	34.76	4	19.8	5
1993	3.75	80.29	3	43.6	4	33.72	4	21.2	4
1994	3.75	80.14	3	45.7	4	33.57	4	23	4
1995	3.75	80.04	3	47.8	4	32.86	4	24.8	4
1996	3.75	80.31	3	49.5	4	32.77	4	26	4
1997	3.75	81.71	3	50.1	4	34.17	4	26.4	4
1998	3.75	82.44	3	50.2	4	36.23	4	26.7	4
1999	3.75	83.43	3	49.9	4	37.67	4	26.9	4
2000	3.75	84.94	3	50	4	39.02	4	27.5	4
2001	3.50	85.51	2	50	4	40.46	4	27.7	4
2002	3.50	86.26	2	50	4	41.47	4	28.6	4
2003	3.50	87.20	2	50.9	4	41.23	4	29.3	4
2004	3.50	86.61	2	53.1	4	40.38	4	30.6	4
2005	3.50	87.80	2	55.2	4	40.10	4	31.4	4
2006	3.50	88.70	2	57.4	4	40.00	4	32.2	4
2007	3.50	88.87	2	59.2	4	40.37	4	32.4	4
2008	3.50	88.69	2	60.4	4	40.07	4	33.2	4

表 7-23 空间城市化指标评分及指数合成结果表

指标名称	空间城市化	人均 GDP		地均 GDP	
评分标准		10810 以上为 1 分；(5760,10810]为 2 分；(2880,5760]为 3 分；(1440,2880]为 4 分；1440 及 1440 以下为 5 分		700 以上为 1 分；(500,700]为 2 分；(350,500]为 3 分；(100,350]为 4 分；100 及 100 以下为 5 分	
年	得分	指标值	得分	指标值	得分
1978	5.00	54.46	5	3.80	5
1979	5.00	59.89	5	4.23	5
1980	5.00	66.18	5	4.74	5
1981	5.00	70.31	5	5.10	5
1982	5.00	75.40	5	5.55	5
1983	5.00	83.24	5	6.21	5
1984	5.00	99.31	5	7.51	5
1985	5.00	122.55	5	9.39	5
1986	5.00	137.60	5	10.70	5
1987	5.00	158.91	5	12.56	5
1988	5.00	195.07	5	15.67	5
1989	5.00	217.00	5	17.70	5
1990	5.00	234.86	5	19.45	5
1991	5.00	270.39	5	22.69	5
1992	5.00	330.16	5	28.05	5
1993	5.00	428.34	5	36.81	5
1994	5.00	577.71	5	50.21	5
1995	5.00	720.82	5	63.33	5
1996	5.00	835.13	5	74.14	5
1997	5.00	917.17	5	82.26	5
1998	5.00	970.86	5	87.92	5
1999	5.00	1022.64	5	93.41	5

续表

2000	4.50	1122.53	5	103.35	4
2001	4.50	1231.67	5	114.22	4
2002	4.50	1342.58	5	125.35	4
2003	4.00	1506.00	4	141.48	4
2004	4.00	1762.23	4	166.54	4
2005	4.00	2007.57	4	190.85	4
2006	4.00	2309.29	4	220.75	4
2007	4.00	2789.16	4	268.03	4
2008	3.50	3242.57	3	313.20	4

三、指数测度结果及分析

完成评分和类因素指数的合成之后，根据前述计算方法，本文用简单平均法将类因素分别合成最终的金融支持度指数和城市化指数。在由 5 分制的总指数转化为百分数表示的总指数过程中，本文使用线性插值法进行换算，将五分制的区间与百分制的区间相对应，即(4,5)分对应于[0,25)；(3,4)分对应于[25,50)；(2,3)分对应于[50,75)；(1,2)分对应于[75,100)，由此所确定的转换公式为：$y = 125 - 25x$，其中 y 指百分制的总指数，x 指 5 分制下的总指数。

（一）金融支持度指数测度：总体指数与分析

依据上述方法，计算得到 1978~2008 年金融支持度指数见表 7-24。

表 7-24　1978~2008 年金融支持度指数合成结果表

年	金融支持度		类因素		
	百分制	5 分制	金融支持规模	金融支持结构	金融支持效率
1978	2.78	4.89	4.67	5.00	5.00

续 表

1979	2.78	4.89	4.67	5.00	5.00
1980	2.78	4.89	4.67	5.00	5.00
1981	2.78	4.89	4.67	5.00	5.00
1982	5.56	4.78	4.33	5.00	5.00
1983	5.56	4.78	4.33	5.00	5.00
1984	5.56	4.78	4.33	5.00	5.00
1985	5.56	4.78	4.33	5.00	5.00
1986	5.56	4.78	4.33	5.00	5.00
1987	8.33	4.67	4.33	4.67	5.00
1988	8.33	4.67	4.33	4.67	5.00
1989	8.33	4.67	4.33	4.67	5.00
1990	8.33	4.67	4.33	4.67	5.00
1991	16.67	4.33	4.33	4.67	4.00
1992	16.67	4.33	4.33	4.67	4.00
1993	19.44	4.22	4.33	4.33	4.00
1994	19.44	4.22	4.33	4.33	4.00
1995	19.44	4.22	4.33	4.33	4.00
1996	22.22	4.11	4.00	4.33	4.00
1997	25.00	4.00	4.00	4.00	4.00
1998	27.78	3.89	3.67	4.00	4.00
1999	27.78	3.89	3.67	4.00	4.00
2000	27.78	3.89	3.67	4.00	4.00
2001	30.56	3.78	3.67	3.67	4.00
2002	33.33	3.67	3.33	3.67	4.00
2003	33.33	3.67	3.33	3.67	4.00
2004	36.11	3.56	3.33	3.33	4.00
2005	36.11	3.56	3.33	3.33	4.00
2006	36.11	3.56	3.33	3.33	4.00
2007	41.67	3.33	3.00	3.00	4.00
2008	36.11	3.56	3.33	3.33	4.00

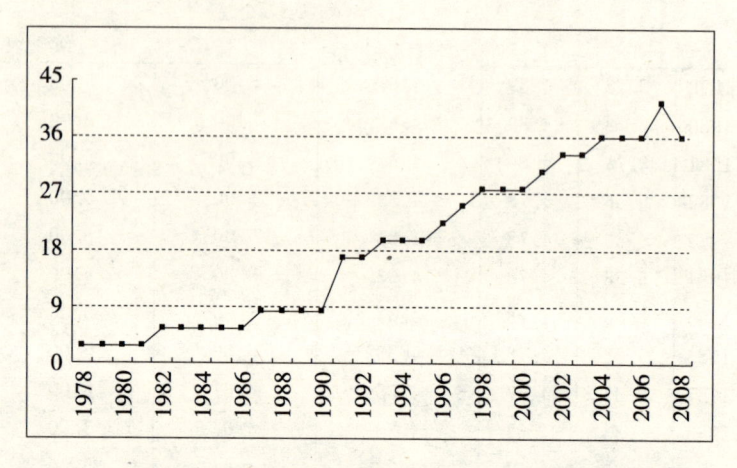

图 7-16 1978~2008 年金融支持度指数

结合表 7-24 和图 7-16 分析,可以看出,从 1978 年到 2008 年我国金融支持度总体趋势是上升的,2008 年中国金融支持度得分为 36.11。由于指标值采取分段打分的评分方法,且指标总体个数相对较少,因此出现了部分年份得分相同的现象,但是不影响本文做出改革开放以来中国金融不断发展,金融体系不断完善,金融功能不断健全,金融支持水平不断提升的结论。值得注意的是,2008 年金融支持度指数小幅下降,反映出中国金融体系在全球金融危机的影响下,受到了一定的冲击。

(二)城市化指数测度:总体指数与分析

依据上述方法,计算得到 1978~2008 年城市化指数见表 7-25。

表 7-25 1978~2008 年城市化指数合成结果表

年	城市化		类因素		
	百分制	5 分制	人口城市化	产业城市化	空间城市化
1978	2.08	4.92	5.00	4.75	5.00

续　表

1979	2.08	4.92	5.00	4.75	5.00
1980	2.08	4.92	5.00	4.75	5.00
1981	6.25	4.75	4.50	4.75	5.00
1982	6.25	4.75	4.50	4.75	5.00
1983	6.25	4.75	4.50	4.75	5.00
1984	6.25	4.75	4.50	4.75	5.00
1985	6.25	4.75	4.50	4.75	5.00
1986	6.25	4.75	4.50	4.75	5.00
1987	6.25	4.75	4.50	4.75	5.00
1988	14.58	4.42	4.00	4.25	5.00
1989	14.58	4.42	4.00	4.25	5.00
1990	14.58	4.42	4.00	4.25	5.00
1991	16.67	4.33	4.00	4.00	5.00
1992	16.67	4.33	4.00	4.00	5.00
1993	18.75	4.25	4.00	3.75	5.00
1994	18.75	4.25	4.00	3.75	5.00
1995	18.75	4.25	4.00	3.75	5.00
1996	22.92	4.08	3.50	3.75	5.00
1997	22.92	4.08	3.50	3.75	5.00
1998	22.92	4.08	3.50	3.75	5.00
1999	22.92	4.08	3.50	3.75	5.00
2000	27.08	3.92	3.50	3.75	4.50
2001	29.17	3.83	3.50	3.50	4.50
2002	29.17	3.83	3.50	3.50	4.50
2003	33.33	3.67	3.50	3.50	4.00
2004	33.33	3.67	3.50	3.50	4.00
2005	37.50	3.50	3.00	3.50	4.00
2006	37.50	3.50	3.00	3.50	4.00
2007	37.50	3.50	3.00	3.50	4.00
2008	41.67	3.33	3.00	3.50	3.50

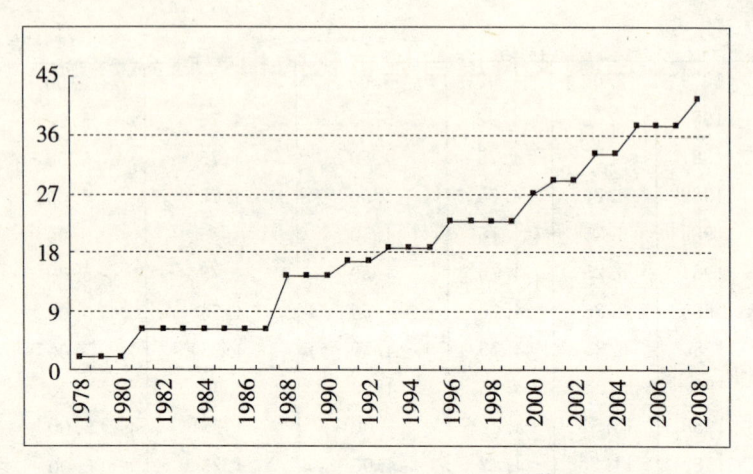

图 7-17　1978～2008 年城市化指数

结合表 7-25 和图 7-17 分析,可以看出,从 1978 年到 2008 年中国城市化指数总体趋势是上升的,2008 年我国城市化指数得分为 41.67。由于指标值采取分段打分的评分方法,且指标总体个数相对较少,因此出现了部分年份得分相同的现象,但是也并不影响本书做出改革开放以来中国人口迁移转换不断加快,产业结构不断优化升级,空间集聚效应不断发挥,城市化水平不断提升的结论。

第四节　金融支持城市化的计量分析

本章第一至三节,构建了金融支持城市化的指数分析框架,并分别测度了 1978～2008 年的金融支持度指数和城市化指数。为了进一步探讨金融支持与城市化发展之间的内在联系,本节将结合指数分析结果,分别对金融支持度与城市化作相关性检验和格兰杰因果检验。

一、金融支持度与城市化的相关性分析

(一)模型回归分析

1. 构建模型

依据前文的分析,将城市化指数作为因变量,用 Urban 表示,将金融支持度指数作为自变量,用 FS 表示,建立回归模型为:
Urban=βFS+ε。

2. 回归结果及分析

用 Eviews 软件对模型方程进行回归,得到回归方程如下:
Urban=$0.855 \times$FS+1.7145

回归结果表明,金融支持度指数每提高1个百分点,城市化指数就会提高 0.855 个百分点,这充分说明了金融支持对中国城市化进程具有显著、持续的影响作用。

(二)变量相关性检验

进一步对回归方程的结果进行变量相关性检验,结果表明,因变量通过了置信水平 5% 的检验(表 7-26)。

表 7-26 金融支持城市化变量检验结果表

R-squared	0.855	Mean dependent var	15.818
Adjusted R-squared	0.939	S. D. dependent var	9.879
S. E. of regression	2.444	Akaike info criterion	4.697
Sum squared resid	149.414	Schwarz criterion	4.793

二、金融支持与城市化的格兰杰因果关系检验

在对金融支持度指数和城市化指数进行了相关性检验之后,为进一步论证金融支持与城市化的相关性,本文对两者进行格兰

杰因果关系检验。格兰杰因果关系检验的核心思想是:先估计当前的 y 值被其自身滞后期取值所能解释的程度,然后检验通过引入序列 x 的滞后值是否可以提高 y 值的解释程度。如果是,则称序列 x 是 y 的格兰杰原因,这时候,x 的滞后期系数具有统计显著性。一般地,还考虑问题的另一方面,即序列 y 是否是 x 的格兰杰原因。其数学检验模型是:

$$y_t = \alpha_0 + \sum_{i=1}^{m} \alpha_i y_{t-i} + \sum_{j=1}^{k} \beta_j x_{t-j} \quad (1)$$

$$x_t = \alpha_0 + \sum_{i=1}^{m} \alpha_i x_{t-i} + \sum_{j=1}^{k} \beta_j y_{t-j} \quad (2)$$

$$H_0 = \beta_1 = \beta_2 = \cdots = \beta_k = 0$$

如果接受 H_0,则 x 不是 y 格兰杰原因;相反,如果统计上拒绝 H_0,则 x 是 y 的格兰杰原因。对 Urban 和 FS 做格兰杰检验,结果见表 7-27:

表 7-27 Urban 和 FS 数据的格兰杰检验结果表

原假设	观察值	F 统计量	伴随概率
Urban 不是 FS 的格兰杰原因	30	7.32440	0.01165
FS 不是 Urban 的格兰杰原因	30	5.59811	0.02541

注:确定因果关系检验中最优滞后阶为 1。

检验结果表明,城市化和金融支持度具有长期稳定的协整关系,在 5% 置信水平下,城市化和金融支持度存在双向因果关系,即金融支持对城市化具有直接促进作用,同时,城市化反过来也影响着金融支持的水平。

第五节 金融支持区域城市化的实证分析

本章第一至四节,将整个中国作为统一的研究对象,构建了金融支持城市化的指标体系,并用改革开放以来的数据分别合成了1978~2008年的金融支持度指数和城市化指数,检验了两者之间的相关关系。为进一步分析金融支持中国城市化问题,基于上述分析思路,本节主要将金融支持城市化的研究延伸至区域层面,把全国划分为东部、中部、西部三个区域,利用1978~2004年的数据分别检验三个区域的金融支持和城市化的关系,作为对照,同时也对全国的数据作相同的检验,以进一步证实本文研究的客观性。

一、指标选择与数据来源

(一)指标选择及解释

1. 金融支持度指标

本节选用"年末全部金融机构各项存、贷款余额总和占地区生产总值的比重"指标来度量区域的金融支持度,用FS表示,计算公式为年末全部金融机构各项存、贷款余额总和占GDP的比重=(年末全部金融机构各项存款余额+年末全部金融机构各项贷款余额)/地区生产总值。选择该指标的理由如下:

第一,数据的可得性。本节以全国31个省市作为研究对象,而地区金融资料的缺乏给全面的数据收集工作造成了相当的困难,根据历年《中国金融年鉴》的相关资料,可以得到改革开放以来全国31个省市区的年末全部金融机构各项贷款余额、年末全部金融机构各项存款余额这两个指标,因此本节选用这两个指标衡量我国区域金融支持度,数据具有延续性和可比性。

第二,指标的指代性。如前文所述,金融支持规模可以用金融资产总额占各地区国民财富总额的比重来衡量,其中金融资产总额包括金融机构的存贷款余额、公司股票持有额和债权持有额。

改革开放以来,尽管我国以股票和债券为主的直接融资市场发展迅猛,但是以银行为主的间接金融机构一直是我国金融业的支柱。与间接融资体系相比,直接融资的规模较小且稳定性较差,截至2008年,我国直接融资所占全部金融资产的比重约32.2%,不足1/3,因此以金融机构的存贷款余额占地区生产总值的比重作为衡量区域金融支持度的指标,指代意义较强,具有一定的科学性。

2. 城市化指标

本节选用"非农业人口占地区总人口的比重"指标来度量区域的城市化水平,用Urban表示,计算公式为非农业人口占地区总人口的比重=非农业人口数/地区总人口数。之所以选择该指标主要是由于地区层面的其他城市化指标数据存在缺失现象,另一方面也考虑到与金融支持度所选择的单一指标相对应。

(二)数据来源

由于相关统计资料的缺失,本节选取的数据时间序列为1978～2004年。本节中金融支持度涉及的各地区年末全部金融机构各项存、贷款余额指标数据来源于《中国金融年鉴(1986～2005)》;地区生产总值数据来源于《新中国五十年统计资料汇编》以及《中国统计年鉴(2000～2005)》。城市化涉及的各地区非农业人口、总人口指标数据来源于《新中国五十年统计资料汇编》以及《中国人口统计年鉴(2000～2005)》。

二、研究方法及实证结果

(一)研究方法及初步分析

1. 研究方法

结合中国区域经济、金融发展水平以及各地的城市化进程,本节将全国 31 个省市划分为东部、中部、西部三个区域(具体划分标准见表 7-28)。首先,利用 1978~2004 年的各类数据计算分别得到东部、中部、西部的金融支持度和城市化水平;其次,构建回归模型,分别检验东部、中部、西部的金融支持度与城市化水平的相关性,另外对全国的指标数据(来源于本章第一至四节内容)也作相同的回归分析,作为类比验证。

表 7-28 全国东部、中部、西部区域划分表

区域	包括省市
东部地区	北京、天津、河北、辽宁、上海、江苏、浙江、福建、山东、广东、广西、海南
中部地区	山西、内蒙古、吉林、黑龙江、安徽、江西、河南、湖北、湖南
西部地区	重庆、四川、贵州、云南、西藏、陕西、甘肃、青海、宁夏、新疆

注:区域划分参照国家统计部门的划分标准。

2. 初步分析

依据获得的数据,通过计算,分别得到 1978~2004 年东部、中部、西部的金融支持度和城市化水平(表 7-29)。

表 7-29 东部、中部、西部金融支持度和城市化水平

单位:%

年	金融支持度			城市化水平		
	东部	中部	西部	东部	中部	西部
1978	99.85	78.12	63.16	16.48	17.98	13.14
1979	99.78	74.56	62.75	17.44	18.65	13.52
1980	106.97	88.19	62.75	17.94	18.94	13.79
1981	106.97	92.85	67.55	18.34	19.41	14.00
1982	111.43	94.82	67.98	18.71	19.58	14.13

续 表

1983	115.73	96.55	67.75	19.05	19.78	14.37
1984	124.95	107.86	74.74	19.95	20.35	14.85
1985	120.71	103.27	79.07	20.80	20.71	15.50
1986	139.42	118.98	91.36	21.15	20.94	15.54
1987	140.39	119.92	94.40	21.55	21.55	15.76
1988	126.18	112.50	86.26	22.55	21.74	15.92
1989	131.83	116.68	89.65	22.87	21.96	16.07
1990	148.00	131.00	96.34	23.23	22.05	16.09
1991	156.36	145.95	103.75	23.52	22.18	16.21
1992	157.88	146.78	155.35	24.26	22.64	16.59
1993	143.60	138.92	151.27	25.37	23.13	16.86
1994	136.54	127.52	148.06	26.37	23.88	17.47
1995	138.29	124.51	154.57	27.02	24.38	17.87
1996	147.32	128.93	154.45	27.70	24.75	18.36
1997	165.03	134.50	182.49	28.11	24.93	18.71
1998	176.46	140.13	192.86	28.36	25.40	19.00
1999	203.61	158.84	208.00	29.01	25.56	19.47
2000	238.80	169.16	219.66	29.84	25.73	19.88
2001	248.05	171.46	242.41	30.61	26.21	20.40
2002	269.63	181.58	254.04	32.23	26.67	21.01
2003	292.62	185.56	268.04	36.21	27.24	21.86
2004	278.80	171.78	256.56	37.45	27.87	22.51

资料来源:国家统计局:《中国统计年鉴》,中国统计出版社 2000~2005 年版;中国金融学会:《中国金融年鉴》,中国金融出版社 1986~2005 年版;国家统计局:《中国人口统计年鉴》,中国统计出版社 2000~2005 年版;国家统计局国民经济综合统计司:《新中国五十年统计资料汇编》,中国统计出版社 1999 年版。

结合表 7-29 和图 7-18 分析,总体而言,1978~2004 年中国东部、中部、西部的金融支持度均呈波动上升的趋势,这与我国总体经济水平不断提升,金融体系不断健全的发展趋势相一致。截

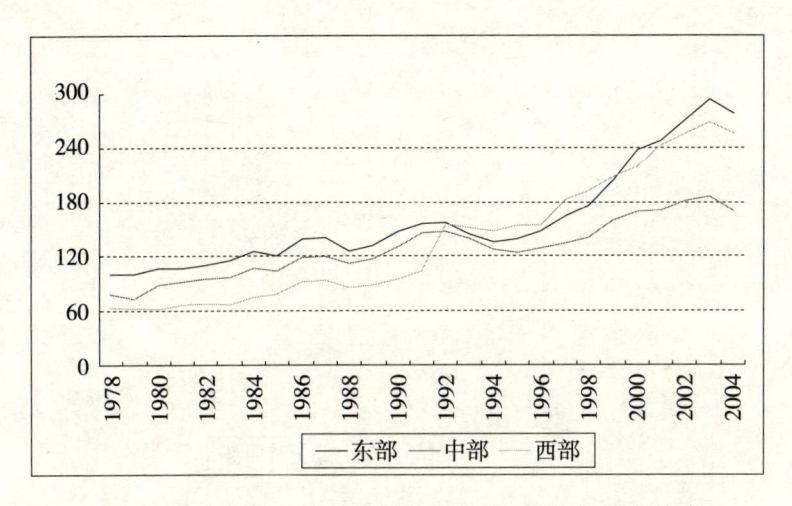

图 7-18　1978～2004 年东部、中部、西部金融支持度

至 2004 年,我国区域金融支持度由高到低依次是东部、西部、中部,且地区间差异呈扩大趋势。另外在 2008 年,三个地区的金融支持度均有小幅下降,这是我国金融体系受全球金融危机冲击的反映。就上升幅度而言,西部的上升幅度高于东部、中部,尤其是 1992 年之后,西部地区的金融支持度出现了大幅提升,甚至一度高于东部地区,究其原因,一方面,仅用"年末全部金融机构各项存、贷款余额总和占地区生产总值的比重"一个指标来度量的金融支持度有一定的局限性,不能充分反映地区的金融发展水平;另一方面,我国的金融改革与发展是由中央政府推动的,1985 年实施"拨改贷"的投融资体制改革后,地方政府的资金来源从财政转向了银行,国家的资金倾斜和地方政府的过度介入造成了金融资源的政策性转移和配置;另外,对于东部地区而言,民间金融是很多地方重要的资金配置来源,但是这部分资金目前是不纳入国家统计体系的,因此,东部的金融支持度存在一定程度的低估。

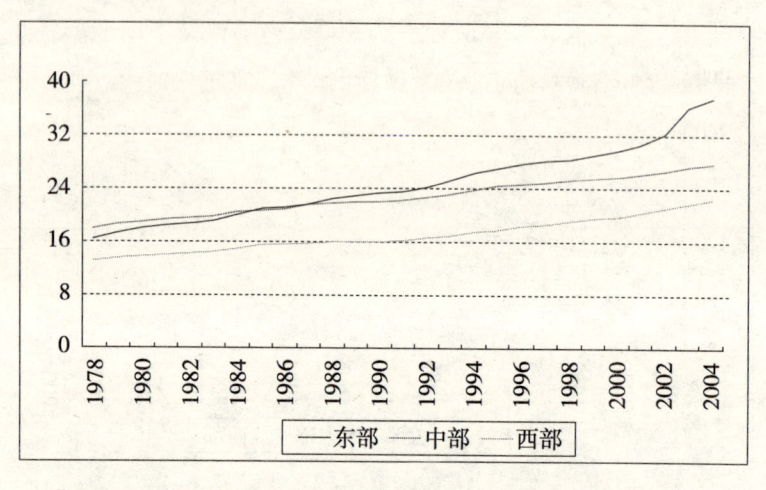

图 7-19　1978～2004 年东部、中部、西部城市化水平

如表 7-29 和图 7-19 所示，总体而言，1978～2004 年中国东部、中部、西部的城市化水平均呈单调上升的趋势，这与中国总体经济发展和城市化进程相一致。截至 2004 年，中国区域城市化水平由高到低依次是东部、中部、西部。就上升幅度而言，东部的上升幅度高于西部、中部。改革开放初期，中部地区的城市化水平一度高于东部，随着改革进程的不断推进，东部地区城市化进程明显加速，城市化水平与中部的差距越来越大。这在一定程度上表明，尽管这些年中央和地方都在努力减小城市化发展的地区差距，但这种努力并未取得实质性的进展，区域城市化发展水平仍然存在并有可能会继续扩大。

（二）回归分析及结果检验

1. 构建模型

依据前文的分析，将城市化水平作为因变量，用 Urban 表示，将金融支持度作为自变量，用 FS 表示，建立回归模型为：Urban=

$\beta FS + \varepsilon$。由于本节将分别对东部、中部、西部以及全国的城市化水平与金融支持度之间的关系做回归分析,因此分别建立四个回归模型(表7-30)。

表7-30 区域金融支持城市化回归方程表

	因变量	自变量	回归方程
东部	Urban(E)	FS(E)	Urban(E) = β(E)FS + ε(E)
中部	Urban(M)	FS(M)	Urban(M) = β(M)FS + ε(M)
西部	Urban(W)	FS(W)	Urban(W) = β(W)FS + ε(W)
全国	Urban(C)	FS(C)	Urban(C) = β(C)FS + ε(C)

2. 回归结果及分析

用 Eviews 分别对四个模型方程进行回归,回归结果见表7-31。

回归结果表明,整体上看,在东部、中部、西部三个区域,金融支持对城市化均有显著的促进作用,但是,各地区间的金融支持度存在着较大差异:金融支持度与城市化水平的回归系数东部为9.118,在三个地区中最高,远高于全国平均水平;中部和西部地区却只有5.489和3.733,均低于全国平均水平。这一方面说明了中国不同区域金融支持城市化发展的作用效果存在差异,另一方面也说明了中国各区域城市化和金融发展水平存在着非均衡性特征。

表7-31 区域金融支持城市化回归结果

Variable	Coefficient	Std. Error	t-Statistic	Prob.
FS(E)	9.118	0.750	12.164	0
FS(M)	5.489	0.665	12.774	0
FS(W)	3.733	0.166	22.518	0
FS(C)	6.049	0.277	21.804	0

3. 回归结果检验

分别对东部、中部、西部和全国四个回归方程的结果进行检验,检验结果分别见表 7-32、7-33、7-34、7-35。

检验结果表明,东部、中部、西部和全国的因变量全部通过置信水平 5% 的检验。

表 7-32 东部金融支持城市化变量检验结果

R-squared	0.955	Mean dependent var	24.671
Adjusted R-squared	0.950	S. D. dependent var	5.618
S. E. of regression	2.178	Akaike info criterion	4.466
Sum squared resid	118.560	Schwarz criterion	4.562

表 7-33 中部金融支持城市化变量检验结果

R-squared	0.967	Mean dependent var	22.749
Adjusted R-squared	0.962	S. D. dependent var	2.852
S. E. of regression	1.060	Akaike info criterion	3.026
Sum squared resid	28.108	Schwarz criterion	3.122

表 7-34 西部金融支持城市化变量检验结果

R-squared	0.953	Mean dependent var	16.700
Adjusted R-squared	0.951	S. D. dependent var	2.642
S. E. of regression	0.584	Akaike info criterion	1.833
Sum squared resid	8.526	Schwarz criterion	1.929

表 7-35 全国金融支持城市化变量检验结果

R-squared	0.950	Mean dependent var	21.831
Adjusted R-squared	0.948	S. D. dependent var	3.644
S. E. of regression	0.830	Akaike info criterion	2.538
Sum squared resid	17.246	Schwarz criterion	2.634

第六节 金融支持城市化实证研究的基本结论

以上实证研究的结论表明,改革开放 30 年来,中国金融市场的不断发展,金融体系的逐步健全对城市化的促进作用是十分显著的,金融通过提供资金、配置资源,促进人口迁移转换、产业结构升级和空间集中方面的作用不容忽视。

1、中国的金融支持与城市化进程存在长期的均衡关系

在促进城市化水平提高的各种因素当中,金融支持是一个非常重要的推动因素。实证结果表明,金融支持度的不断提高,有力地推动了城市化水平的提高,反之,金融发展水平停滞不前,金融支持力度不够,则将直接影响城市化的进程。因此,为了城市化进程的顺利推进和持续、健康发展,必须不断完善金融体系,强化金融功能,提升金融支持水平,发挥金融对城市化的支持作用。

2、金融支持水平和城市化水平之间存在双向因果关系

依据格兰杰因果检验的结果,金融支持度的提高或降低必然会引起城市化水平的提高或降低,反之,城市化水平的提高或降低也会引起金融支持度的提高或降低。从回归模型可见,中国金融支持度和城市化的回归系数达 0.855,金融支持对城市化进程影响显著。意味着金融支持水平每提升一个百分点,将对推进城市化进程提升 0.855 个百分点,这充分说明金融支持始终是城市化进程发展的重要推动力。

3、金融对城市化的支持程度在区域间存在显著差异

对金融支持区域城市化的研究表明,尽管中国各地区金融对

城市化的支持程度都在提升,但仍然存在显著的区域差异。东部地区金融对城市化的支持程度最高,明显高于中部地区和西部地区。这说明中国不同地区城市化进程中的金融支持水平呈现出明显的非均衡特征,要加快区域的城市化进程,必须重视区域金融差异,在进一步促进发达地区金融发展水平的同时,加大对欠发达地区的金融支持力度,大力提升相对落后地区的金融发展水平,从而实现中国城市化的协调发展。

第八章 金融支持中国城市化的制度分析

约瑟夫·熊彼特曾指出:"历史的叙述不可能是纯经济的,它必然要反映那些不属于纯经济的制度方面的内容。"[①]这提醒我们在思考经济问题时要注意制度因素对经济发展的影响。制度分析是构成现代经济学的基本分析范式。对城市化进程中的金融支持问题的研究也同样离不开对制度的分析。因为,不管是从理论还是实践的角度看,无论是中国城市化进程,还是金融发展水平的提升,制度都通过对各种经济社会运行规则的制定和执行对其产生了或正在产生着重大影响。特别需要我们借鉴制度经济学分析方法,努力挖掘经济现象背后的制度因素,综合分析制度因素对中国城市化和金融发展的影响,以求对金融支持中国城市化进程中所存在的现实问题形成更加全面的解释。本章主要在对制度相关概念分析的基础上,从战略层面探讨了中国城市化和金融支持水平落后的原因,并结合经济发展实践,分析了中国城市化和金融发展中所面临的主要制度问题。

---

① 约瑟夫·熊彼特著,陈锡龄、朱泱、孙鸿敞译:《经济分析史》(第一卷),商务印书馆1991年版,第29页。

第一节 制度分析的理论基础

工业革命时期,科学技术的进步往往是影响经济社会发展的决定性力量。而随着时代的进步,财富的增长与公共秩序完善相统一的需求越来越强烈,以人的解放与发展为核心内容的制度建构与创新则越来越多地扮演着推动经济发展、社会进步的关键角色。在经济社会发展实践的推动下,有关制度概念与内涵的讨论也逐渐深入,制度经济学也在不断地发展与成熟,为我们开展金融支持中国城市化发展的制度分析提供了良好的理论基础。

一、制度的概念与内涵

关于制度的定义,制度经济学家们已经做了很多解释。旧制度经济学家从最一般意义上对制度的概念进行过解释,认为制度是大多数人所共有的一些"固定的思维习惯、行为准则,权力与财富原则"[1]。而新制度经济学则把制度作为经济学的核心研究对象,为我们认识和了解经济社会发展中的制度问题提供了一个全新的、更具解释力的分析框架。道格拉斯·C.诺思认为,"制度是一个社会中的一些游戏规则;或者更正式地说,制度是人类设计出来调节人类相互关系的一些约束条件"[2]。青木昌彦则认为,"制度是关于博弈如何进行的共有信念的一个自我维系系统。制度的本质是对均衡博弈路径显著和固定性的一种浓缩性表征,该表征

---

[1] 凡勃伦著、蔡受百译:《有闲阶级论》,商务印书馆1981年版,第139页。
[2] 道格拉斯·C.诺思著、刘守英译:《制度、制度变迁与经济绩效》,上海三联书店1994年版,第3页。

被相关域几乎所有参与人所感知,认为是与他们策略决策相关的。这样,制度就以一种自我实施的方式制约着参与人的策略互动,并反过来又被他们在连续变化的环境下的实际决策不断再生产出来"①。

总的来看,制度是人们共同遵守的办事规程、行动准则和博弈规则。制度应包括正式规则、非正式规则和规则的实施机制三个方面。正式规则主要是指政府按照一定的目的和程序有意识创造的一系列的政治、经济规则及契约等法律法规,以及由这些规则构成的人们行为的激励和约束;非正式规则主要是指人们在长期实践中无意识形成的,具有持久生命力的价值信念、伦理规范、道德观念、风俗习惯及意识形态等。规则的实施机制是为了确保正式规则和非正式规则得以执行的相关制度安排②。这三个方面不可分割,形成了完整的制度概念。

制度对于经济发展的影响是显著的。"制度为由人制定的规则,它抑制着人际交往中可能出现的任意行为和机会主义行为"③。良好的制度和实施机制不仅可以有效降低交易成本,从而形成更高的经济增长率,还可以保证公民分享发展所带来的福祉,减少不平等和歧视。例如,有效的产权保护制度,就有利于保证经济主体间平等稳定的交往关系,激发个人和企业的创业动力,提高劳动者的劳动效率,降低合作成本和交易成本;充分灵活的企业制度,高

---

① 青木昌彦著、周黎安译:《比较制度分析》,上海远东出版社2001年版,第28页。
② 道格拉斯·C.诺思著,陈郁、罗华平等译:《经济史中的结构与变迁》,上海三联书店1994年版,第225~227页。
③ 柯武刚、史漫飞著,韩朝华译:《制度经济学》,商务印书馆2000年版,第35页。

度自由的市场制度,积极适宜的政府管理制度,能保证人才、资金、技术等要素按照市场的原则,充分自由地流动,合理高效地配置;良好的收入分配制度则从基础上保证了社会的公平,影响着社会的和谐与稳定。同样的,文化、习惯与观念等非正式规则也强烈地影响着经济主体的行为与活动。例如,商业信用和道德就无法用契约方式明确表达出来,但却会对商业活动中的各方主体产生非常大的影响。一般而言,商业活动中的各方主体在商业活动中所表现出来的行为如果符合公认的信用和伦理道德规范,则会为各方长期持续合作奠定基础。而大量的事实也都已证明,在多元包容、无拘无束、充分交流、开放进取、诚实守信的文化氛围里,才能培育大量的企业家资源,形成区域创新体系,孕育出促进地区和国家持续发展的创新精神和创造动力。

二、制度变迁与制度创新

制度变迁是指新制度在原有制度内产生、壮大、并全部或部分代替旧制度的过程[①]。制度变迁可以有不同的分类。科斯认为制度变迁可以分为诱致性制度变迁和强制性制度变迁两类,前者是由一个人或一群人在响应获利机会时自发倡导、组织和实行的自下而上的变迁。后者是由政府命令和法律引入实行的自上而下的变迁[②]。而依据制度变迁的强烈程度,制度变迁可以分为激进式变迁和渐进式变迁两种方式。激进式变迁表现为全局性、快速的激烈的变迁过程,是一种根本性的质变,往往表现为制度演进的连

[①] 张军:《现代产权经济学》,上海三联书店 1994 年版,第 104 页。
[②] 科斯、阿尔钦、诺斯著,陈昕等译:《财产权力与制度变迁》,上海三联书店 1994 年版,第 384 页。

续过程的中断。渐进式变迁表现为持续的量的积累的过程,往往表现为局部的、缓慢的、连续性的制度变迁。

制度变迁的动力来自于人们对现有制度约束的不满和对新的制度的追求。无论是何种形式的制度变迁,制度约束的存在都是其发生的直接原因。随着经济社会的发展,人们会基于自身的利益诉求不断产生对新的制度的需求,而为了满足新的制度需求,制度供给被不断创造,制度就会发生变迁,最终实现制度的供给与需求的短期均衡,而从长期看,人们存在着对现实改善的动力,有着突破制度约束的愿望,总会对现存制度产生不满并形成新的制度需求,制度也会发生新的变迁。总的来看,制度供需均衡是短暂的,而制度变迁则是制度演进的常态。

制度创新是制度变迁过程中的一个关键性阶段。原有的制度安排使得人们的利益受损或限制了人们的利益主张,会形成制度约束,人们就希望通过制度创新来打破制度约束,建立一个满足自身需要的新的制度框架。现代社会的制度创新,主要是面向经济效率、社会公平、政治民主的制度变迁,其目的主要是突破制度约束,使制度不断效率化、人性化、公平化,以求更好地满足人们生产和发展的需要。从人类历史发展的角度来看,制度创新能够打破不适应经济社会发展需要的旧的制度均衡,是推动人类文明进步的动力源泉。

中国的市场化改革进程是渐进的、强制性的制度变迁过程,更是制度变迁和制度创新结合的过程。中国对市场经济的选择不是按照经济形态的自然演化过程得到的,与发达国家市场经济发展的历程是不同的,在市场化改革的过程中,中国的市场经济通过社会主义与市场经济的双向改造与融合,既有制度变迁的自然演化,更有制度创新的特点,形成了具有中国特色的社会主义市场经济体制。同样的,中国的城市化和金融发展是在中国市场化改革的背景下进行的,也是一个城市化和金融制度变迁和创新的过程。在这一过程中,城市化进程的加速和金融发展不断创造出新的制度需求,并通过渐进式改革不断突破制度约束,进行制度创新,形成符合制度需求的制度供给,而围绕城市化和金融发展的一系列制度创新则又极大地释放和解放了生产力,为城市化和金融发展提供了强大的动力和有力的支撑,形成了制度创新的"回路效应"。

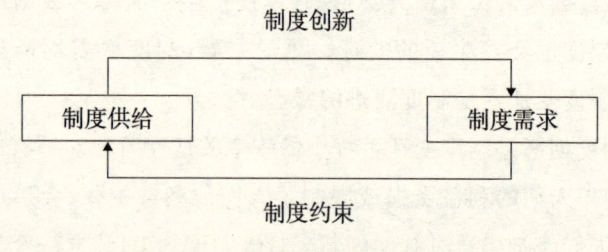

制度创新

制度供给 ← → 制度需求

制度约束

图 8-1 制度创新的回路效应

可以说,城市化与金融发展的制度创新来源于不断发展的实践所产生的制度需求。没有城市化和金融的发展,制度创新就失去了得以实现的土壤和根基,反之,没有城市化和金融制度的创新,城市化与金融发展的速度和质量也将受到影响。目前,中国经济社会发展已经进入到了一个新的历史时期,城市化的发展也已经从单纯注重数量增长逐步转向以制度创新来全面提升发展水平和质量的阶段。在这一背景下,研究中国城市化进程中的金融支持问题,就不能脱离相应的制度分析,更需要从制度的角度,梳理和剖析影响金融支持中国城市化进程的历史原因和现实问题,以为进一步发挥金融支持作用,推动中国城市化发展寻找制度变迁的空间和制度创新的着眼点。

第二节 影响金融支持中国城市化的制度分析

城市化进程中的金融支持是金融体系发挥金融功能影响城市化发展的过程。金融体系发挥金融功能需要相应的城市化和金融制度作为保障。毋庸置疑,制度创新是中国改革开放以来经济增长和各项社会事业发展的原动力,对中国城市化和金融发展影响巨大。伴随着经济社会的发展,特别是中国市场化改革的深入推进,中国城市化和金融领域的许多制度都取得了突破,但仍然存在着总体战略偏差和关键领域制度约束问题,直接影响着金融支持城市化作用的发挥和中国城市化的健康持续发展,需要引起高度重视并有针对性地进行制度创新。

一、中国城市化和金融发展的战略偏差

城市化和金融发展是制度变迁和制度创新的过程。作为制度供给的"第一行动集团",政府会出于自身的利益追求,通过为社会提供"服务—保护"以及借助手中的行政力量来促进部分或根本的制度创新。同时,在由一个权力中心决定制度安排的基本框架并遵循自上而下制度变迁原则的国家来说,制度供给在更大程度上受制于权力中心在既定的政治经济秩序下提供新的制度安排的能力和意愿。[1] 从中国改革和发展的实践来看,中国政府在城市化

---

[1] 杨瑞龙:《论制度供给》,《经济研究》1993 年第 8 期。

和金融发展的制度设计和安排方面发挥着巨大的作用,中国政府的城市化和金融发展战略往往直接影响着城市化进程和金融发展的制度变迁和制度创新。

从另一个角度看,中国的城市化进程与西方发达国家城市化进程的重要区别之一也在于政府拥有强大的战略导向作用并直接影响城市化发展的方方面面。一般来看,发达国家城市化发展的进程通常是政治民主化、经济自由化、产业革命化、市场国际化、社会现代化和人口城市化"六化"同步。[①] 现实中,西方发达国家的城市化进程一般并无制度障碍,政府既无"城市偏好"也无"乡村歧视",人口、产业向城市的集中大多依靠市场的力量自发完成。而对中国而言,存在着发展中国家普遍存在的城乡二元结构特征,更存在着由政府战略设计所形成的"中国特色"的城乡二元体制。与城市化相同,由于历史传统和发展道路的选择不同,中国金融的发展基础、条件和路径也都与西方国家有很大不同,具有很多鲜明的中国特色。

中国城市化和金融发展历程不是割裂的和孤立的,而是具有延续性和联系性的。从历史角度来看,长期以来中国存在着的城市化和金融发展战略偏差,直接导致了中国城市化和金融发展的相对滞后。

(一)重农偏好导致历史上中国城市化和金融发展的长期徘徊

作为举世公认的城市发源地之一,在相当长的一段历史时期内,中国城市的发展水平位居世界领先地位,其城市的发达程度令

---

① 高珮义:《中外城市化比较研究》(增订本),南开大学出版社2004年版,第19~20页。

人叹为观止,使世界其他国家难以望其项背:从商代的殷墟、郑州商城,到春秋战国时代的临淄、邯郸、栎阳;从汉代的洛阳到唐代的长安;从宋代的汴梁、杭州到元明清的北京等等,中国人创造出了一座又一座世界级的大都市,并通过这些城市向世界展示着辉煌灿烂的中华文明史。然而,在封建制度下,以保护封建地主经济为目的的重农抑商的国策抑制了技术的进步,更在很大程度上限制了商业经济的发展,"帝国的官员和富绅是典型的食利者。法律和传统上赋予他们的特权决定了他们的地位、生活方式以及处事态度。他们主导着城市的生活。他们有着强烈的控制欲。企业家行为在几乎不保护私人活动的法律框架下是不安全的。任何明显有利可图的活动都会受到官僚的盘剥。只有国家或得到许可的垄断性组织才能从事大规模的活动。"① 加之长期落后的农业生产力无法提供更多的农业剩余,分散性的农业文明又限制了资源的合理流动,最终导致中国城市化进程长期逡巡不前。同样,我国很早就产生了民间自由借贷机构,在唐朝,就出现了东亚地区最早的合会,而产生于明朝的钱庄,不仅能够从事金、银之间的兑换,还可以办理放款、存款,清朝的票号功能则更为完备。然而,在重农偏好的背景下,各种商业思想和信用理念往往不能上升成为主流的意识形态,商业活动和借贷行为在实践中所受到的束缚也较多,金融服务业缺乏成长壮大的金融生态环境。

(二)计划体制导致建国后的中国城市化和金融发展严重滞后

新中国成立到改革开放前的 30 年间,我国实行的是自上而

---

① 安格斯·麦迪森著,伍晓鹰、马德斌译:《中国经济的长期表现》,上海人民出版社 2008 年版,第 3 页。

下的城市化制度安排,计划体制是导致中国城市化发展滞后的重要原因。建国之初,面对复杂的国际、国内形势,国家实施了优先发展重工业、迅速推进工业化的"赶超战略"。在资本稀缺的经济体中推行资本密集型重工业优先发展战略不可能依靠市场来引导资源配置,囿于资源禀赋的限制,与重工业优先发展战略和高度集中的计划经济体制相适应,中国形成了一系列影响了城市化进程的具体制度,如集体所有和集体经营的土地制度、城乡分割严控人口流动的户籍制度、城乡分离和城乡不平等的劳动就业和社会保障制度、中央高度集权和地方分割的行政管理制度等,城市化进程具有较为明显的政治特征。国家通过计划体制和城乡分割,一方面,降低资本、外汇、能源、原材料、农产品和劳动力等资源的价格,降低重工业资本形成的门槛,为重工业优先发展创造了适宜的经济环境;另一方面,政府对城市和市民实行"统包",而对农村和农民则实行"统制"。由政府发动和包办的制度供给造成巨大的城乡差异,构成了城乡之间的壁垒,阻止了农村人口向城市的自由流动[1]。与此同时,中国经济发展的重点放在了城市以及技术和资金密集型的重工业,而忽略了以服务业为主的第三产业的发展,也客观上弱化了城市吸纳农村剩余劳动力的能力,使得产业城市化和人口城市化长期脱节,城市化进程呈现出显著的扭曲和波折状态。

  中国这一时期的金融制度也是计划经济体制的产物。中国传统的金融制度是按照前苏联高度集中的大一统金融体制形成的。

---

[1] 武力:《1949～2006年城乡关系演变的历史分析》,《中国经济史研究》2007年第1期。

这种金融制度是与计划经济体制相配套的一种高度集权、计划配置资金、组织结构单一和高度行政依附型的金融制度,形成了严格的金融抑制。在这种制度安排下,中国没有真正意义上的金融和货币。一切信用集中于国家银行,而政府构建国家银行的目的,就是为了使其成为国有企业的资金供给部门。这一金融体制限制民间金融活动,排斥其他信用关系和金融市场的存在,不仅资金供给的规模、结构由中央统一计划,而且资金供应的条件、利率高低、期限长短等均由计划决定,银行与企业之间不存在利益上的相互独立和制衡关系,只是一种计划式的配给关系。在这种制度安排下,社会金融资源都是由国家统一调配,缺乏市场化金融交易制度形成的基本条件和机制,银行只是充当了国家的"总出纳"角色,附属于财政体系。正如邓小平同志所指出的那样:"我们过去的银行是货币发行公司,是金库,不是真正的银行。"[1]现在看来,这种以计划经济体制为依托的高度集权性、计划性、行政性的金融制度,对特定时期国家实施低消费、高积累的资本积累方式确实起到了重要的支持作用,但也成为了企业财务软约束、投资效率低下的助推器,注定了是高成本和低效率的。特别是随着经济的发展、社会分工的细化,传统金融制度的低效率、高成本和官僚化等弊端也越来越明显,逐渐演变成为阻碍经济发展的重要因素。

(三)制度约束和开放战略导致改革开放以来中国城市化和金融发展相对滞后

改革开放 30 年以来,市场机制逐渐开始在城市化进程中发挥主导作用,以政府力量为主导的自上而下的城市化制度创新开始

---

[1] 《邓小平文选》(第 3 卷),人民出版社 1993 年版,第 193 页。

向市场力量为主导的自下而上的城市化制度创新转变,一系列符合市场经济发展要求的制度变革逐步弥合了传统体制下城乡发展的割裂状态,为乡村人口迁移、非农产业的发展与空间集聚提供了较大的空间,有力地推进了城市化进程,取得了令世界瞩目的伟大成就。但相比而言,中国的人口城市化、产业城市化、空间城市化水平与英美等西方发达国家还存在很大差距。更重要的是,中国的城市化仍然是低水平、数量型的城市化,还存在着许多问题,还远未达到人口城市化、产业城市化、空间城市化全面发展的城市化高级阶段。总的来看,制度约束和开放战略是导致这一阶段城市化相对滞后的重要原因。具体而言,尽管改革开放以来中央和各级政府部门都陆续推出相关促进城市化的政策和措施,努力为城市化发展提供保障体系和制度支撑。但是,不容回避的是,影响中国城市化进程的城乡分割的二元体制仍然存在,户籍、土地、社保、教育等制度的改革力度仍然还不能适应中国城市化长期发展的需要,限制了人口的自由流动,强化而非弱化了二元经济特征,扩大了城乡之间的收入差距,严重制约了中国城市化的持续健康发展[1]。同时,从我国对外开放的历史来看,国家主要按照由点到面、由海港到内陆、由东到西的开发模式,实行渐进开放、梯次推进的开放战略。这一战略对于产生中国增长奇迹发挥了重要的作用,但也存在着"重点轻面、重东轻西"的问题。客观上,使得开放战略在促进中国经济社会总体发展水平大幅提高的同时,也从另一方面加剧了中国区域城市化发展的不平衡,使东部地区城市化

---

[1] 陈钊、陆铭:《从分割到融合:城乡经济增长与社会和谐的政治经济学》,《经济研究》2008年第1期。

进程迅速加快,而广大中西部地区城市化水平则相对滞后。

改革开放以来,中国经济的迅速发展和经济结构的巨大变化对金融发展产生了强劲的需求。在此需求的拉动下,中国的金融体制改革取得了令人瞩目的成绩,也经历了由计划金融制度向市场金融制度的变迁,初步确立了适应社会主义市场经济发展要求的金融体系,培育了多样化的金融机构和金融市场,构建了有效的宏观调控体系和监管体系。1979年,中国农业银行恢复建立,紧接着的1984年,中国工商银行成立,中国初步形成了以四大国有专业银行为主体的金融体系,为当时乡镇企业的发展提供了大量的资金支持。同时,为了发展"有计划的商品经济",我国商业金融体系迅速扩张,人民银行也出台了专业银行业务可以适当交叉和"银行可以选择企业、企业可以选择银行"的政策措施,鼓励四家专业银行之间开展适度竞争,从而打破了银行资金"统收统支"的"供给制"。1992年以后,中国意识到了市场在资源配置过程中的基础性地位,确立了"建立社会主义市场经济体制"的改革目标,中国的金融体系改革也全面展开。1994年以后,中国金融制度改革进入了一个实质性的发展阶段,国家银行向商业银行转变,明确了中央银行与商业银行各自的职责,分离了政策性银行,金融体系不断健全,服务不断完善,非政府主体越来越多地参与到金融业的发展中,金融深化出现了不断加速的趋势,为维护中国的宏观经济稳定、促进经济发展做出了重要贡献。近年来,随着社会经济的货币化、信用化水平的提高,中国各类金融机构的改革进一步深化,已经形成了以中央银行为领导,以大型商业银行为主体,包括政策性银行(包括国家开发银行、中国农业发展银行、中国进出口银行)、商业银行(如国有商业银行、股份制银行、城市商业银行等)和非银行金融机构(如保险公司、证券公司、财务公司等)互相并存发展，功能齐全、形式多样、分工协作、互为补充的多层次金融市场体系，国有金融机构的市场化改革取得突破性进展，利率市场化和汇率形成机制改革快速推进，货币市场与资本市场建设成效显著，金融业对外开放水平显著提高，金融发展水平有了显著提升。但同时我们也应该看到，中国金融制度改革虽然经历了从计划经济体制向市场经济体制的变迁，在一些金融制度安排中发生了实质变化，而从整体上看，中国的金融的改革与发展仍处在由国有金融体系的政府支持逻辑向金融资源配置的市场逻辑转换的转型时期，原有计划经济体制作为一种制度构架，对金融制度的变迁亦即新的金融制度安排仍产生着不可避免的影响，中国金融制度的改革仍然滞后于经济发展的需要，存在着金融制度变迁的非均衡矛盾。

与此同时，开放战略又在某种程度上加剧这一矛盾，导致新的历史阶段我国金融发展的相对滞后。一是金融领域内外开放不协调，对外开放力度较大，对内开放程度不足。改革开放以来，中国金融领域开始了对外开放。加入 WTO 后，中国对外资开放金融市场的速度更加加快。2006 年，《中华人民共和国外资银行管理条例》对在中国运营的外商独资银行、中外合资银行和外国银行在华分行的设立与登记以及业务范围作出了明确规定，允许在华外资法人银行为中国客户提供全面的金融服务，标志着中国在逐步开放金融领域的过程中迈出了历史性的一步，意味着中国银行业已经向外资全面打开了大门。目前，世界上主要跨国金融集团均已进入中国，所从事业务领域也与中资机构没有显著差别。但相比而言，金融市场对内开放却明显不足。一方面金融机构的市准入仍有严格的管制,特别是民营资本进入金融领域一般只有在改组城乡信用社时入股和在证券二级市场购买上市金融机构股票两条渠道,进入成本十分高昂;另一方面,各金融领域仍普遍存在市场交易行为的政府管制,金融机构缺乏定价权利和能力,不能实现市场的充分竞争。[①] 二是开放战略客观上强化了金融发展的区域差异。改革开放以来,国家率先发展东部地区的区域发展战略使得东部地区得到了较多的政策优惠,促使区域金融布局从行政性均衡走向市场化非均衡。率先改革的东部地区市场经济基础扎实,市场发育程度较高,金融机构和企业有很强的拓展融资渠道的意识与能力,加上其自身利用金融资源的成本消化能力不断增强,效率不断提高,从而使该地区形成了较强的资本积聚能力。相对而言,中西部地区的经济市场化程度和投资主体对融资成本的承受能力都比较弱,对金融资源潜在的需求未能转化为现实的需求,金融资源只能产生较低的利用效率。在东部地区资本虹吸效应增强和东西部区域风险收益梯度差异扩大的背景下,西部地区的资金通过市场导向的金融机构大量流向风险较低、效益较好的东部地区,在东部地区享受了开放战略带来金融发展诸多益处的同时,西部地区则受到了一定程度的金融抑制,导致了区域金融发展的不平衡。例如,从现实的情况看,西部地区,特别是西部偏远地区金融机构组成往往较为简单,主要是工、农、中、建四大国有商业银行,而交通、民生、光大、中信等全国性股份制商业银行仅在少数中心城市设有分支机构,除此之外便是一些规模较小的城市

[①] 夏斌:《创新金融体制——30年金融市场发展回顾》,中国发展出版社2008年版,第90页。

商业银行及城乡信用社。相比之下,东部地区金融机构构成则明显丰富,除四大国有商业银行外,大部分新兴商业银行分支机构及绝大多数外资银行机构都设在东部地区。同样,区域间金融市场发展也呈现明显的地域性特征,东部地区货币市场和资本市场发展很快,而中西部地区在市场规模、交易工具、市场主体等方面都较落后。

二、中国城市化进程中的主要制度问题

政府战略导向上的偏差导致了中国城市化和金融发展的相对滞后,同时,这一战略偏差还直接造成了许多关键领域的制度约束。伴随着经济社会的发展,特别是中国市场化改革的深入,困扰中国城市化和金融发展的许多制度设计与安排都取得了突破,但关键领域制度约束问题依然存在。这些关键领域的制度约束限制了人口的迁移转换、产业结构的优化升级和空间集聚效应的发挥,直接或间接制约着人口城市化、产业城市化和空间城市化的发展,客观上降低了金融支持城市化的效率,弱化了金融支持城市化的作用效果。

(一)户籍制度问题

世界上大多数国家实行的是自由生育政策和国内人口自由迁移政策。在人口城乡流动过程中,转移人口均以一种自发和自由的状态流向各级城市的劳动力市场,并一次性完成职业和身份的转变。解放初期,我国并未建立起严格的户籍管理制度。户籍制度的建立主要是政府为了稳定有利于工业部门优先发展的要素配置格局作出的制度安排。从某种角度看,户籍制度从确立至今有其存在的合理性,是在特定历史条件下,推行重工业优先发展战略

不可避免的选择①。但是,对于人口城市化的长期健康发展而言,现阶段户籍制度的存在则弊大于利。目前,户籍制度的存在已经在一定程度上严重影响了城乡人口的自由流动。在中国大多数地方,尤其是经济条件较好的地区,户籍不仅仅是一份普通的人口管理材料,还涉及到社会就业、子女教育、劳动工资、住房、社保等等一系列城市居民的福利待遇。现行户籍制度使得转移人口难以得到城市永久性居住的法律认可,为转移人口同城市居民一样享受城市就业政策、保障体制和社会服务供给构筑了人为壁垒。在严格的户籍管理制度下,转移人员即使获得了在城市生存和发展的专业化技能,也会因为无法获得与户籍制度相关的各种社会权利和保障,而只能沿袭"候鸟生存"的方式,在成家或年老后不得不返回原区域。即便可以不返回原区域,转移人口在城市中也很难融入主流阶层,其后代发展也常常会受到各种有形或无形的限制,极大地影响着转移人口的净收益,加大了转移人口向城市迁移的成本,客观上降低了转移人口的迁移能力和转换能力,影响了人口城市化进程。

例如,在广东东莞市,外来人口数量远远超过本地人口的数量。尽管绝大多数流动人口在东莞的滞留时间较长,但是由于他们仅仅拥有"暂住"身份而非这个城市的户籍人口,现实中,他们往往无法行使选举与被选举等基本公民权利,也因为缺乏纵向社会流动的渠道而在城市政府的决策层缺乏自己的利益代言人,无缘城市中医疗、养老、失业等社会保险制度及住房制度、教育制度等

---

① 林毅夫、蔡昉、李周:《中国的奇迹:发展战略与经济改革》(增订版),上海人民出版社 1999 年版,第 38~50 页。

方面的利益,很难分享城市经济快速发展的"红利",使他们成为城市中无所归属的群体和事实上的"二等公民"。在经济上,他们同样处于弱势地位。那些收入高、劳动环境好、待遇好、福利优越的首属劳动力市场范围往往限定为当地人口。而外来人口则由于他们的"暂住"身份被整体限制在城市的次属劳动力市场。另外,由于大部分务工人员居住在工厂宿舍,与当地居民打交道机会很少,贫富差距和居住空间上的隔离也通常会使外来人口缺乏社会认同感而游离于当地社会之外,产生一系列社会问题。目前,许多沿海地区的城市暂住人口都占到其平均人口的一半以上,个别城市暂住人口更是数倍于其户籍人口(表8-1)。东莞的现象在我国发达地区城市化发展中并不少见。在这种情况下,城市化往往仅仅是户籍人口的城市化,是不完整的城市化。无论金融体系发挥什么样的金融功能,提供怎么样的金融支持,只要歧视性的户籍制度存在,人口的转移只能是暂时性的,人口身份的转换更是难以实现。

表 8-1　一些城市暂住人口情况概况[①]

单位:万人

城市	年平均人口(万人)	暂住人口(万人)
北京	1148	738
上海	1315	674
广州	641	502
深圳	220	645
南京	538	281
杭州	422	254

---

① 本表的年平均人口和暂住人口均为 2008 年市辖区数据。

续　表

苏州	237	201
无锡	237	147
东莞	173	519
佛山	363	270
中山	146	102
宁波	219	184
温州	143	180

资料来源：国家统计局城市社会经济调查司编：《中国城市统计年鉴》，中国统计出版社2009年版。

总的来看，现行的户籍管理制度在一个统一的国家内划分城乡居民身份并使市民和农民身份相对固化，形成了农民和市民两种社会地位完全不同的身份制度体系，人为地限制劳动力的转移，是一种扭曲的制度安排。在实践中，尽管中国的户籍制度改革也在不断推动，力度也在不断加大，以建立城乡统一的户口登记管理制度、取消农业户口和非农业户口性质划分等为主要内容的地方政府主导制度创新尝试在不断增多。但从城市化本质要求看，户籍制度目前实现了形式上的改变，也对其隐含的制度问题有所触动，但总的来看现行的户籍制度改革还是浅层次的，与中国城市化发展的现实需求存在差距。单纯运用"渐进式推进"思路，在管理体制上进行"微调"或"松绑"，无异于在上涨了的河水里继续"摸着石头过河"，势必会导致相关矛盾和问题的不断积累和恶化，更无助于推动人口城市化进程。立足长远，充分认识到户籍制度改革的本质是利益调整和资源配置，从根本上把福利因素与户籍身份相剥离，实现人口的自由流动，全面推动制度创新，才是真正的改革之路。

(二)土地制度问题

土地是财富之母。土地制度历来都是关系国计民生的重大问题。放眼世界,农业国家或经济落后的国家和地区,要实现工业化或经济起飞和经济发展,首先必然要实行土地制度的变革。凡土地改革成功者,其经济发展必然比较迅速和显著[1]。市场经济条件下,人口能够离开土地自由流动是实现人口城市化的前提和基础,人口城市化水平的高低很大程度上取决于人口与土地的分离程度。而人地分离的关键在于土地产权。"西欧、北美、日本的工业化和城市化领先全球,土地制度都是清楚的私人所有、自由买卖、按值成交。"[2]在理想状况下,土地产权清晰,流转顺畅,农民拥有对土地的产权,可以通过信贷、证券化等方式,利用土地金融市场获得土地收益,这样不仅能使农民脱离土地的人身束缚而自由流动,同时也会使农民获得资金支持提升自身的发展能力。相反,在土地产权不明晰,土地难以顺畅、合法流动的情况下,人与土地将始终捆绑在一起,很难通过土地流转获得或只能获得少量的收益作为自身发展的资本积累,客观上限制了人口自由转移与身份转换的能力。

新中国建立以前,中国土地产权制度几经变革,上世纪50年代的土地改革变封建地主所有制为农民土地所有制,而随后的人民公社运动又变农民土地所有制为集体所有制,1979年以后全国实施的家庭联产承包责任制则实现了土地的集体所有权与农民承包经营权的分离。近年来,中国的土地产权制度不断发展完善,土

---

[1] 张培刚:《农业与工业化:农业国工业化问题再论》(中下合卷),华中科技大学出版社2002年版,第183页。

[2] 周其仁:《产权与制度变迁》(增订本),北京大学出版社2004年版,第109页。

地市场化程度也在不断提高。在农村土地承包经营权流转方面，2005年农业部出台《农村土地承包经营权流转管理办法》明确农民对农村土地使用权的主体地位。在农村集体建设用地流转方面，2000年国土资源部就在芜湖、苏州、湖州、安阳、南海等九个地区进行了集体建设用地流转试点，包括广东、安徽、江苏、重庆、成都在内的许多地区都已开始试行农村集体建设用地流转。同样，在农村土地承包经营权流转方面，许多地方也都进行了积极而有益的探索。

但是，目前的农村土地产权制度依然存在着许多问题，主要集中体现在土地产权归属不清晰和土地产权流转不顺畅两个方面。一方面，农村土地产权归属还不明晰。产权经济学一般认为，产权是附着在或内含于一种资产或物品实体中的一组权利，它决定着由谁来支配运用这种资产或物品，以及由谁来享受支配和运用这种资产或物品的收益。就中国的土地产权而言，中国实行的是土地的社会主义公有制，由国家代表广大人民占有土地资源。农村土地属于农村集体所有。基于所有权的基本原理，"农村集体"自然就享有在符合土地利用规划和土地用途管制前提下处分集体土地的权利，其中应该包括集体建设用地进入市场的权利。但实际上，"农村集体"是个模糊的概念，缺乏现实可操作性，这样抽象的确定所有权的主体没有太多的实质意义。至关重要的是要在界定所有权主体的基础上，进一步明确所有权主体的代表者，明晰土地的实际占有、使用、收益和处置权利的归属问题。而对这些问题的规定上，我国至今还没有建立一套完整的、与市场经济发展要求相一致的产权制度，更没有把土地看成是农民的财产权。产权主体缺位造成产权不明，使农民无法按照市场经济原则进入土地金融市场获得土地收益,从而使广大农民难以分享土地增值的成果。另一方面,农村土地产权流转还不顺畅。产权只有在流转中,才能实现优化配置和最大化效益。但目前,我国尚未真正形成符合市场经济要求的农村土地产权市场,土地征用、出让、转让,以及土地所有权和使用权的出租市场都还不规范。我国土地产权能够进入市场流转的,不论是种类、数量,还是方式、方法在制度上和法律上都受到很大的限制,入市交易也存在体制上和交易方式上的障碍,公开、合法交易与隐性、非法交易并存。特别在集体建设用地进入市场过程中,交易双方并没有实现平等自由等价的交换,真正受益的是代表集体经济组织的少数"内部人",不仅造成对农民权益的剥夺,影响土地价值的实现和利用,更在很大程度上限制了人与土地的分离。

(三)区域规划和行政管理模式问题

大城市和城市群发展是中国空间城市化的发展趋势。但目前我国仍然缺乏全局性、整体性的城市化战略安排,基于行政区划的地方管理模式则更多体现计划经济色彩而缺乏市场经济意识,行政区划层级与幅度不是从现代市场经济发展的内在原则出发,而是沿袭了与计划经济体制下中央政府与地方政府管理的能力与范围相适应的区划模式,存在着许多体制性壁垒,不仅对区域经济一体化发展的促进作用不明显,还客观上强化了地区分割现象,弱化了不同空间层面的交流与合作,严重束缚着大城市和城市群的发展,影响着空间城市化的进程。

首先,我国仍然缺乏国家战略层面上的城市化发展顶层设计。长期以来,我国为推动区域经济发展,制定和实施了一系列重大战略,有力地推动了各区域城市化的发展。无论是批准深圳特区、浦东新区、滨海新区、两江新区建设,还是实施西部大开发、振兴东北老工业基地、中部崛起和东部率先发展战略,乃至将海峡西岸经济区、关中—天水经济区、辽宁沿海经济带、山东半岛蓝色经济区等区域发展规划纳入国家战略,都实现了从单纯依靠行政力量、行政手段促进城市发展向依靠区域政策、区域规划、区域法规、区域合作等经济法律手段和市场力量来推动城市发展的战略转变,对中国各地区城市发展起到了巨大的推动作用。但是,从现实的情况来看,在以往的区域开发实践中,往往特别强调某个地区或单个城市的发展,突出重点城市和城市群带动区域发展的增长极作用,而缺乏全局性、整体性的城市化战略考虑,使得各经济区城市化发展的"块化"倾向增强,也客观上强化了区域城市化发展的差异,特别需要在国家战略层面做出全面整合,以加强区域城市化发展的整体联系。

其次,基于行政区划的地方管理模式难以满足日益增长的城市发展需要。中国城市设立标准依据行政区域标准划分,不同城市由于所处的行政级别的不同,其经济规模、城市功能、发展级别、发展水平和发展目标等各个方面就不可避免地存在着较大的差异性。但现实的情况是,中国区域城市化发展具有显著的非均衡性,一些地区的城市速度发展很快,城市化水平已经很高,但由于目前实行的自上而下按行政级别设市、管市的行政管理体制,并未能够依据区域具体情况及时进行调整,城市的行政级别与经济社会发展水平往往不相匹配,忽视了市场对社会资源的配置作用,严重阻碍了一些新兴的、经济发展水平较高的城市进一步扩大发展规模。例如,西部地区许多城市人口少,经济发展慢,城市化水平低,城市规模小,但行政级别却相对较高,与之相配套的行政管理机构大多处于供给过剩状态,而东部地区的情况却相反,许多建制镇的水平远远超过了西部地区的地级市,但相应的配套行政管理机构却受到行政级别的限制,只能沿袭按城市级别定编定岗的传统方式,按照镇级标准安排设计管理组织架构,远远不能满足经济社会发展的现实需要,极大地阻碍了城市的发展和城市功能的发挥。

第三,基于行政区划的管理模式抑制了城市群的发展。当今世界,城市群越来越成为空间经济增长的重要源泉,成为衡量一个地区或国家经济发展水平的重要标志。城市群的形成与发展是一次空间资源整合和地区分工重构的过程。一般来说,一个繁荣的城市群通常由地理接近、经济发展水平相当、社会文化相似的若干个子城市按照市场经济的需要自由组合而成,这样更有利于空间规模效应的发挥。而在我国基于行政区划的地方管理模式下,各行政区依照行政标准划分,城市群内部各城市的规划往往各自为政,互不衔接,城市群多为政府组合而非市场决定,往往不能适应城市群区域经济版图联合和扩张的需要。同时,在这种情形下,城市群内部的城市的竞争性大于合作性,作为相对独立的竞争主体,各城市都会为了提高各自的经济增长率而盲目进行建设,加之城市群之间的协调机制相对滞后,很难形成比较统一的经济社会发展目标,缺乏有效的共同行动来解决经济社会发展问题,更容易导致市场分割、要素流动阻滞和基础设施重复建设等问题的出现。

(四)市场准入与微观规制问题

市场经济是公平竞争的经济,要求各市场竞争主体必须平等。而对竞争的人为限制会直接影响市场机制本身所具有的活力,使平等竞争和优胜劣汰的经济运行规则不能发挥作用,往往导致落后经济得到保护,却限制了先进经济的健康成长。同时,对竞争的限制自然会形成垄断,垄断者制定的垄断价格也使市场价格信号失真,不能客观反映市场供求状况,影响资源的配置效果,造成全社会的福利损失。在城市化进程中,金融支持产业城市化发展,促进产业结构优化升级的前提是市场在资源配置中发挥基础性作用,但在现实中,中国很多产业仍然不得不面对着市场准入和微观规制问题。特别是与制造业相比,体制因素对于服务业发展的影响往往更为明显。目前中国服务业发展滞后的局面在很大程度上是服务业体制改革不到位、市场机制没有发挥资源配置主导作用、市场活力不足造成的。例如,政府对服务业的垄断经营现象比较严重,市场准入限制多。电信、民航、铁路、教育卫生、新闻出版、广播电视等行业至今仍保持着十分严格的市场准入限制,还基本处于垄断经营、管制经营、限制经营的状态,其他一些行业对民营资本也没有完全开放。在这些行业里,国有企业仍占据主体地位,多数服务产品的价格还是由政府制定和管理,市场决定价格的机制很难完全实现,使市场缺少应有的竞争。而由于垄断势力的直接或间接阻碍,被排挤或新进入的服务企业的生产和经营往往难以正常进行,所投入资本的利用率低,难以获得正常的利润,而那些技术水平低、产品质量差、生产规模小的国有服务企业却由于政府保护的存在往往难以被淘汰,平等竞争和优胜劣汰的经济运行规则不能发挥作用,在很大程度上束缚了服务业整体竞争力的提升。

三、中国金融发展的制度问题

和城市化制度一样,金融体系的金融功能得以正常发挥亦有赖于金融制度的合理性、稳定性和完善性,金融制度也直接影响着金融支持城市化的效果。回顾历史,中国市场经济取向的金融制度改革为维护中国宏观经济稳定、促进经济社会发展、推动改革开放做出了重要贡献。然而,我们也应该看到,中国金融制度虽然实现了从计划经济体制向市场经济体制的变迁,在一些制度安排中发生了实质性变化,但是原有计划经济体制作为一种制度构架,对新制度安排起着不可避免的影响,中国金融制度的改革与创新仍然相对滞后于城市化发展的实际需要,还存在着一些亟待解决的问题。

(一)金融行业政企不分的现象仍然存在

"去行政化"、构筑符合现代市场经济要求的金融体系是中国金融改革的重要内容和主要目标之一。目前,中国主要国有大型商业银行基本上都已经完成了股份制改革,证券、保险等行业也有了长足发展并在经营理念、业务领域等方面日益与国际接轨,金融市场化水平已经达到了前所未有的高度。同时,我们也应该看到,尽管中国的金融市场化进程在不断推进,金融体系的运行也日益商业化和国际化。但中国金融体系行政化色彩依旧严重。在较大程度上,金融业,尤其是银行业,政府干预的色彩依然浓重,很多时候,银行业的商业性和政策性界限模糊,许多国有大型商业银行继续充当着政府的"准政策"工具,既要完成利润目标,更要完成政府目标,承载着大量的非市场化职能。例如,面对金融危机,2009年中国银行贷款的急剧扩张,都属于直接或间接呼应政府政策,配合宏观经济目标的"救市"行为。尽管这一"救市"行为在应对金融危机中发挥了很大作用,但其与市场化条件下金融机构的经营原则并不统一,很多信贷项目并没有得到充分的论证,而仅靠政府意志得以推行,短期有成效,长期有风险,很容易造成资本配置的低效率,也抑制了金融体系金融功能的正常发挥。

(二)弱势金融支持体系还不完善

中国政策性金融机构和商业性金融机构的功能定位还不够清晰,特别缺乏弱势金融支持体系。从目前的情况看,中国原有的四大国有银行已经商业化,但政策性银行的改革和发展的步伐却远远落后于其他商业银行。政策性银行的地位和作用在一段时间内相对模糊,政策性银行改革也具有明显的商业化倾向,特别热衷于国家重点项目、重点企业、大城市、沿海城市、大集团、大企业,而忽视了小城市、内陆地区和中小民营经济发展对金融的需要,缺乏对弱势群体、弱势产业和落后地区的金融支持。在这种形势下,由于资本的逐利性,商业性金融机构不会对偏远落后地区和弱势群体进行过多的投入,而政策性金融机构又在相关领域"缺位"。长此以往,必将会直接影响到城市化的健康发展,迫切需要进一步明确政策性金融机构和商业性金融机构的分工和职能,构建旨在促进弱势群体、弱势产业和弱势地区发展的弱势金融体系。

(三)金融行业垄断依然严重

理论和实践证明,金融市场上的公平、有效竞争会迫使金融机构开发更好的、更方便的金融服务,以对城市化进程中不断产生和扩大的金融需求做出反应。而目前中国金融市场,尤其是银行业金融机构虽然引入和培育了竞争机制,但实际上中国金融行业的开放程度依然不够,特别是对内开放的程度更是明显不足。实践中,金融机构垄断竞争格局并没有得到根本改变,甚至还通过与政府的利益捆绑强化了垄断地位,国有金融机构仍然占据着主导位置,地方商业银行很多也控制在各级政府手中,银行软约束现象较为严重,常常致使市场的评价与约束功能失灵。同时,金融行业准入门槛相对较高,民营资本很难进入金融体系,往往进入后也会遇到形形色色的"玻璃门",难以形成金融市场上的良性竞争格局,也在一定程度上阻碍了金融支持作用的发挥。

(四)区域金融协调发展缺乏制度保障

改革开放以后,在市场机制的作用下,由于市场基础、区位优势和政策导向等因素的不同,我国地区经济发展差距迅速扩大,形成了东部、中部、西部、东北等经济带,各地区经济发展呈现显著的非均衡性,而这种经济发展水平的差异形成并强化了区域金融需求差异。随着东部区域经济的不断增长,该地区经济主体不仅会扩大原有金融需求,而且会产生更高层次的金融需求,为适应日益增长的金融需求,东部区域金融机构和金融市场都会随之扩张和发展,体现出较高的金融发展水平。而在市场力量的作用下,由于缺乏区域金融协调发展的制度保障,中国统一的市场化金融制度改革则进一步加深了区域金融发展的差异程度,区域金融总体布局也从改革开放前单一的行政性均衡向改革开放后单一的市场化非均衡转变。同时,在金融基础设施和金融创新方面,尚待完善的区域金融协调发展制度也强化了区域金融发展的差距,造成了地区金融发展的"马太效应"。例如,我国两大证券交易所、三大期货交易所以及其他重要的金融交易场所都主要分布在东部,而作为金融改革创新的基地,全国综合配套改革试验区也设在东部的天津滨海新区。相比较而言,西部地区基本没有全国性的金融交易场所,也缺乏高层次的金融改革创新区域。可以说,东部发达地区对西部落后地区的资本虹吸效应增强,既是市场机制自发作用的结果,也是中国城市化和金融发展制度变迁的产物。从长期来看,基于国家整体发展考虑,迫切需要健全和完善相关区域金融协调发展制度,改善区域金融发展绝对失衡局面,促进区域金融相对均衡化发展。

(五)金融监管制度不健全

金融发展需要良好的金融监管制度作为保障。因为微观主体存在逐利本性,缺乏有效监管制度约束的无节制金融活动不但容易导致资产泡沫,还往往最终会以金融危机这种破坏性方式清理市场,给金融体系和经济发展带来巨大损失。以本次金融危机为例,在危机显现之前的数年中,很多金融机构的业务模式、薪酬制度都存在激励机制短期化的问题。大量隐含高风险的金融创新产品在上升的美国房地产市场上产生并扩张,向信用等级较低的借款人提供的次级住房抵押贷款及其多种相关金融创新产品过度衍生并大量增加。虽然这类产品具有较高的潜在违约可能性,会形成较大的金融风险,但通过证券化和更具流动性的衍生品市场的发展,使得风险更易于分散和交易,追求暴利的金融机构在缺乏监管的条件下倾向于采用过高杠杆操作,结果严重放大了潜在的系统性风险,形成大规模金融泡沫资产,造成了市场非理性繁荣。而伴随着房地产市场由繁荣转向萧条,几乎所有的金融机构的金融泡沫资产都严重缩水或蒸发,最终造成波及各个领域的广泛性危机,引发了全球性的经济衰退。

伴随着城市化进程的推进,城市化进程中的金融风险也无处不在,其突出体现在"城市过度投资"和地方政府的"过度负债"问题上。自1994年分税制改革以来,中央财政收入占全国财政收入的比重迅速上升,地方财政收入迅速下降,在这种财政收入分配的变动格局下,地方财政收入难以满足城市发展需要的状况普遍存在,在地方竞争压力和以GDP为核心的政绩标准导向下,由各级地方政府直接或间接成立的以融资为主要经营目的,以经营收入、公共设施收费和财政资金等作为还款来源的地方政府融资平台大量出现,用于解决发展资金不足问题。各类地方政府投融资平台往往拥有特殊的政府背景,由于具有政府隐性的信用担保,往往比较容易获得银行贷款或发行城投债,为城市建设和发展开辟了广泛的融资渠道,提供了强大资金支持,推动了空间城市化的进程。但同时,这些政府担保性质的债务,不仅使得地方政府在财政上蕴含了相当程度的风险,还加剧了金融部门的系统性风险。特别是对于那些本身不具备充分的还款能力的项目而言,信息传导经常大量失真,往往风险和收益的对称关系严重扭曲,其产生的金融风险更大。目前,地方政府融资平台规模仍然在扩大,地方政府债务也随之加速膨胀,随后带来的金融风险也在不断加大。出现这一现象既有财政体制方面的原因,更反映了金融监管制度领域存在的问题。一方面,中国尚未从战略的层面建立相应的金融监管制度,缺乏完整的金融风险防范制度体系,非常不利于地方政府融资平台的健康发展。另一方面,我国的金融监管机构协调制度也有待完善。例如,中国人民银行、银监会、证监会、保监会等几个机构级别相同,互不隶属,各个部门更容易从本部门出发考虑问题,缺乏整体上的把握的决策,常常在信息沟通、法规协调、权力分配上不统一与不协调,从而造成监管效率的相互抵消和损失。在这一背景下,中国迫切需要解决监管制度不完善问题,以应对未来可能出现的地方债务风险。

第九章　中国城市化发展与金融支持战略

金融支持城市化发展是一项系统工程,是涉及多领域、全方位的改革和发展过程。正如吴敬琏先生谈及中国改革时所说的那样,"改革不能像在超级市场中购物那样,从不同的货架上任意选取产品凑成'一套'适用的消费品,而只能选择市场经济为目标的整体转型"①。金融支持中国城市化发展一样需要在市场经济框架下进行系统思考,认识中国城市化发展的趋势和主要特征,切实把握好前瞻性和统筹性,将全面推动城市化发展作为未来经济社会发展的核心战略,不断加快金融发展,完善金融体系,强化金融功能,以促进人口城市化、产业城市化、空间城市化协调发展、整体推进为战略重点,以制度创新为战略保障,发挥金融对城市化的支持作用,推动中国城市化全面、协调、可持续发展。

第一节　中国城市化发展的基本趋势与主要特征

城市化是中国经济社会持续发展的主要动力。长期来看,中国真正实现转型、实现强盛,最根本的是要实现城市化。稳步推进

---

① 吴敬琏:《当代中国经济改革》,上海远东出版社1999年版,第415页。

城市化进程有利于经济增长和结构转型,更有利于创新的聚集、文明的促进,对国家发展和民族崛起都具有深远的意义和影响。全面发挥金融对城市化的支持作用,也需要充分了解和认识中国城市化发展的基本趋势与主要特征,紧密结合中国城市化发展需要,有的放矢,以更好地促进城市化的健康发展。

一、城市化规模保持稳定,城市化质量将成为重点

现阶段,中国人口结构已经开始发生变化,人口老龄化态势日趋明显,人口出生率不断降低,人口总体规模在一定时期内将不会有太大波动。在人口规模总体稳定的背景下,中国城市化将进入一个从规模扩张到质量提升的整体转型时期,城市化的质量问题将会得到更多的重视。目前中国常住人口的城市化居民相当一部分并没有成为真正的市民,他们迫切要求通过教育、就业、营商等方式增强自身在城市的生产生活能力和发展素质,迫切需要通过城市化领域的制度创新拥有固定的工作、良好的收入及稳定的社会地位,在就业、教育、医疗、住房和社保等方面与城市市民享受相同的待遇,实现从较低生存水平向较高生活水平和文明程度的转化。同时,人口迁移转换的实现与产业结构演变的联系愈发紧密,也迫切需要与之相协调的产业结构演进和优化,提升产业城市化的质量。而人口与产业在空间上聚集更需要集约式发展,注重提升单位空间上的产出水平,注重资源与环境的承载能力,实现全面协调可持续的发展。总的来看,人口城市化质量是城市化质量的核心和根本目的,产业城市化质量是城市化质量的提升动力,空间城市化质量是城市化质量的重要保障。三者相互关联,互为影响,

共同构成了城市化质量的内涵。而对于未来中国城市化的发展而言,也需要从"关注规模"转向"关注质量",紧密围绕城市化质量这一主题,以主要发达国家城市化发展状况为参考,树立城市化质量标杆,实施改进措施,实现人口、产业、空间城市化质量的全面提升。

表9-1 中国城市化质量指标体系[①]

类别	评价指标	单位	参考值
人口城市化质量	城市人口占总人口比重	%	>75
	基尼系数		<35
	成人识字率	%	>95
	平均预期寿命	岁	>75
	人均居住面积	平方米	>20
	每千人拥有医生数	人	>3
	每千人拥有公共交通工具	辆	>20
	社会保险覆盖率	%	>95
	公共教育支出占政府总支出比重	%	>10
	公共医疗支出占政府总支出比重	%	>10
产业城市化质量	非农劳动力占总劳动力比重	%	>80
	第三产业产值占GDP比重	%	>65
空间城市化质量	每平方公里土地生产总值	万美元	>1000
	人均拥有公共绿地面积	平方米	>10
	污水处理率	%	>95
	垃圾处理率	%	>95

注:指标的国际参考数值主要反映世界中高水平收入国家在相关领域的发展状况,按照世界银行、联合国等国际组织关于不同收入国家划分的标准,中等收入国家人均GNP一般约为5000~15000美元,高收入国家人均GNP为15000美元以上。

---

① 本书构建的中国城市化质量指标体系主要结合全书总体框架,从人口城市化质量、产业城市化质量和空间城市化质量三个方面入手,由三个大类16个指标构成,试图以较少的具有可比性和可度量性的指标来反映评价对象的内容。

二、人口流动日益频繁,梯度转移特征明显

人口流动是城市化的基本特征,不同区域和阶层的人口流动能够显著增加经济效率和社会福利,是国家发展的活力源泉。中国城市化进一步发展的主要动力也来自并直接体现为人口的流动。目前中国人口流动主要有主动流动和被动流动两种形式,未来这两种流动都会加速。一方面,由于城市规模和层级的不同,以及相应提供的公共服务差距存在的客观状况在短时期内很难从根本上发生改变,就决定了人口在从乡村到城市,从小城镇到中等城市的主动流动在一定时期仍然会增加。另一方面,大城市生活和生产成本的居高不下也会迫使相当一部分人口外流,也会加大人口的被动流动趋势,人口从大城市向中小城市转移的趋势仍然明显。总的来看,排除户籍制度的影响,人口的主动或被动流动都是理性的经济行为,无论是主动流动还是被动流动,都会带来人口的转移,而这种转移在城市规模方面具有一定的层次性,呈现较为明显的梯度转移特征。

三、城市集群化步伐加快,城市群主导国家空间格局

集聚化、网络化发展是中国城市化空间格局变化的重要特征,以城市群促进区域经济发展已经成为国家和地方发展的共识。伴随着中国经济的不断发展,全国性和区域性交通、通讯、商贸物流以及金融等基础设施的"同城化、一体化"步伐将进一步加快,中国城市群将会持续发展壮大,京津冀、长三角、珠三角、山东半岛、辽中南、中原、长江中游、海峡西岸、川渝和关中城市群等若干国家

级和地区级城市群将主导中国经济发展版图。同时,随着中国城市间的联系的日益紧密,城市间要素和商品自由流动的制度也会日趋完善,市场标准趋于统一,行政壁垒逐渐减少,区域性市场体系不断建立健全,资源和要素向城市区域集中的步伐也会显著加快,许多新兴城市群的发展也将更加迅速。可以判断,未来中国城市群将成为国家城市体系的一个核心组成部分,城市群区域将成为国家空间格局的主导形态,成为推动中国新一轮城市化发展的重要力量。

四、重点地区城市化加速,区域城市化差异逐步收敛

区域城市化发展不均衡是制约中国经济长期发展的关键性问题,也影响到了国家民族团结和社会稳定。为进一步缩小地区发展差距,促进中国各区域均衡发展,在今后的一段时间,国家将会延续空间均衡发展战略,进一步实施西部开发、中部崛起等地区开发战略,对西部地区、沿边地区、民族地区等重点地区给予更多的政策支持。相应的,在区域开发战略的带动下,上述地区的城市,尤其是区域中心城市的作用和地位会更加突出,城市发展的后发优势也会更加明显,无论是在城市规模还是结构上都会有较大幅度提升,城市的带动和辐射作用也会显著增强,城市化速度将持续加快。在东部发达地区城市化水平保持相对稳定发展态势的情况下,中国城市经济增长格局也会随之发生变化,城市经济中心也会逐渐由南向北、由东向西转变,进而使各地区城市发展走向相对平衡,区域城市发展在空间上趋向协调,区域城市化差异将逐步收敛。

五、绿色发展主线明确,城市化发展方式深度转变

在刀耕火种的原始社会,人类就开始对自然世界施加环境影响。但相对而言,农耕时代的人类环境影响非常有限,甚至是微不足道的。工业革命以后,人类由农业社会跨入工业社会,人类不但改变了生产方式,而且改变了能源利用方式,加大了对自然资源的开发力度。工业革命前,人类主要从植物和动物获得能源,人类消耗能源中的 80%~85% 来自植物、畜力和人力;工业革命后,人类对机器的大规模使用,使得不可再生的化石能源代替了可再生能源[①]。工业文明以技术创新为武器,通过各类自然资源的利用与组合,极大地促进了经济增长,提高了人类的生活水平,创造了巨大的物质文明,但同时也逐渐带来了自然资源过度开发、环境污染等一系列全球性环境问题。绿色发展是资源高效与节约的发展,是环境保护与清洁的发展,是经济与社会永久性可持续的发展。目前,绿色发展已经成为全球城市文明发展的主要特征和趋势。实践中,许多国家把绿色发展作为推动城市化和经济结构调整的重要举措,强调绿色的理念和内涵,甚至实施所谓绿色新政,以此来更加有效地利用资源,扩大市场需求,培育新的经济增长点。就中国而言,随着气候变化和资源环境压力的不断增大,外延增长式的城市发展方式已经难以适应新形势下的发展要求,未来中国城市化将不可能再走传统的高耗能、高污染、粗放式的道路。转变城

---

① 戴维·兰迪斯:《1750—1914 年间西欧的技术变迁与工业发展》,载 H. J. 哈巴库克、M. M. 波斯坦主编,王春法、张伟、赵海波译:《剑桥欧洲经济史》(第 6 卷),经济科学出版社 2002 年版,第 259 页。

市化发展方式,实现绿色发展,日益成为摒弃以往城市化进程中先污染后治理、先低端后高端、先粗放后集约发展模式的现实途径,更是实现城市化与资源环境保护双赢的必然选择。可以判断,在未来的一段时期,绿色发展的模式将会更为广泛地传播与实践,中国城市化发展将会不断彰显生态文明理念,关注和重视在城市发展过程中的代价最小化以及人与自然和谐相处、人性的舒缓包容,注重绿色发展,加强生态建设,开展清洁生产,形成节约能源资源和保护生态环境的产业结构、生产方式、生活方式和体制机制,更多地增加绿色元素。绿色交通、绿色能源、绿色建筑、绿色生产、绿色消费等将成为城市发展的主题,低碳城市、生态城市、绿色城市等城市发展模式将会在全国各地普遍出现。中国将逐渐走上一条资源节约、环境友好、经济高效、社会和谐的城市化发展道路。

六、制度供需矛盾仍然突出,地方性渐进制度变革仍将继续

在中国城市化进程中,由于体制改革长期滞后于经济发展的步伐,就在一定程度上决定了制度供给与制度需求之间的矛盾仍然并将长期存在。从现实的情况看,为刺激和加快地区经济发展,满足不断增长的制度创新需求,来自地方的渐进性制度变革将仍然是城市化制度创新的主要力量。中国各地户籍、土地等制度改革将继续推进,尤其是对于成都、重庆等各类综合改革试验区和经济特区,会利用中央赋予的制度创新和实验的自主权力,有选择地先行先试,促进人员、资金、技术等生产要素和商品、服务的自由流动和相互开放,通过制度变革使得城乡人口、技术、资本、资源等要

素进一步相互融合,互为市场,互相服务,使城乡在规划建设、产业发展、市场信息、政策措施、生态环境保护、社会事业发展的一体化进程不断推进,促进城市化发展。而这种地方政府推动的制度变革往往具有很强的示范效应并会促进其他地方的模仿与创新,也会带动更大范围、更高层次的制度创新,进一步消除城市化的制度藩篱,推动中国整体城市化的发展。

第二节 中国城市化发展的金融支持战略

中国城市化的发展肩负着使更多的中国人从相对落后的农村聚集到现代文明的城市,解脱世代耕作的劳苦,分享现代城市文明成果,实现富民强国的历史使命。顺应城市化的发展趋势,在新的历史时期全面推进城市化发展,更是一个庞大的、艰巨的、复杂的系统工程。面向未来,我们需要发挥金融对城市化的支持作用,对中国城市化进程的金融支持体系进行全面的战略性安排,着力解决全局性、关键性问题,整体推动中国人口城市化、产业城市化和空间城市化协调、持续、健康发展。同时,需要注意的是,金融支持城市化发展不是短期的目标和举措,而是一个长期的、历史的过程,在城市化发展中会不断出现新的情况、新的问题,金融支持城市化的思路和方法也需要不断研究新情况、解决新问题,及时进行转变和调整,实现发展战略的相对稳定同与时俱进的辩证统一,通过推动金融发展转型、体系重构与功能完善,建立有利于城市化发展的金融体系,更好地适应和满足城市化发展的各项要求。

一、加大对人口迁移和转换的金融支持力度，推动人口城市化进程

人口城市化的关键在于人口的迁移和转换。近年来，中国人口城市化的发展速度已经趋于放缓，正在逐渐进入人口城市化发展的成熟阶段，相应的发展重心也从量的扩张转向质的提升。未来，中国金融支持人口城市化的核心任务就是要坚持"以人为本"的理念，充分明确城市化的中国价值，在明确的城市化战略导向下，将农村人口迁移和身份转换问题放到更加突出的位置，以消除"迁转失衡"和健全城市功能为着力点，加强人力资本投资，加强对教育、培训和民生方面的金融支持，充分利用资本市场，促进人力资本形成，从根本上提升人口的迁移和转换能力，向转移人口提供高品质的城市生活和发展条件，实现人口迁移和转换的一体化发展，使人口城市化发展处于高质量、可持续、健康的水平上，让人民分享城市发展的成果，实现城市社会、环境、文化和人的全面发展和跨越性提升。

（一）加大对农村人口教育的金融支持力度

针对城乡经济发展和农村人口金融需求的特点，鼓励和引导金融机构加强对各类农村教育机构的支持，特别鼓励放宽准入标准，大力推进运营成本低廉、开展简单业务、能够维持微利的各类金融机构进入农村教育领域，促进多渠道社会融资支持农村教育事业发展；进一步完善农村助学贷款体系，做好农村贫困家庭学生助学贷款的发放工作，帮助贫困家庭学生完成学业，同时加强农村学生信用体系建设，简化贷款办理手续，提高服务水平。

(二)加大对转移人口在职培训的金融支持力度

大力支持面向农民工和农村适龄青年的职业教育、技能培训机构改善办学条件和扩大农村招生规模,特别加大对社区大学以及其他各类非营利教育组织的支持,构建灵活高效的开放型教育培训体系,提高职业教育培训能力,为更多的农民工和农村适龄青年接受技能培训和职业教育创造有利条件;鼓励并支持金融机构积极探索和完善符合职业教育培训特点的信贷产品,发展向参加职业教育培训的农民工或农村适龄青年提供商业性助学贷款服务;鼓励和支持金融机构与企业联合共建金融合作平台,发展面向员工素质拓展的培训体系,为企业员工培训提供金融支持,增加员工的在职培训和脱岗培训的机会。

(三)加大民生领域的金融支持力度

完善信贷扶持优惠政策,扩大贷款覆盖面,降低贷款门槛,简化贷款审批手续及流程,充分利用小额贷款担保资金,为转移人口自主择业、自主创业提供小额担保贷款;加大转移人口住房信贷资金支持力度,支持针对转移人口的保障性住房建设,提高转移人口保障性住房的信贷审批效率,加快转移人口住房信贷资金发放进程;鼓励金融机构建立专用账户,做好农民工养老的金融服务;坚持小额、微利的原则,加强产品和服务创新力度,大力推动面向转移人口的健康保险、医疗保险发展,满足转移人口多样化的保险保障需求。

(四)支持和鼓励微型金融机构发展

微型金融在满足弱势群体金融需求方面发挥着重要的作用。我国应注重微型金融组织体系建设,积极引导中国农业银行等大型金融机构,明确自身定位和比较优势,树立为转移人口服务的经营理念，结合转移人口生产、生活的实际，设计、建立具有转移人口特色的个人信贷征信系统，设立专门性微型金融部门，有针对性地提供金融产品和服务。同时，大力发展一些专门从事微型金融业务的机构和组织，支持和鼓励各类如社区性银行、小额贷款公司等新型微型金融服务机构发展，建立和完善适应转移人口特点的信贷管理体系、核算体系、信审体系、风险管控体系、风险定价体系、产品研发营销体系、差异化考核激励体系和违约信息通报机制，丰富和完善微型金融体系，让更多的转移人口拥有享受现代金融服务的机会和途径。

(五)充分利用资本市场支持人口城市化发展

资本市场是以证券融资为主的金融市场，主要包括股票市场、债券市场、基金市场等。目前我国的资本市场已初具规模，可考虑通过资本市场为转移人口提供金融支持，如支持有实力的转移人口教育培训服务机构上市并发行教育股票，通过股票市场获得办学经费，积累发展资金。同时也可发行支持转移人口发展的专项教育债券、培训基金，为促进人口城市化提供更加广阔的融资平台。此外，设立创业投资引导专项资金，通过参股、融资担保、提供配套投资和奖励等方式，吸引国内外、境内外资金、社会资金来开展转移人口创业投资业务。

二、加大对产业结构优化升级的金融支持力度，推动产业城市化进程

产业城市化的关键在于产业结构优化升级。金融支持中国产业城市化进程，需要充分发挥市场机制的作用，促进金融体系发挥金融功能，通过资本供给和资本配置，调整资金投向，改善资金投

资结构,提高资金配置的效率,通过市场化的手段实现行业和企业的优胜劣汰。同时,也要注意通过信贷政策与财政政策的配合,根据不同产业主体的资金需求特点,有保有压,引导金融机构加大对重点产业和战略性新兴产业的支持力度,减少对资源消耗多、技术水平低、竞争力不强的产业的资金投入,推动金融重点支持内涵型、质量型的产业,推动三次产业结构合理化和产业结构高级化,实现产业结构优化升级,推进产业城市化发展。

(一)加大对服务业发展的金融支持力度

1. 加大对服务业的信贷投入,优化信贷结构。引导商业银行在独立审贷基础上,提高信贷比重,简化手续,扩大信贷领域,积极向现代物流、咨询、商务等生产性服务业,以及商业、文化、休闲等消费性服务业项目发放贷款。同时,强化政策性银行对服务业发展的金融支持意识,加大对就业、养老、中小企业等服务业的薄弱环节、关键领域和重点行业支持力度。

2. 鼓励多领域开发适应服务业发展的金融产品。引导金融机构适应金融市场的发展变化趋势,研究服务企业个性化信贷需求特征,建立符合服务业特点的内外部信用评级体系,加快开发面向服务企业的多元化、多层次信贷产品,建设支持现代服务业发展的金融服务平台。

3. 放开资本市场,为服务业迅速发展提供充足的资金支持。优先支持符合条件的服务业企业通过并购、股票上市、发行债券、建立产业投资基金、风险投资、项目融资、股权置换等途径和方式筹措资金。

(二)加大对高新技术产业的金融支持力度

1. 加大基础研究和应用研究投入,在政策允许范围内,引导政策性银行对重大科技专项、重大科技产业化项目的规模化融资和科技成果产业化转化项目等提供贷款,对高新技术企业发展所需的核心技术和关键设备的进出口提供融资服务,鼓励商业银行根据信贷原则优先安排、重点支持高新技术产业,促进重点产业和企业创新、引进和吸收成长性好、成套性强、产业关联度高的关键技术和重大设备,提高原始创新能力和关键核心技术创新能力,运用高新技术改造传统产业,大幅度提高传统产业的科技含量,提高传统产业的质量效益和竞争力。

2. 加大对战略性新兴产业投入,促使金融资源配置与国家和地区战略方向和产业政策导向有机衔接,鼓励和引导金融机构创新金融服务产品,提高金融服务水平,吸引和带动各类资金流向具有发展潜力的新能源、节能环保、新材料、新医药、生物育种、信息网络等战略性新兴产业,积极培育新的经济增长点。

3. 搭建科技与金融的合作平台,引导各类金融机构和民间资金参与科技开发,投向重点研发项目,鼓励金融机构改善对高新技术企业,特别是对科技型中小企业的金融服务,完善科技型中小企业贷款风险补偿机制,引导和支持银行业金融机构根据科技产业化特点,发展循环贷款、并购贷款、动产质押、贸易融资、应收账款融资、设备按揭贷款、中小企业联保贷款、战略性新兴产业综合贷款等信贷业务。鼓励银行业金融机构与非银行金融机构合作,开发信贷、债券、保险、租赁、股权融资等多种工具相融合的金融产品,实现科技型中小企业从初创期到成熟期融资方式的衔接。

4. 加快科技型企业上市融资步伐。建立健全科技型企业"培育一批、改制一批、辅导一批、送审一批、上市一批"的改制上市联动工作机制,在资金支持、培训辅导、政府审批等方面协调、支持和推动科技型企业开展股份制改造。鼓励具有持续盈利能力、主营业务突出、规范运作、成长性好的科技型企业,根据自身条件,分别在主板、中小企业板和创业板上市融资。

5.鼓励科技型企业充分利用多元化债务融资渠道。积极鼓励成长性好、具备持续盈利能力、风险控制能力和偿债能力的科技型中小企业以发行企业债券、中期票据、集合债券、信托计划等多元化形式筹集资金。

(三)加大对农业产业化的金融支持力度

农业产业化是农业部门与非农业部门产业融合发展的结果,随着经济社会发展,农业产业化对金融的需求越来越大,需要加大金融支持力度,发展现代农业,提升农业产业的质量、效益和竞争力,增强农业可持续发展能力,提高农业综合生产能力,促进农业生产经营专业化、标准化、规模化、集约化,为产业城市化平稳较快发展提供强力支撑。

1.鼓励各类金融机构尤其是大型金融机构大力支持农业产业化的外部环境建设。重点支持建设具有公共性和长期性的要素市场和基础设施,比如生产资料市场、农产品及其加工产品的专业批发市场、社会化服务市场及通讯和仓储等基础设施。

2.稳步调整放宽农村地区银行业金融机构准入政策试点范围,加快发展适合"三农"特点的新型农村金融机构,构建农村信贷、农村保险、农村投资、农村担保、农村信用和涉农上市公司培育等农村金融六大体系,发展特色农业、生态农业、高科技农业,实现农业的规模化、产业化、公司化和国际化。

3.促进现代金融与农业产业融合,创建农村金融投资公司之类的既有金融融资功能,又有产业投资功能,从事现代农业发展的金融组织,大力支持农业基础设施、现代农业装备、农业科技推广应用,服务现代农业发展。

三、加大对大城市和城市群的金融支持力度,推动空间城市化进程

大城市和城市群发展是中国空间城市化发展道路的必然选择。金融支持中国空间城市化进程,就是要充分考虑空间地理因素,遵循世界各国城市化的普遍规律,依据城市的不同等级、规模和现实条件,以提升中国城市的扩张质量和承载能力为立足点,将有限的金融资源投向效益较高的大城市和城市群,扩大城市规模,优化城市布局,有重点、分层次地推进空间城市化发展。

(一)加大金融支持力度,扩大城市规模,推进大、中、小城市聚集功能和辐射能力提升

重点支持大城市集聚功能和辐射能力的提升,支持大城市发展具有优势的技术密集型和资本密集型产业,大力发展生产性服务业,强化技术创新和制度创新,促进大城市向大都市区转变,成为我国对外开放的核心平台和参与国际竞争的重要力量。

支持中等城市建立完备合理、协调发展的产业体系,加强与大城市联系,主动接受大城市的产业转移为城市发展提供强有力的支撑和充足的动力,为其向大城市发展提供有利的条件,促进中等城市向大城市转变。

在优化网络布局的基础上,支持重点小城镇建设,促进小城镇向中等城市转变,以重点城市带动整个小城镇网络的发展,形成网络中的经济增长极,并发挥这些重点城市的聚集和带动效应。

(二) 加大对城市群的金融支持力度

加大对城市群基础设施的金融支持,完善城市群高速公路、高速铁路、航道、通讯干线、运输管道、电力输送网和给、排水管网体系所构成的区域性基础设施网络,使城市群各城市间的资源、人口和信息能够迅速流动,夯实城市群发展的基础条件。

加大对重点城市群的金融支持,进一步支持珠三角、长三角和京津冀三大城市群发展,加快辽东半岛、山东半岛和海峡城市群开发,积极培育长江中游、成渝地区、中原地区和关中地区等一批基础条件较好、发展潜力较大、吸纳人口较多的新兴城市群。

完善金融体系和结构,根据城市群的经济结构,调整和优化城市群金融体系结构,形成以特大型城市为中心的现代金融体系,并通过金融制度、产品和工具的创新,促进资本的积累和优化配置。

(三) 有侧重地对不同地区给予差别化的金融支持

金融支持要坚持国家统筹规划、因地制宜、发挥优势、分工合作、协调发展和对中西部实行适度倾斜的原则,尊重经济规律,充分考虑我国各个区域间发展差异,支持地区间的优势互补、资源合理配置和经济协作,实现更大区域合作和更大规模的一体化,构建一个均衡发展、优势互补、互利互动的区域城市化发展格局。总的来看,东部地区应加大市场导向的金融支持力度,继续推进市场化进程,支持东部提高城市化质量,实现更高水平的城市化。在西部地区则应给予更多的政策性金融支持,支持西部地区加快开发和建设,促进其城市化快速发展。

支持东部地区走向世界,建立强大的国际竞争力。东部地区是我国经济最发达的地区,发挥着区域增长极和发动机的功能,也是我国参与国际竞争的前沿阵地。金融支持应侧重提升金融服务品质,结合发达地区需求,发展新兴金融行业方案和新兴中间业务,创新金融产品,鼓励和支持东部地区进一步开放,积极参与国际分工和国际竞争,提高经济发展质量,经济运行效率和就业水平,挖掘和培育核心竞争力,从而建立强大的国际竞争力。

支持中西部地区城市发展和竞争能力建设。我国是一个发展中的大国,发展的不平衡必然会影响我国的经济发展,阻碍国家竞争力的提升。我国东西部地区城市化和金融发展水平差距较大,更需要加大金融对中西部城市发展的支持力度,如加大贷款支持力度,实行有区别的存款准备金制度和比较自由的利率政策,扶植合作金融的发展等,通过金融支持刺激和促进人才、产业等向中西部地区转移,培养和加强中西部地区城市的竞争能力,提升中西部地区的城市化水平。

四、进一步推动制度创新,为金融支持城市化发展提供制度保障

中国的经济体制改革能够取得如此良好的发展绩效,一个很重要的原因在于,中国的改革不是简单地复制所谓西方标准化的市场经济模式,而是根据本国国情,独立自主并创造性地进行制度选择与制度安排,使市场经济的一般规律与中国经济的具体情况相契合,形成内生性和自适应的制度变迁轨迹,由此避免了强制性的制度移植输入和制度外部依附所带来的灾难性后果[①]。未来,如何在既有体制下通过寻找有效的制度安排和政策组合来逐步化

---

① 中国社会科学院经济体制改革30年研究课题组:《论中国特色经济体制改革道路》(上),《经济研究》2008年第9期。

解发展中的矛盾,仍然是我们必须面对的重大挑战。中国应该继续依据自身城市化发展的需要,积极推动体制改革步伐,坚定改革决心,不再摸着石头过河,要建桥过河,进行利益深度调整和资源优化配置,全面实现关键领域的制度创新,为金融支持城市化发展提供制度保障。

(一)深化户籍制度改革

不断深化户籍制度改革,消除"本地人"、"外地人"、"农村人"、"城市人"的身份制度鸿沟,形成城乡统一的人事服务体系,实行与自由迁移理念相适应的、开放性的、城乡统一的户籍管理模式,变城乡分割的二元户籍制度为城乡统一的一元户籍制度,促进符合条件的农村转移人口在城镇落户并享有与当地城镇居民同等的权益,使城市居民和农村居民、本地居民和外地居民享受同等的生存和发展机会,使户籍制度只承担社会管理和人口信息统计的职能,消除人口流动的制度障碍,保障公民的迁移和择业自由,推动农村人口向城市合理的有序流动。

(二)深化土地制度改革

立足于解放和发展生产力的角度对现行的土地制度进行改革创新,革除影响土地产权依法进入市场,自愿交易的制度障碍,在保持农村土地集体所有的基础上,在农民享有长期承包土地使用权的前提下,一方面,积极探索集体非农建设用地进入市场的途径和办法。进一步完善农村的土地产权体系,保障农民作为土地产权主体的权力,明晰农民土地产权收益,强化使用权,淡化所有权,承认土地产权形式的多元化,通过赋予农民交易使用的权利,从产权层面激活农民的土地资产,推进土地资产股权化、农民股东化、权益民主化。另一方面,着重培育公正、公开、公平的农村土地产权流转的有形市场,培育独立自主的土地征用、出让、转让等土地市场主体,积极促进土地产权流转,并建立严格的土地产权保障制度,完善土地使用权立法保护,真正使土地成为可以产生财富和用价值来表现的生产生活资料,使农民能够带着财产、有组织地进入城市社会。

(三)深化垄断行业改革

深化垄断行业改革需要进一步打破垄断,放松管制,遵循市场经济原则,强调允许进入和允许竞争并重,推进垄断行业市场化改革,特别是服务业市场化改革。一方面,打破服务行业垄断和所有制政策歧视,建立公开、平等、规范、透明的服务业准入制度,减少准入限制,放宽市场准入,凡是法律法规没有明令禁入的服务领域,都要向社会资本开放,允许民营资本进入垄断服务行业,鼓励社会资金投入垄断服务行业,提高民营经济在相关服务产业中的比重,并为民营经济发展提供持续的发展机制。同时,要强化公平竞争,严格限制垄断链条向竞争性服务行业的延伸。要避免国有企业向一般性竞争领域扩张,以保障公平竞争。此外,凡是向外资开放的服务业领域,都要向内资开放,以进一步打破市场分割和地区封锁,推进全国统一开放、竞争有序的市场体系的建设。

(四)深化行政区划管理体制改革

继续深化行政管理体制改革,一方面,中央需要充分考虑区域经济发展的实际需要,进一步调整现行的城市区划,特别是需要适当扩大大城市的区划空间,充分利用大城市的扩散效应带动周边地区的经济社会发展,形成以大城市为中心、周边地区为延伸的辐射式发展模式。另一方面,应加快行政区划调整改革步伐,依据中国城市化发展实际情况,按照经济的标准,根据人口聚集程度和经济发展水平设置城市和确定城市的等级,合并收缩部分西部地区城市,推动东部地区的镇改区、市步伐,按照不同城市在经济社会发展过程中体现和发挥出来的主要功能划分城市职能,以经济规模设定城市规模,并赋予部分地方政府以创新特许权,允许其部分突破现有法律、法规和制度的规定,自主决定政府职能调整、机构设置和人员编制,自主实施各类制度创新,促进生产要素的合理流动和城市化的持续发展。

(五)完善国家区域规划体系

国家应进一步完善区域规划体系,突出强调区域规划的整体性和联系性,改变点面开发战略的局限性,努力实现区域联动发展。在现有区域规划的基础上,从国家城市化长期发展的高度,积极制定全国城市发展综合性总体规划,对中国城市发展目标、规模、级别、空间结构、功能定位等进行统筹安排,形成以城市发展总体规划为指导,各类经济社会规划相协调的规划体系。通过完整、系统、全面的城市总体发展规划把我国各区域发展有机地连接起来,实现更大区域合作和更大规模的一体化,构建一个均衡发展、优势互补、互利互动的区域发展格局,带动东、中、西部整盘复兴,促进我国区域城市化的全面协调发展。

(六)创新城市群管理模式

借鉴国外城市群公共治理模式[1],针对城市群发展的实际需

---

[1] 目前国际上比较成功的城市群治理模式主要有以下三种:一是中央政府领导下的多中心城市群协调治理,典型代表如荷兰兰斯塔德城市群;二是以主要城市为核心在城市群内开展有限的分析和规划协作,典型代表如加拿大大多伦多城市群;三是承担一项或几项城市群范围的特定职能并同时保持作为城市自主权的特别管区或地域管区,典型代表如加拿大大温哥华地域管区、美国加州东湾。

要,进一步完善城市群发展的区域协调机制,成立统筹区域内城市发展的组织机构,形成既有综合的治理机制,又有专门事务治理机制,能促使城市群内各城市的政府、企业、市民和非政府组织统一协调、协作发展的城市群公共治理体系。在统一的公共治理体系下,以全方位的体制、机制创新为动力,推动城市群区域内城市之间从"对话性合作"转向"制度性合作",避免多头管理和各自为政,不断推进区域协同。同时,通过共同市场建设与基础设施的统一规划和共建,统筹整个区域内的产业规划、道路交通网络建设和信息基础设施建设,促进城市群区域的城乡同筹、交通同网、信息同享、市场同体、产业同布和环境同治,协调城市群内部的利益与行动,避免城市群内部产业恶性竞争和基础设施重复,消除各城市之间的经济壁垒,实现城市群内经济要素的无障碍流动,形成相互促进、优势互补的一体化发展格局,打造产业布局与分工合理、经济联系紧密、内部聚集效应与对外扩散效应明显的城市群。

(七)深化金融制度改革

金融危机提示我们,世界上没有固定的金融发展模式和套路,更不能简单地模仿和照搬,各国的金融发展道路必须依据各国国情来选择。就中国金融发展而言,中国既要吸收世界各国金融模式的积极成果,更要紧密结合中国国情,坚持金融市场化导向,走出一条有中国特色的金融发展道路。

1. 完善有利于民营金融机构发展的金融制度。积极改变不利于民营金融机构发展的政策,实行有差别的金融机构设置管理办法,调整和放宽金融机构准入政策,降低准入门槛,向民间资本开放参股正规金融投资的渠道,鼓励适合城市化需求的多种所有制金融组织发展,支持民营金融机构参与如村镇银行、社区银行、小额信贷机构、信用担保公司乃至区域性银行建设。同时,在贷款利率、资金来源和运用渠道、业务创新等方面为民营金融机构提供优惠政策,实现其与政策性金融机构和国有商业金融机构优势互补、良性竞争的发展局面。

2. 完善地方金融发展制度。充分调动地方的自主权,支持地方金融机构发展,鼓励地方根据区域发展实际情况成立区域开发金融机构;积极支持地方金融服务产品创新,发展多样化的城市投融资产品,在防范金融风险的前提下,正视地方城市化的正常融资需求,探索建立符合我国国情的地方公共机构债券融资制度,尽快赋予地方政府发债权,支持地方金融机构发行区域性项目债券、企业债券,并推动区域债券市场等金融市场建设。同时,建立健全地区之间的金融合作机制,促进金融机构跨区域发展,建立规范运行、健康发展、统一开放的区域金融市场,推进区域间金融资源的优化配置。

3. 完善区域金融发展制度。应充分考虑金融发展水平的差异性,在我国东部相对发达地区,大力发展现代金融体系。而在相对落后的中西部地区,应实行有差别的金融机构设置条件,适当降低在资本金、营运规模等方面的要求,大力促进中西部地区区域性商业银行的发展,大力发展中小金融机构,提高金融机构密度与金融效率,促进中西部地区金融发展。同时,调整目前的金融交易市场主要集中于东部沿海地区的格局,在稳步发展东部金融市场的同时,积极培育中西部资本市场、债券市场、期货市场等各类金融市场发展。

4. 构建弱势金融法制体系。加强有助于推动城市化进程的金融法制建设,重点加强政策性金融立法。从国际经验看,强化政策性金融服务是促进金融发展成果公平共享的最重要措施之一。而政策性金融立法遵循的首要原则是单独逐一立法。我国尚未出台专门性政策性银行法，相关银行运营缺乏法律保障，在很多情况下，只能参照商业银行的法律法规。在这种情况下，应尽快出台相关法规，明确政策性金融机构的的功能定位，保证政策性金融的发展，使弱势群体、弱势产业和弱势地区都能共享金融发展成果。

5. 完善金融监管制度，防范城市化进程中的金融风险。如果一个国家城市化进程没有一个有效的金融监管体系，金融就极可能成为经济不稳定的源头之一。金融支持城市化发展不能脱离经济金融发展的阶段，更不能在没有制度约束的情况下放任发展，无序、盲目的金融支持将会对城市化的健康发展带来难以估计的破坏性和侵蚀性。在发挥金融支持城市化发展的作用的同时，必须完善金融监管制度，构建金融风险防范体系。重点应按照有利于促进城市化健康发展、有利于保持货币制度和经济秩序的稳定、有利于维护信用活动的良性运转、有利于防止金融风险的传播的原则，从全局的角度，加强金融风险防范制度体系建设，依据城市化进程中的金融发展实际情况，有序发展和创新金融组织、产品和服务，针对地方政府融资平台等热点领域，建立具有适用性的、标准化的金融监管规范，构建功能健全、高效的金融安全网络，健全覆盖事前、事中、事后的全面风险监管体系[1]，提高金融风险防范的整体质量和效率。同时，从监管组织和机制层面看，应全面整合各类金融监管资源，从机构性监管向功能性监管转变，健全金融

---

[1] 从世界各国金融监管制度的基本内容来看，事前监管主要包括开业登记、资本充足率、偿债能力、业务活动、贷款集中程度、管理层、稽核检查等方面的监管。事中监管主要包括各类救援性措施。事后监管主要包括事后补救措施。

监管协调机制,加强跨部门、跨市场监管协作,建立宏观审慎监管与微观审慎监管有机结合的监管体系,全面加强风险管理,维护金融安全稳定。

(七)优化制度创新的氛围与机制

大量事实证明,好的制度不仅靠人来设计,也靠人来运作,需要有鼓励制度创新的浓厚氛围。没有制度创新的氛围,就没有人的思想解放,而人的思想观念滞后,则容易设计出保护部门利益和个人利益的制度,阻碍发展的制度的概率就会较大。因此,无论是推进金融还是城市化领域的制度创新,都需要实施制度探索无禁区的规定,创造制度创新被激励的氛围,确保不仅人们有积极性设计新制度,设计好制度,而且保证制度实施不走样。同时,因制度创新涉及利益的调整可能会暂时损害一些人的利益而受到阻碍。因此,必须探索和构建制度创新的机制。就这方面而言,制度创新需要政府推动,但仅仅由政府推动是不够的。现代社会的制度创新,主要是面向经济效率、社会公平、政治民主的制度变迁,其方向主要是不断贴近人性化、细节化、公平化。现代社会的制度创新过程,很重要的是由贴近民众和市场的社区、非政府组织、中介组织、高等学校、科研机构、市场机构等非政府主体推进和实施的。推动城市化和金融制度的创新,更要打破政府对制度创新的垄断,拓展非政府主体推进制度创新的空间和积极性,整合全社会推进制度创新的力量。

五、发展绿色金融,为转变城市化发展方式提供持久动力

在传统的经济发展方式下,城市化水平的快速提升往往是以

大量消耗资源和广泛污染环境为代价的,这种发展方式必然会因为资源的稀缺性与环境承载度的有限性而不可持续。而绿色发展核心在于破除高投入、高耗能、高污染的传统路径,走资源节约型和环境友好型的发展道路,是人类社会继农业文明、工业文明之后的又一次重大进步,是城市化发展方式转变的路径与目标。绿色金融随绿色发展应运而生,是当今世界公认的能够促进绿色发展的重要推动手段,也是主要的市场化手段,正在成为金融发展最具活力的领域之一。在中国城市化过程中,绿色金融将推进城市化发展方式转变的各种金融交易活动和金融制度安排结合起来,通过开展绿色金融业务,将资源和环境保护变量纳入城市化发展的内生性因素加以考量,使得金融支持城市化进程建立在节约能源资源和保护环境的基础之上,对促进城市化发展方式的实质性转变具有重要意义。

(一)发展有利于城市化发展方式转变的绿色信贷

一般来看,各类主要针对绿色低碳项目的投融资行为和金融服务均属于绿色信贷范畴。在城市化进程中,发展推进城市化发展方式转变的绿色信贷,需要遵循人口迁移和转换的特点、产业结构优化升级规律和空间发展的趋势,通过合理有效配置信贷资源实现城市化发展方式转变的目的。重点在金融机构的信贷配置活动中,推广赤道原则[1],考虑潜在的环境影响,把与环境条件相关

---

[1] 赤道原则(Equator Principles)是 2002 年 10 月世界银行下属的国际金融公司(IFC)和荷兰银行,在伦敦召开的国际知名商业银行会议上提出的一项贷款准则。该准则是在国际金融公司的倡导下,于 2003 年正式推出的。这项准则要求金融机构在向一个项目投资时,要对该项目可能对环境和社会的影响进行综合评估,并且利用金融杠杆促进该项目在环境保护以及周围社会和谐发展方面发挥积极作用。

的潜在回报、风险和成本都要融合进信贷活动中,充分考虑信贷活动的环境影响。把是否符合国家环境管理、污染治理和生态保护要求,作为信贷决策的重要标准,针对不同行业和地区制定不同的减排要求和投融资标准,最大限度地控制和减少资源、生态环境的损耗,增加对资源节约型、环境友好型项目和地区的信贷支持,支持节能减排、清洁能源、流域治理,城市环境治理等领域的发展,对污染高、环境破坏严重的项目和地区采取限贷、停贷、收回贷款等措施,通过金融体系发挥金融功能,推动城市化发展方式的转变。

(二)支持符合城市化发展需要各类绿色金融创新

中国城市化发展方式的转变不仅需要绿色金融创新,而且也为绿色金融创新提供了广阔的空间和前景。围绕城市化可持续发展需求,中国应鼓励和支持绿色金融机构、绿色金融产品和绿色金融市场创新。支持各类金融机构创办专门服务于绿色城市建设、绿色产业发展的绿色分支机构,鼓励金融机构提供高标准的绿色金融产品和服务,大力发展绿色基金、绿色信托、绿色债券等新兴金融工具形式,探索排污权质押融资、建筑节能融资、合同能效融资,试点和推广低碳城市节能减排融资等多种绿色融资模式,开发以碳基金、碳指标交易、碳期权期货为基础的绿色金融衍生产品市场。通过全方位的绿色金融创新,引导资金流向节约资源技术开发和生态环保产业,引导企业生产注重绿色环保,促进经济的可持续发展与生态的协调发展,促进城市的绿色发展。

(三)加强绿色金融领域的国际交流与合作

中国的绿色金融发展仍处于起步期,应以开放和建设性的态度积极且有选择性地加强与世行、亚行等国际金融组织和跨国银行的交流合作,充分借鉴其在推动绿色城市、绿色产业发展等方面的先进经验和成功做法,学习和熟悉国际规范,推动我国绿色金融发展在技术和标准层面尽快与国际接轨,提升绿色金融机构、绿色金融市场的国际化水平,更好地发展和完善适合中国城市发展实际的绿色金融体系。同时,中国应充分发挥自身大规模城市化所创造的市场优势,抢占绿色金融发展的制高点,推动绿色金融发展的全球化理念和本土化经验结合,积极组建和参加绿色金融领域的国际组织,开展绿色金融领域的国际交流活动,主动参与绿色金融国际规则的制定和修改,用绿色金融支持和推动中国城市化发展的探索与实践,服务中国城市建设,推动全球绿色城市的发展。

参 考 文 献

A. 蒂克尔:《金融与区位》,载 G. L. 克拉克、M. P. 费尔德曼、M. S. 格特勒主编,刘卫东、王缉慈、李小建、杜德斌等译:《牛津经济地理学手册》,商务印书馆 2005 年版。

阿尔弗雷德·韦伯著,李刚剑、陈志人、张英保译:《工业区位论》,商务印书馆 1997 年版。

阿瑟·奥沙利文著,苏晓燕、常荆莎、朱雅丽主译:《城市经济学》(第四版),中信出版社 2003 年版。

阿瑟·刘易斯著,梁小民译:《经济增长理论》,上海三联书店 1995 年版。

埃弗里特·M. 罗吉斯、拉伯尔·J. 伯德格著,王晓毅、王地宁译:《乡村社会变迁》,浙江人民出版社 1988 年版。

艾伯特·赫希曼著,曹征海、潘照东译:《经济发展战略》,经济科学出版社 1991 年版。

爱德华·肖著,邵伏军、许晓明、宋先平译:《经济发展中的金融深化》,上海三联书店 1988 年版。

安格斯·麦迪森著,伍晓鹰、马德斌译:《中国经济的长期表现》,上海人民出版社 2008 年版。

安虎森、陈明:《工业化、城市化进程与我国城市化推进的路径选择》,《南开经济研究》2005 年第 1 期。

巴顿著、上海社会科学院译:《城市经济学:理论和政策》,商务印书馆 1984 年版。

保罗·克鲁格曼著,蔡荣译:《发展、地理学与经济理论》,北京大学出版社、中国人民大学出版社 2000 年版。

保罗·肯尼迪著,陈景彪、王保存、王章辉、余昌楷译:《大国的兴衰》,国际文化出版公司 2006 年版。

鲍雯、田国良、陆雪莲、王增威:《城镇化发展与金融支持研究:宁波案例》,《浙江金融》2010年第7期。

北京师范大学科学发展观与可持续发展研究基地、西南财经大学绿色经济与可持续发展研究基地、国家统计局中国经济景气监测中心:《2010 中国绿色发展指数年度报告——省际比较》,北京师范大学出版社2010年版。

北京师范大学经济与资源管理研究院:《2010 中国市场经济发展报告》,北京师范大学出版社2010年版。

蔡昉、都阳:《转型中的中国城市发展——城市级层结构、融资能力与迁移政策》,《经济研究》2003年第6期。

蔡昉、王德文:《中国经济增长的可持续性与劳动贡献》,《经济研究》1999年第10期。

常修泽、高明华:《中国国民经济市场化的推进程度及发展思路》,《经济研究》1998年第11期。

陈吉元、胡必亮:《中国的三元经济结构与农村劳动力转移》,《经济研究》1994年第4期。

陈明星、陆大道、张华:《中国城市化水平的综合测度及其动力因子分析》,《地理学报》2009年第4期。

陈甬军、陈爱民主编:《中国城市化:实证分析与对策研究》,厦门大学出版社2002年版。

陈元:《开发性金融与中国城市化发展》,《经济研究》2010年第7期。

陈钊、陆铭:《从分割到融合:城乡经济增长与社会和谐的政治经济学》,《经济研究》2008年第1期。

戴维·兰迪斯:《1750~1914年间西欧的技术变迁与工业发展》,载 H. J. 哈巴库克、M. M. 波斯坦主编,王春法、张伟、赵海波译:《剑桥欧洲经济史》(第6卷),经济科学出版社2002年版。

丹尼尔·贝尔著、丁学良译:《后工业社会的来临》,商务印书馆1984年版。

丹尼斯·迪帕斯奎尔、威廉·惠顿著,龙奋杰等译:《城市经济学与房地产市场》,经济科学出版社2001年版。

道格拉斯·C.诺思著,陈郁、罗华平等译:《经济史中的结构与变迁》,上海三联书店1994年版。

道格拉斯·C.诺斯著、刘守英译:《制度、制度变迁与经济绩效》,上海三联书店1994年版。

邓德胜、刘京锋、花琪:《中国城市化与金融发展关系研究》,《江西社会科学》2008年第9期。

丁健:《现代城市经济》,同济大学出版社2001年版。

都沁军、于开宁:《城市化水平评价的指标体系研究》,《统计与决策》2001年第3期。

凡勃伦著,蔡受百译:《有闲阶级论》,商务印书馆1981年版。

樊纲、武良成主编:《城市化:一系列公共政策的集合》,中国经济出版社2009年版。

樊纲、王小鲁、张立文、朱恒鹏:《中国各地区市场化相对进程报告》,《经济研究》2003年第3期。

樊纲、张晓晶:《"福利赶超"与"增长陷阱":拉美的教训》,《管理世界》2008年第9期。

方少勇:《小城镇城市化金融支持与政府干预》,《金融理论与实践》2005年第4期。

费尔南·布罗代尔著,施康强、顾良译:《15至18世纪的物质文明、经济和资本主义》(一),生活·读书·新知三联书店1992年版。

盖尔·约翰逊著,林毅夫、赵耀辉编译:《经济发展中的农业、农村、农民问题》,商务印书馆2005年版。

高珮义:《中外城市化比较研究》(增订本),南开大学出版社2004年版。

辜胜阻:《非农化与城市化研究》,浙江人民出版社1991年版。

辜胜阻、简新华主编:《当代中国人口流动与城镇化》,武汉大学出版社1994年版。

顾朝林等:《经济全球化与中国城市发展》,商务印书馆1999年版。

国家城调总队福建省城调队课题组:《建立中国城市化质量评价体系及应用研究》,《统计研究》2005年第7期。

郭新明:《金融支持我国城市化战略的政策思考》,《西安金融》2004年第9期。

H.钱纳里、S.鲁宾逊、M.赛尔奎因著,吴奇、王松宝等译:《工业化和经济增长的比较研究》,上海三联书店1995年版。

何德旭:《中国服务业发展报告NO.6》,社会科学文献出版社2008年版。

赫尔曼、穆尔多克、斯蒂格利茨《金融约束:一个新的分析框架》,载青木昌彦、金滢基、奥野一藤原正宽主编,张春霖、银温泉、刘东译:《政府在东亚经济发展中的作用:比较制度分析》,中国经济出版社 1998 年版。
赫希曼著,曹征海、潘照东译:《经济发展战略》,经济科学出版社 1991 年版。
洪银兴等主编:《转轨时期中国经济运行与发展》,经济科学出版社 2002 年版。
侯学英:《中国城市化进程时空差异分析》,经济科学出版社 2008 年版。
黄鉴晖:《中国银行业史》,山西经济出版社 1994 年版。
黄勇、谢朝华:《城市化建设中的金融支持效应分析》,《理论探索》2008 年第 3 期。
加里·贝克尔著、梁小民译:《人力资本——特别是关于教育的理论与经验分析》,北京大学出版社 1987 年版。
杰里·本特利、赫伯特·齐格勒著,魏凤莲、张颖、白玉广译:《新全球史:文明的传承与交流》,北京大学出版社 2007 年版。
凯恩斯著、徐毓枬译:《就业、利息与货币通论》,商务印书馆 1997 年版。
科斯、阿尔钦、诺斯著,陈昕等译:《财产权力与制度变迁》,上海三联书店 1994 年版。
柯武刚、史漫飞著,韩朝华译:《制度经济学》,商务印书馆 2000 年版。
克鲁格曼著、张兆杰译:《地理与贸易》,北京大学出版社 2000 年版。
劳动力转移联合课题组:《改革条件下农业劳动力个人行为模式》,《管理世界》1990 年第 5 期。
拉瓦蒂:《城市革命》,载陈一筠主编:《城市化与城市社会学》,光明日报出版社 1986 年版。
雷蒙德·W.戈德史密斯著,周朔、郝金城、肖远企等译:《金融结构与金融发展》,上海三联书店 1994 年版。
李广众、陈平:《金融中介发展与经济增长:多变量 VAR 系统研究》,《管理世界》2002 年第 3 期。
李克强:《论我国经济的三元结构》,《中国社会科学》1991 年第 3 期。
李强:《影响中国城乡流动人口的推力与拉力因素分析》,《中国社会科学》2003 年第 1 期。
李晓西:《中国:新的发展观》,中国经济出版社 2009 年版。
李晓西等编:《新世纪中国经济报告》,人民出版社 2006 年版。
李扬、王国刚、刘煜辉主编:《中国城市金融生态环境评价》,人民出版社 2005 年版。

李悦编:《产业经济学》(第三版),中国人民大学出版社 2008 年版。

梁彭勇、梁平、任思慧:《中国金融发展与城市化关系的区域差异》,《上海金融》2008 年第 2 期。

梁欣然:《我国城市化进程中的金融支持》,《金融教学与研究》2007 年第 5 期。

林毅夫、蔡昉、李周:《中国的奇迹:发展战略与经济改革》(增订版),上海人民出版社 1999 年版。

刘传江:《论中国城市化发展的制度创新》,《经济论坛》2001 年第 5 期。

刘鹤:《世界市场和中国城市化模式的均衡》,《比较》2009 年第 6 期。

刘仁伍:《区域金融结构和金融发展理论与实证研究》,经济管理出版社 2003 年版。

刘伟、李绍荣:《转轨中的经济增长与经济结构》,中国发展出版社 2004 年版。

刘易斯·芒福德著,宋俊岭、倪文彦译:《城市发展史》,中国建筑出版社 2005 年版。

卢中原:《"十二五"期间我国经济社会发展的国际环境》,《求是》2010 年第 23 期。

卢中原:《世界产业结构变动趋势和我国的战略选择》,人民出版社 2009 年版。

卢中原、胡鞍钢:《市场化改革对我国经济运行的影响》,《经济研究》1993 年第 12 期。

陆岷峰、马艳:《以金融支持推进中国城市化进程的新思考》,《苏州教育学院学报》2009 年第 1 期。

吕萍、周滔、张正峰、田卓:《土地城市化及其度量指标体系的构建与应用》,《中国土地科学》2008 年第 8 期。

罗纳德·麦金农著、卢骢译:《经济发展中的货币与资本》,上海三联书店 1988 年版。

罗纳尔多·阿罗尼卡、姆特瓦·罗杜著,龚艺蕾译:《世界是平的吗?——与弗里德曼〈世界是平的〉针锋相对的观点》,群言出版社 2006 年版。

马歇尔著、朱志泰译:《经济学原理》(上卷),商务印书馆 1964 年版。

迈克尔·波特著,高登第、李明轩译:《竞争论》,中信出版社 2003 年版。

迈克尔·P.托达罗著,黄卫平、彭刚等译:《经济发展》,中国经济出版社 1999 年版。

蒙荫莉:《金融深化、经济增长与城市化的效应分析》,《数量经济技术经济研究》2003年第4期。

孟德拉斯著、李培林译:《农民的终结》,社会科学文献出版社2005年版。

倪鹏飞主编:《中国城市竞争力报告NO.7(城市:中国跨向全球中)》,社会科学文献出版社2009年版。

倪鹏飞、张天、赵峥:《北京城市产业体系选择研究》,社会科学文献出版社2010年版。

P.金德尔伯格著、徐子健、何建雄、朱忠译:《西欧金融史》,中国金融出版社1991年版。

彭兴韵:《金融发展的路径依赖与金融自由化》,上海三联书店2002年版。

皮埃尔·布尔迪厄著、武锡申译:《资本的形式·全球化与文化资本》,社会科学文献出版社2005年版。

乔尔·科特金著、王旭等译:《全球城市史》,社会科学文献出版社2006年版。

乔治·考夫曼著、陈平等译:《现代金融体系——货币、市场和金融机构》,经济科学出版社2001年版。

青木昌彦著、周黎安译:《比较制度分析》,上海远东出版社2001年版。

饶会林、郭鸿懋主编:《城市经济理论前沿课题研究》,东北财经大学出版社2001年版。

沈坤荣、张成:《金融发展与中国经济增长——基于跨地区动态数据的实证研究》,《管理世界》2004年第7期。

舒尔茨著、梁小民译:《改造传统农业》,商务印书馆1999年版。

孙浦阳、武力超:《金融发展与城市化:基于政府治理差异的视角》,《当代经济科学》2011年第2期。

谈儒勇:《金融发展理论与中国金融发展》,中国经济出版社2000年版。

唐旭主编:《金融理论前沿课题》(第二辑),中国金融出版社2004年版。

藤田昌久、保罗·克鲁格曼著、梁琦译:《空间经济学——城市、区域与国际贸易》,中国人民大学出版社2005年版。

王广谦主编:《中国经济增长新阶段与金融发展》,中国发展出版社2004年版。

王曼怡、李勇:《城镇化发展与金融支持研究——以北京远郊区县城镇化为例》,《人民论坛》2010年第10期。

王茂林主编:《新中国城市经济50年》,经济管理出版社2000年版。

王少波、陶玲琴、魏修建:《关于我国农村城市化路径的选择与金融支持》,《中国人口·资源与环境》,2007年第4期。

王向明:《农业剩余人口的转移与经济发展》,《经济研究》1985年第2期。

王小鲁、夏小林:《优化城市规模,推动经济增长》,《经济研究》1999年第9期。

汪小亚:《中国城镇城市化与金融支持》,《财贸经济》2002年第8期。

王旭:《美国城市化的历史解读》,岳麓书社2003年版。

王志强、孙刚:《中国金融发展规模、结构、效率与经济增长关系的经验分析》,《管理世界》2003年第7期。

威廉·配第著、陈冬野译:《政治算术》,商务印书馆1978年版。

吴敬琏:《当代中国经济改革》,上海远东出版社1999年版。

武力:《1949~2006年城乡关系演变的历史分析》,《中国经济史研究》,2007年第1期。

伍晓鹰:《人口城市化:历史、现实和选择》,《经济研究》1986年第11期。

伍艳:《中国城市化进程中的金融抑制问题研究》,《经济论坛》2005年第2期。

西奥多·W.舒尔茨著、吴珠华等译:《论人力资本投资》,北京经济学院出版社1990年版。

西奥多·W.舒尔茨著、梁小民译:《改造传统农业》,商务印书馆1987年版。

西蒙·库兹涅茨著、常勋等译:《各国的经济增长:总产值和生产结构》,商务印书馆1985年版。

夏斌主编:《创新金融体制——30年金融市场发展回顾》,中国发展出版社2008年版。

小罗伯特·E.卢卡斯著,罗汉、应洪基译:《为何资本不从富国流向穷国》,江苏人民出版社2005年版。

谢文蕙、邓卫编:《城市经济学》,清华大学出版社1996年版。

熊彼特著,何畏、易家详、张军扩等译:《经济发展理论》,商务印书馆1990年版。

亚当·斯密著,郭大力、王亚南译:《国民财富的性质和原因的研究》(下卷),商务印书馆1981年版。

亚里士多德著、吴寿彭译:《政治学》,商务印书馆1965年版。

杨重光、廖康玉:《试论具有中国特色的城市化道路》,《经济研究》1984年第

8期。

杨瑞龙:《论制度供给》,《经济研究》1993年第8期。

杨小凯、张永生:《新兴古典经济学和超边际分析》,中国人民大学出版社2000年版。

叶裕民:《中国城市化之路——经济支持与制度创新》,商务印书馆2001年版。

余其刚:《城市化进程理论的一般探讨》,《经济学动态》2001年第9期。

约翰·G.格利、爱德华·S.肖著,贝多广译:《金融理论中的货币》,上海三联书店1994年版。

约翰·冯·杜能著、吴衡康译:《孤立国同农业和国民经济的关系》,商务印书馆2004年版。

约翰·F.沃克、哈罗德·G.瓦特著,刘进、毛喻原译:《美国大政府的兴起》,重庆出版社2001年版。

约翰·希克斯著、厉以平译:《经济史理论》,商务印书馆1987年版。

约瑟夫·熊彼特著,陈锡龄、朱泱、孙鸿敞译:《经济分析史》(第一卷),商务印书馆1991年版。

曾康霖:《二元金融与区域金融》,中国金融出版社2008年版。

张杰:《制度、渐进转轨与中国金融改革》,中国金融出版社1998年版。

张军:《现代产权经济学》,上海三联书店1994年版。

张军洲:《中国区域金融分析》,中国经济出版社1995年版。

张培刚:《农业与工业化》,华中科技大学出版社2002年版。

张琦:《关于我国土地市场化的思考及建议》,《中州学刊》2007年第1期。

张卓元:《新世纪新阶段中国经济改革》,经济管理出版社2004年版。

张宗益、许丽英:《金融发展与城市化进程》,《中国软科学》2006年第10期。

赵峥:《我国劳动力市场化改革三十年:理论回顾与述评》,《经济体制改革》2008年第5期。

赵峥:《我国农村集体建设用地流转的历程,问题与启示——以广东省东莞市为例》,《调研世界》2008年第8期。

郑长德:《中国的金融中介发展与城市化关系的实证研究》,《广东社会科学》2007年第3期。

中国人民银行南宁中心支行课题组:《城市化与三农问题研究(上)——基于金融支持农村城市化视角》,《广西金融研究》2007年第7期。

中国人民银行南宁中心支行课题组:《城市化与三农问题研究(下)——基于金融支持农村城市化视角》,《广西金融研究》2007年第8期。

中国人民银行石家庄中心支行课题组:《金融支持农村城市化建设的探讨》,《华北金融》2006年第10期。

中国社会科学院经济体制改革30年研究课题组:《论中国特色经济体制改革道路》(上),《经济研究》2008年第9期。

周诚、毛伟:《我国经济发展中金融深化效应的实证分析》,《数量经济技术经济研究》2002年第7期。

周立、胡鞍钢:《中国金融发展的地区差距分析:1978～1999》,《清华大学学报》(社科版),2002年第2期。

周其仁:《产权与制度变迁》(增订本),北京大学出版社2004年版。

周一星:《城市地理学》,商务印书馆1995年版。

周振华:《产业结构优化论》,上海人民出版社1992年版。

兹维·博迪、罗伯特·C.莫顿著,伊志宏、欧阳颖、贺书捷等译:《金融学》,中国人民大学出版社2000年版。

Arrow, Kenneth, 1962. "The Economic Implication of Learning by Doing", *The Review of Economic Studies*, 29, 3: 155-173.

Bairoch, Paul, 1988. *Cities and Economic Development: From the Dawn of History to the Present*, Chicago: The University of Chicago Press.

Barrow, Michael, 2007. "Measuring Local Education Authority performance: a frontier approach", *Economics of Education Review*, 10, 1: 19-27.

Bressand, Albert and Kalypso Nicolaidis, 1989. *Strategic Trends in Services: An Inquiry into the Global Service Economy*, New York: Harper & Row.

Chenery, H. B., Syrquin Moises and Elkington Hazel, 1975. *The Patterns of Development*, 1950—1970, London: Oxford University Press.

Clark, Colin, 1940. *The Conditions of Economic Progress*. London: Macmillan.

Coffey, William J., 2000. "The Geographies of Producer Services", *Urban Geography*, 21, 2: 170-183.

Cooke P., M. Uranga, and G. Etxebarria, 1997. "Regional innovation systems: Institutional and organizational dimensions", *Research Policy*, 26, 4-5: 475-491.

Freeman, C., 1991. "Network of Innovators: A Synthesis of Research Issues", Research Policy, 20, 5: 499-514.

Fishman, R. and I. Love, "Trade Credit, Financial Intermediary Development and IndustryGrowth", *Journal of Finance*, 2003, 58, 1:353-374.

Friedman, J., 1966. Regional development policy: A case study of Venezuela, Cambridge, Mass: M. I. T. Press.

Friedman, John and Goetz Wolff, 1982. "World City Formation: An Agenda for Research and Action", International Journal of Urban and Regional Research, 6, 3:309-344.

Goldsmith, Raymond W., 1969. Financial Structure and Development, New Haven: Yale University Press.

Gurley, John G. and E. S. Shaw, 1955. "Financial Aspects of Economic Development", *American Economic Review*, 45, 4:515-538.

Henderson, J. V., Anthony J. Venables, 2009. "The dynamics of city formation", *Review of Economic Dynamics*, 12: 233-254.

Henderson, J. V., 1974. "Optimum City Size: The External Diseconomy Question", *Journal of Political Economy*, 82: 373-388.

Jorgenson, Dale W., 1961. "The Development of a Dual Economy", *The Economic Journal*, 71, 282:309-334.

King, R. and R. Levine, 1993. "Finance and Growth: Schumpeter might be right", *Quarterly Journal of Economics*, 108, 3:717-737.

Krugman, Paul, 1991. "Increasing Returns and Economic Geography", *The Journal of Political Economy*, 99, 3:483-499.

Levine, Ross, 1997. "Financial Development and Economic Growth: Views and Agenda", *Journal of Economic Literature*, 6, 35:688-726.

Levine, R., and S. Zervos, 1998. "Stock Markets, Banks, and Economic Growth", *American Economic Review*, 88, 3: 537-558.

Lewis, W. A., 1954. "Economic Development with Unlimited Supplies of Labor", *The Manchester School of Economic and Social Studies*, 22, 1: 139-191.

Marshall, J. N., P. Damesick, and P. Wood, 1987. "Understanding the location and role of Producer services in the UK" *Environment & Planning*, 19, 5: 575 – 595.

Masahisa Fujita, Paul Krugman, and Tomoya Mori, 1999. "On the evolution of hierarchical urban systems", *European Economic Review*, 43, 2: 209 – 251.

Myrdal, G., 1957. *Economic theory and underdeveloped regions*, London: Duckworth Press.

OECD, 2000. *The Service Economy, Business and Industry Policy Forum Series*, Paris: OECD Publications.

Patrick, H., 1966. "Financial Development and Economic Growth in Underdeveloped Countries", *Economic Development and Cultural Change*, 14, 2:174 – 189.

Perroux, F., 1950. "Economic Space: Theory and Application", *Quarterly Journal of Economics*, 64, 1:89 – 104.

Philip Arestis, 1997. "Financial Development and Economic Growth, Assessing the Evidence", *The Economic Journal*, 107,442:783 – 99.

Philip Cooke, Mikel Gomez Uranga, and Goio Etxebarria, 1997. "Regional innovation systems: Institutional and organizational dimensions", *Research Policy*, 26:475 – 491.

Ranis Gustav and John C. H. Fei, 1961. "A Theory of Economic Development", *The American Economic Review*, 51,4:533 – 558.

Rajan, R. G. and L. Zingales, 1998. "Financial dependence and growth" *American Economic Review*, 88,3:559 – 586.

Northman, R. M., 1975. *Urban Geography*, New York: John Wiley & Sons, Inc.

Romer, P. M., 1986. "Increasing Return and Long-Run Growth", *The Journal of Political Economy*, 94, 5:1002 – 1037.

Rostow, W. W., 1960. *The Stages of Economic Growth: A Non-communist Manifesto*, Cambridge: Cambridge University Press.

Shinichiro Okushima and Hiroko Uchmiura, 2006. "How does the Economic Reform Exert Influence on Inequality in Urban China?", *Journal of the*

Asia Pacific Economy, 11: 35 - 58.

Todaro, M. P., 1969. "Model of Labor Migration and Urban Unemployment in Less developed Countries", *American Economic Review*, 59, 1: 138 - 148.

Webber, A., 1965. *The theory of the Location of Industries*, Chicago: University of Chicago Press.

Weber, Adna Ferrin, 1899. *The growth of cities in the nineteenth century: a study in statistics*, New York: Cornell University Press.

Wirth, Louis, 1938. "Urbanism as a Way of Life", *The American Journal of Sociology*, 44, 1: 1 - 24.

Wurgler, Jeffrey, 2000. "Financial markets and the allocation of capital". *Journal of Financial Economics*. 58(1 - 2): 187 - 214.

后　　记

　　自知论道须思量，几度无眠一文章。本书付梓之际，感慨良多。回顾整个写作过程，艰辛探索，终有收获，颇感欣慰。然而，本书的最终成文出版固然体现了个人的努力和付出，得益于自己近年来的积累与实践，但更凝结着众多师友的智慧与力量，体现着来自各方面的帮助与支持。

　　衷心感谢我的导师卢中原教授和李晓西教授。卢老师低调平和，关怀后学，鼓励和支持我关注国情民意，紧密结合国家发展需要开展经济理论研究，从全书选题、审稿到出版，都给予了我悉心的指导和热切的关注。李老师学养深厚，言传身教，在日常的工作和生活中不倦教诲，为我提供了广阔的研究视野和良好的学术平台。二位恩师德行并重，他们求真求实的为学精神，宽厚待人、严于律己的处世之道，令我受益终生。

　　本书的创作得到了诸多学界前辈和著名专家的指导与支持。原国家发展和改革委员会副秘书长曹玉书研究员、中国社会科学院工业经济研究所原所长吕政研究员、国务院发展研究中心市场经济研究所所长任兴洲研究员、中国社会科学院数量经济与技术经济所党委书记何德旭研究员、中国社会科学院城市与竞争力研究中心主任倪鹏飞研究员、北京师范大学经济与资源管理研究院院长胡必亮教授和书记张琦教授，对本书的研究方向、框架结构和观点论断提出了许多宝贵的指导意见,在此表示诚挚的谢意。

感谢中国农业银行曾学文博士、国家电网公司董晓宇博士、国务院发展研究中心刘涛博士、中国延安干部学院郭彦英博士、国家工业与信息化部杨煜东博士、广东省人民政府发展研究中心宋宗宏博士、北京市基础设施投资有限公司秦凤伟博士、国家开发银行张天先生、中国银行白雨石先生、华泰证券公司章武先生、中国出版集团公司何奎先生,他们在思想、信息和资料分享上所表现的无私与慷慨,为本书的创作提供了极大的便利与支持。同时,姜欣博士协助我在数据整理和指标设计方面做了大量工作,秦建国博士、龙飞博士、荣婷婷硕士、彭凛凛硕士、张译芙硕士、张明明硕士、万千硕士、张亮硕士等诸位同学对本书进行了文字校对,在此一并表示感谢。

光阴似箭,许多曾经耀眼夺目的东西都会随着岁月的流逝而黯然失色。但我坚信,踏踏实实做人、认认真真做学问的精神会始终散发着熠熠神采。囿于本人学识与能力所限,拙作难免存在纰漏和不当之处,诚盼专家和读者不吝指教。学无止境,我将继续努力!